科学技术部科技基础性工作专项

"澜沧江中下游与大香格里拉地区科学考察"

（2008FY110300）

第二课题

（2008FY110302）

"十三五"国家重点出版物出版规划项目

澜沧江流域与大香格里拉地区科学考察丛书

澜沧江流域与大香格里拉地区 土地利用与土地覆被变化考察研究

封志明 姜鲁光 张景华 刘晓娜 等 著

科学出版社

北京

内 容 简 介

本书是科学技术部基础性工作专项"澜沧江中下游与大香格里拉地区土地利用与土地覆被变化考察"课题的成果集成,是一部比较系统的澜沧江流域土地利用与土地覆被变化研究专著。本书不仅阐明了澜沧江流域土地利用与土地覆被类型的多样性、地域性和特殊性,而且揭示了香格里拉、西双版纳、中老缅交界区、缅老泰交界区等典型地区的土地利用与土地覆被变化的动态特征,更填补了边境地区土地利用与土地覆被变化研究的空白,为摸清澜沧江流域土地资源家底和湄公河流域土地利用与土地覆被变化提供了科学数据和决策依据。

本书可供地理学、资源科学、环境科学、生态学、土地科学等相关学科的科技工作者和相关政府部门的管理人员参考;同时也可作为高等院校地理、资源、环境、生态、农业、社会、经济和土地管理等相关专业的教学参考书。

图书在版编目(CIP)数据

澜沧江流域与大香格里拉地区土地利用与土地覆被变化考察研究 / 封志明等著. —北京:科学出版社,2017.5

(澜沧江流域与大香格里拉地区科学考察丛书)

"十三五"国家重点出版物出版规划项目

ISBN 978-7-03-052791-2

Ⅰ. ①澜… Ⅱ. ①封… Ⅲ. ①澜沧江–流域–土地利用–研究②澜沧江–流域–土地–覆盖–研究 Ⅳ. ①F329.97②P942.707.7

中国版本图书馆 CIP 数据核字(2017)第 087833 号

责任编辑:李 敏 王 倩 / 责任校对:张凤琴
责任印制:肖 兴 / 封面设计:李姗姗

科 学 出 版 社 出版

北京东黄城根北街 16 号
邮政编码:100717
http://www.sciencep.com

中国科学院印刷厂 印刷
科学出版社发行 各地新华书店经销

*

2017 年 5 月第 一 版 开本:889×1194 1/16
2017 年 5 月第一次印刷 印张:15 1/4 插页:2
字数:400 000

定价:180.00 元
(如有印装质量问题,我社负责调换)

科技基础性工作专项项目
结题验收专家组意见表

项目编号	2008FY110300	负责人	成升魁
项目名称	澜沧江中下游与大香格里拉地区科学考察		

　　2015 年 2 月 5 日，科技部基础司在北京组织召开了由中国科学院地理科学与资源研究所主持完成的国家科技基础性工作专项重点项目"澜沧江中下游与大香格里拉地区科学考察（2008FY110300）"（以下简称《考察》）结题验收会。与会专家听取项目负责人的汇报并进行了质询，查阅了相关技术文件，经讨论，形成验收意见如下：

　　1. 项目提交的验收材料齐全，符合国家科技基础性工作专项验收的要求。

　　2. 在流域尺度上开展的多学科、多尺度、大范围的综合科学考察，通过点、线、面结合，遥感监测、实地调查与样点分析相结合，对考察区水资源与水环境、土地利用与土地覆被、生物资源及生物多样性、生态系统本底与生态服务功能、山地地质灾害、人居环境、民族文化等开展了实地考察，获取了项目区内包括水、土地覆被、森林、灌丛、草地等 300 多个样方数据以及植物、动物和菌物等样品和标本 5 万多份（号），收集了大量的地图和数据文献资料，构建了数据库（集）6 个，编制了图集 3 部，计划出版考察专著 8 部。发表论文 120 余篇，形成咨询报告 14 份以及博士、硕士学位论文 50 篇，推进建立遗产地

2 处。

3. 在综合多源科学数据的基础上，科学评估了气候变化及水电开发、产业发展等人类活动对区域水土资源、生态环境、生态系统服务功能、人居环境的影响以及山地灾害的敏感性；《考察》成果为我国今后开展中国西南周边国家及相关地区科学研究工作积累了基础科学数据，并提出了相关政策建议。

4. 开辟了中国-湄公河次区域国家开展资源环境国际合作研究的渠道，建立了密切合作关系，签署了 5 项国际合作备忘录，建立了一支老中青结合的跨国综合科学考察人才队伍。

该项目整体设计思路清晰，采用的技术路线合理，组织管理和经费使用规范，完成了项目任务书规定的考核指标，待数据汇交通过后同意该项目通过验收。

验收等级： ☑优秀 □良好 □一般 □差

验收专家组组长签字：

2015 年 2 月 5 日

《澜沧江流域与大香格里拉地区科学考察丛书》
编 委 会

"澜沧江中下游与大香格里拉地区科学考察"
项 目 组

专家顾问组

组长 王克林 研究员 中国科学院亚热带农业生态研究所

成员 孙鸿烈 中国科学院院士 中国科学院地理科学与资源研究所

李文华 中国工程院院士 中国科学院地理科学与资源研究所

孙九林 中国工程院院士 中国科学院地理科学与资源研究所

梅旭荣 研究员 中国农业科学院农业环境与可持续发展研究所

黄鼎成 研究员 中国科学院地质与地球物理研究所

尹绍亭 教授 云南大学

邱华盛 研究员 中国科学院国际合作局

王仰麟 教授 北京大学

参 与 单 位

负责单位 中国科学院地理科学与资源研究所

协作单位 中国科学院西双版纳热带植物园

中国科学院成都山地灾害与环境研究所

中国科学院成都生物研究所

中国科学院动物研究所

中国科学院昆明动物研究所

中国科学院昆明植物研究所

云南大学

云南师范大学

云南省环境科学研究院

项 目 组

项目负责人　成升魁

课题负责人

　　　　课题 1　水资源与水环境科学考察　李丽娟

　　　　课题 2　土地利用与土地覆被变化综合考察　封志明

　　　　课题 3　生物多样性与重要生物类群变化考察　陈　进

　　　　课题 4　生态系统本底与生态系统功能考察　谢高地

　　　　课题 5　自然遗产与民族生态文化多样性考察　闵庆文

　　　　课题 6　人居环境变化与山地灾害考察　沈　镭

　　　　课题 7　综合科学考察数据集成与共享　刘高焕

　　　　课题 8　综合考察研究　成升魁

野外考察队长　沈　镭

学 术 秘 书　徐增让　刘立涛

总　　序

新中国成立后，鉴于我国广大地区特别是边远地区缺乏完整的自然条件与自然资源科学资料的状况，国务院于1956年决定由中国科学院组建"中国科学院自然资源综合考察委员会"（简称"综考会"），负责综合考察的组织协调与研究工作。之后40多年间，"综考会"在全国范围内组织了34个考察队、13个专题考察项目、6个科学试验站的考察、研究工作，取得了丰硕的成果，培养了一支科学考察队伍，为国家经济社会建设、生态与环境保护以及资源科学的发展，做出了重要的贡献。

2000年后，科学技术部为了进一步支持基本科学数据、资料与相关信息的收集、分类、整理、综合分析和数据共享等工作，特别设立了包括大规模科学考察在内的科技基础性工作专项。2008年，科学技术部批准了由中国科学院地理科学与资源研究所等单位承担的"澜沧江中下游与大香格里拉地区科学考察"项目。项目重点考察研究了水资源与水环境、土地利用与土地覆被变化、生物多样性与生态系统功能、自然遗产与民族文化多样性、人居环境与山地灾害、资源环境信息系统开发与共享等方面。经过5年的不懈努力，初步揭示了该地区的资源环境状况及其变化规律，评估了人类活动对区域生态环境的影响。这些考察成果将为保障澜沧江流域与大香格里拉地区资源环境安全提供基础图件和科学数据支撑。同时，通过这次考察推进了多学科综合科学考察队伍的建设，培养和锻炼了一批中青年野外科学工作者。

该丛书是上述考察成果的总结和提炼。我希望通过丛书的出版与发行，将进一步推动澜沧江流域和大香格里拉地区的深入研究，以求取得更多高水平的成果。

2013年10月

总　前　言

科学技术部于 2008 年批准了科技基础性工作专项"澜沧江中下游与大香格里拉地区科学考察"项目，中国科学院地理科学与资源研究所作为项目承担单位，联合了中国科学院下属的西双版纳植物园、昆明植物研究所、成都山地灾害与环境研究所、成都生物研究所，以及云南大学、云南师范大学、云南环境科学研究院等 8 家科研院所，对该地区进行了历时 5 年的大规模综合科学考察。

从地理空间看，澜沧江–湄公河流域和大香格里拉地区连接在一起，形成了一个世界上生物多样性最为丰富、水资源水环境功能极为重要、地形地貌极为复杂的独特地域。该地区从世界屋脊的河源到太平洋西岸的河口，涵盖了寒带、寒温带、温带、暖温带、亚热带、热带的干冷、干热和湿热等多种气候；跨越高山峡谷、中低山宽谷、冲积平原等各种地貌类型；包括草甸、草原、灌丛、森林、湿地、农田等多种生态系统，也是世界上能矿资源、旅游资源和生物多样性最丰富的地区之一。毋庸置疑，开展这一地区的多学科综合考察，对研究流域生态系统、资源环境梯度变化规律和促进学科交叉发展具有重大的科学价值。

本项目负责人为成升魁研究员，野外考察队长为沈镭研究员。项目下设 7 个课题组，分别围绕水资源与水环境、土地利用与土地覆被变化、生物多样性、生态系统功能、自然遗产与民族文化多样性、人居环境与山地灾害、资源环境信息系统开发与共享等，对澜沧江中下游与大香格里拉地区展开综合科学考察和研究。各课题负责人分别是李丽娟研究员、封志明研究员、陈进研究员、谢高地研究员、闵庆文研究员、沈镭研究员和刘高焕研究员。该项目的目的是摸清该地区的本底数据、基础资料及其变化规律，为评估区域关键资源开发、人居环境变化与人类活动对生态环境的影响，保障国家与地区资源环境安全提供基础图件和科学数据，为我国科学基础数据共享平台建设提供支持，以期进一步提高跨领域科学家的协同考察能力，推进多学科综合科学考察队伍建设，造就一批优秀的野外科学工作者。

5 年来，项目共组织了 4 次大规模的野外考察与调研，累计行程为 17 600km，历时共 90 天，其中，第一次野外考察于 2009 年 8 月 16 日 ~ 9 月 8 日完成，重点考察了大香格里拉地区，行程涵盖四川、云南两省 9 县（市）近 3600km，历时 23 天；第二次野外考察于 2010 年 11 月 3 ~ 28 日完成，行程覆盖澜沧江中下游地区的云南省从西双版纳到保山 13 县（市），行程 4000 余千米，历时 26 天；第三次野外考察于 2011 年 9 月 10 ~ 27 日完成，考察重点是澜沧江上游及其源头地区，行程近 5000km，历时 18 天；第四次野外考察于 2013 年 2 月 24 日 ~ 3 月 17 日在境外湄公河段进行，从云南省西双版纳傣族自治州的景洪市磨憨口岸出发，沿老挝、柬埔寨至越南，3 月 4 ~ 6 日在胡志明市参加"湄公河环境国际研讨会"之际考察了湄公河三角洲地区的胡志明市和茶荣省，3 月 8 日自胡志明市、柬埔寨、泰国，再回到磨憨口岸，行程近 5000km，历时 23 天。

5 年来，整个项目组累计投入 4200 多人次，完成了 4 国、40 多个县（市、区）的座谈与调研，走访了 10 多个民族、40 多家农户，完成了 2800 多份资料和 15 000 多张照片的采集，完成了 8000 条数据、3000 多张照片的编录与整理，完成了 1000 多个定点观测、70 篇考察日志和流域内 45 个县（市、区）的县情撰写。在完成野外考察和调研的基础上，已经撰写和发表学术论文 30 多篇，培养了博士和硕士研究生共 30 多名。

在完成上述 4 次大规模的野外考察和资料收集的基础上，项目组又完成了大量的室内分析、数据整理和报告的撰写，先后召开了 20 多次座谈会。以此为基础，各课题先后汇编成系列考察报告并陆续出版。我们希望并深信，该考察报告的出版，无论是在为今后开展本地区的深入科学研究还是在为区域社会经济发展提供基础性科技支持方面，都将是十分难得的宝贵资料和具有重要参考价值的文献。

2013 年 10 月

前　　言

"澜沧江中下游与大香格里拉地区土地利用与土地覆被变化考察"是科学技术部于2008年批准的科技基础性工作专项"澜沧江中下游与大香格里拉地区科学考察"项目的第2课题（课题编号：2008FY110302），由中国科学院地理科学与资源研究所负责，联合云南师范大学、云南大学和河北农业大学等单位共同完成。课题重点开展了土地利用与土地覆被变化综合科学考察，完成了澜沧江-湄公河流域干流地区1:10万、典型地区1:5万和典型地段1:1万土地利用/土地覆被系列制图，从全流域、典型地区和典型地段三个层面系统考察和科学认识了澜沧江流域中下游与大香格里拉地区土地利用/土地覆被变化规律及其驱动因素。

"澜沧江中下游与大香格里拉地区土地利用与土地覆被变化考察"历时5年，先后由中国科学院地理科学与资源研究所封志明研究员（课题负责人）、姜鲁光副研究员（课题负责人）、姜亚东工程师、游珍工程师、张景华博士、刘晓娜博士、李鹏博士、王露博士、廖谌婳博士和云南师范大学吴映梅教授、云南大学刘玉杰副教授、河北农业大学张蓬涛教授、高星硕士13人参加了野外工作和室内研究。课题组按照澜沧江上游、澜沧江中游与大香格里拉地区、澜沧江下游（国内）和湄公河流域（国外）分段、分期进行了4次野外考察与实地调查。范围涉及云南、四川和青海3省与老挝、越南、柬埔寨和泰国4国，行程超过16 000km，历时90多天。课题组收集整理了大量数据资料和影像地图，编写了90多篇长短不一的考察日志；采集了5000多个点位数据和12 000多张点位影像，编制完成了一系列土地利用与土地覆被地图；公开发表相关论文18篇，建立了6个土地利用与土地覆被变化数据集；开展了应急研究和政策研究并及时提交了6份重要咨询报告，圆满完成了既定考察任务。

本书是在课题组历时5年野外考察与室内研究，并参考前人文献资料的基础上写成的。全书共9章：第1章综论澜沧江流域土地利用与土地覆被考察的任务与目标、方法与过程和贡献与成果；第2章概述土地利用与土地覆被变化研究宏观进展和区域进展；第3章说明土地利用与土地覆被变化的遥感识别与信息提取方法；第4章阐明澜沧江流域土地利用与土地覆被类型的多样性与地域性；第5章揭示橡胶林地和刀耕火种农业等典型地类的遥感识别与动态变化；第6章阐释香格里拉、西双版纳、中老缅交界地区和缅老泰交界地区的土地利用与土地覆被动态变化；第7章揭示澜沧江流域土地利用与土地覆被变化的影响与响应；第8章专题研究澜沧江-湄公河流域的地形起伏度、人口分布与地形关系和昆曼公路对土地利用的干扰与影响；第9章则是澜沧江-湄公河流域若干应急问题研究与政策建议报告。书末附录1为《中南半岛（老柬越泰）和云南边境地区土地利用和土地覆被变化考察日志》，附录2为《澜沧江流域与大香格里拉地区1:10万土地利用与土地覆被制图规范》，另附有公开发表论文。

本书是比较系统的澜沧江流域土地利用与土地覆被变化研究专著，不仅阐明了澜沧江流域土地利用与土地覆被类型的多样性、地域性和特殊性，而且揭示了香格里拉、西双版纳、中老缅和缅老泰等典型地区的土地利用与土地覆被变化的动态特征，更填补了边境地区土地利用与土地覆被变化研究的空白，为摸清澜沧江流域土地资源家底和湄公河流域土地利用与土地覆被变化提供了科学数据和决策依据。目前国内尚无全面介绍澜沧江流域土地利用与土地覆被变化的专门书籍，希望本书的出版能够弥补这一缺憾，为促进中南半岛土地利用与土地覆被变化动态监测和跨境研究做出贡献。

本书各章节主要执笔人如下：第1章，封志明；第2章，封志明、刘晓娜；第3章，张景华、刘晓娜、姜鲁光；第4章，张景华、封志明、姜鲁光；第5章，刘晓娜、封志明、姜鲁光（5.1节），廖谌婳、封志明、李鹏（5.2节），姜鲁光、刘晓娜（5.3节）；第6章，张景华、封志明、姜鲁光（6.1节），刘晓娜、封志明、姜鲁光（6.2节），刘晓娜、封志明、姜鲁光（6.3节），廖谌婳、封志明、李鹏（6.4节）；第7章，高星、姜鲁光、张蓬涛（7.1节），张景华、封志明、姜鲁光（7.2节），张景华、刘玉杰（7.3节）；第8章，游珍、杨艳昭、姜鲁光（8.1节），游珍、封志明、姜鲁光（8.2节），廖谌婳、吴映梅（8.3节）；第9章，姜鲁光、封志明、杨艳昭（9.1~9.3节），封志明、姜鲁光、李鹏（9.4节和9.5节），封志明、姜鲁光、杨艳昭（9.6节）。全书由封志明、姜鲁光、张景华、刘晓娜负责统编，最后由封志明、姜鲁光统一定稿。附录1由李鹏整理完成；附录2由封志明、姜鲁光、刘晓娜共同编制。

课题组在野外考察与专著编写过程中，得到了澜沧江流域与大香格里拉地区沿途各县（市）的土地、农业、林业、牧业、统计等部门的帮助与支持，也得到了综合科学考察队有关兄弟专业组的帮助和支持，在此致以衷心的感谢和敬意。

由于澜沧江流域地形复杂、地域辽阔，土地利用与土地覆被变化考察的广度和深度都还有待深入，考察中所获得的有关土地利用资料区域之间、类型之间不太平衡，专著内容详略不同，许多问题有待今后进一步考察研究，继续补充和完善。加上著者水平有限，书中难免存在不足和不妥之处，敬请读者不吝指正。

封志明

2015年10月25日

目　　录

|第1章|　　综　　论

"澜沧江中下游与大香格里拉地区科学考察"是科学技术部 2008 年批准实施的科技基础性工作专项之一（项目编号：2008FY110300）。项目的主要任务是组织多学科队伍重点围绕水资源与水环境、土地利用与土地覆被、生物多样性与生态系统功能、自然遗产与民族文化多样性、人居环境变化与山地灾害等开展综合科学考察；摸清考察地区的本底数据、基础资料及其变化规律，为评估区域关键资源开发、人居环境变化和人类活动对生态环境的影响，保障国家与地区资源环境安全提供基础图件和科学数据，为我国科学基础数据共享平台建设提供支持；以期进一步提高跨领域科学家的协同考察能力，推进多学科综合科学考察队伍建设，造就一批优秀的野外科学工作者。

"澜沧江中下游与大香格里拉地区土地利用与土地覆被变化考察"是"澜沧江中下游与大香格里拉地区科学考察"项目的第 2 课题（课题编号：2008FY110302）。课题重点开展了土地利用与土地覆被变化综合科学考察，完成了澜沧江-湄公河流域干流地区 1∶10 万、典型地区 1∶5 万和典型地段 1∶1 万土地利用/土地覆被系列制图，从全流域、典型地区和典型地段三个层面系统考察和科学认识了澜沧江流域中下游与大香格里拉地区土地利用/土地覆被变化规律及其驱动因素。

1.1　土地利用/土地覆被变化考察的目的与意义

澜沧江-湄公河是世界第六大河，它发源于我国青海，途经西藏、云南进入缅甸、老挝、泰国、柬埔寨，最后在越南胡志明市附近入中国南海。澜沧江-湄公河一江连六国，全长 4880 km，流域总面积 81 万 km²，位居世界第十四位，全流域总落差 5167 m。我国境内部分称为澜沧江，全长 2179 km，流域面积 16.48 万 km²，占澜沧江-湄公河流域总面积的 20.3%，是我国境内地理生态环境最为独特复杂的自然地域。

澜沧江-湄公河流域自 20 世纪 90 年代以来一直是国际社会广泛关注的热点。作为该区域的核心大国，中国要把握合作开发和环境外交的主动权，迫切需要系统地掌握该区域的资源环境基础资料和本底数据。60~80 年代，中国科学院与其他科研机构在澜沧江中下游及其周边地区做过大范围的传统科学考察，实现了对该区域土地资源的第一次摸底，取得了大量科学成果和文献资料。20 多年过去了，该区域土地资源开发状况发生了巨大变化，加之部分地区土地资源基础资料较少，甚至空白，湄公河流域的资料更是缺乏，已有基础数据和背景资料难以满足国民经济需要和科学发展需求，因此，有必要开展该地区的土地利用与土地覆被综合科学考察，以摸清土地资源本底数据、基础资料及其变化规律，为国家和地区可持续发展提供支撑。

从地理背景来看，澜沧江-湄公河流域和大香格里拉地区连接在一起，形成了一个地形地貌极为复杂、水热分布极具差异的独特地域，成为全球生态环境地理地带性最为典型的区域之一。该地区从世界屋脊的河源到太平洋西岸的河口，涵盖寒带、寒温带、温带、暖温带、亚热带、热带的干冷、干热和湿热多种气候；跨越高山峡谷、中低山宽谷、冲积平原等各种地貌类型；包括草甸、草原、灌丛、森林、湿地、农田等多种生态系统。复杂多变的自然环境背景决定了该区域土地利用与土地覆被的多样性与地域差异。毋庸置疑，开展这一地区的土地利用与土地覆被综合考察，对研究流域土地利用梯度变化规律和促进学科交叉发展具有重大的科学价值。

1.2　土地利用/土地覆被变化考察的目标与任务

澜沧江中下游与大香格里拉地区土地利用与土地覆被变化考察的主要目标是完成澜沧江–湄公河流域1：10万、典型地区1：5万和典型地类1：1万土地利用/土地覆被系列制图，从全流域、典型地区和典型地类三个层面系统考察和科学认识澜沧江流域中下游与大香格里拉地区土地利用/土地覆被变化规律及其驱动因素。

针对上述目标，课题确立的主要考察任务如下。

（1）澜沧江中下游与大香格里拉地区土地利用/土地覆被现状考察

以2009/2010年为节点，利用多时相遥感影像解译全区土地利用/土地覆被状况，建立土地利用/土地覆被现状数据库；开展中、缅、泰、老、柬、越6国澜沧江–湄公河流域土地利用实地调查，编制澜沧江–湄公河流域1：10万土地利用/土地覆被现状图，基本摸清全区土地利用现状与土地覆被格局。

（2）典型地区近20年来土地利用/土地覆被变化及驱动因素考察

以香格里拉核心地区、西双版纳地区、中老缅交界地区、缅老泰交界地区为代表，以1990年、2000年和2010年为节点，编制典型地区三个时段1：5万土地利用/土地覆被类型图，系统考察典型地区近20年来土地利用/土地覆被变化及其驱动因素。

（3）典型地类近20年来空间格局变化及驱动因素考察

以橡胶种植、刀耕火种农业等流域内具有特殊性的土地利用类型为代表，以1990年、2000年和2010年为节点，编制典型地类三个时段1：1万专题图，系统考察典型地类近20年来空间格局变化及其驱动因素。

（4）近20年来典型人类活动与土地利用变化互动关系研究

以居民点、道路建设、梯级水电站开发等流域内具有典型性和特殊性的人类活动为例，以1990年、2000年和2010年为节点，编制三个时段典型土地利用类型空间分布图，开展近20年来区域典型人类活动与土地利用变化互动关系研究。

1.3　土地利用/土地覆被变化考察的方法与过程

本课题通过科学考察、遥感解译和GIS空间分析等手段，摸清澜沧江流域土地利用与土地覆被本底数据及其变化规律，为评估区域关键资源开发、人居环境变化与人类活动对生态环境的影响，保障国家与地区资源环境安全提供基础图件和科学数据。

（1）确定土地利用分类标准

根据澜沧江流域土地利用与土地覆被特征，同时考虑Landsat TM遥感影像的分类能力，参考《全国土地利用现状分类》（2007年）国家标准，将澜沧江流域土地利用/土地覆被划分为耕地、园地、林地、草地、建设用地、水域和其他土地7个一级地类和水田、旱地、橡胶林、茶园、其他园地、有林地、灌木林地、其他林地、高覆盖度草地、中覆盖度草地、低覆盖度草地、城镇用地、农村居民点、其他建设用地、河流、湖泊、水库坑塘、冰川及永久积雪、滩地、裸岩、裸地21个二级类型。

（2）土地利用/土地覆被遥感解译

卫星遥感数据是土地利用与土地覆被信息提取的可靠数据源。卫星遥感数据记录了地物的光谱特征、空间特征和时间特征等。计算机分类是以光谱特征为依据的，但由于存在同物异谱和异物同谱现象，这种分类方法出现误判较多，有其局限性。目视解译融入了研究人员的专业知识和智能，不仅依靠光谱信息在图像上所反映的色调和色彩，而且综合了其几何特征、图形结构、相互关系和成像季节等要素，使判识准确率大为提高。从事解译的人员多具备较丰富的地学知识和实践经验，对区域内的情况也比较熟悉。本课题在获得高质量Landsat TM图像的基础上，通过资料收集、粗判分析、踏勘建标、综合解译、野外查证、图斑修订等工作程序，采用先易后难、先区域后局部的方法，保证土地利用/土地覆被分类的可靠性，获取澜沧江流域土地利用/土地覆被专题信息。具体流程如图1-1所示。

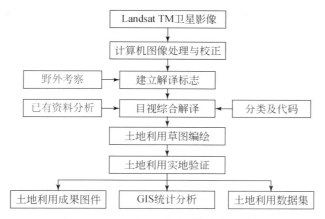

图1-1 土地利用/土地覆被遥感解译

（3）实施土地利用/土地覆被调查

为获得澜沧江流域各土地利用/土地覆被类型的先验知识，以及确保各土地利用/土地覆被类型的遥感解译精度，必须开展澜沧江中下游与大香格里拉地区土地利用与土地覆被的实地调查。本课题遵循点、线、面相结合的原则，从宏观、中观和微观三个不同尺度具体展开：

1）"点"主要围绕国内实验站、点及其所在乡镇，结合典型地区进行实地考察和入户调查，完成典型地段土地利用与土地覆被1∶1万大比例尺填图。

2）"线"以澜沧江–湄公河干流为轴线，选择南北贯穿、东西横切的考察路线开展综合考察和1∶10万中比例尺填图。干流考察路线包括：玉树—昌都—迪庆—丽江—保山—临沧—西双版纳（国内部分）和缅甸—老挝—泰国—柬埔寨—越南（国外部分）。项目考察过程中，按照澜沧江上游、澜沧江中游与大香格里拉地区、澜沧江下游（国内）和湄公河流域（国外）分段、分期进行。具体如下（图1-2）：

澜沧江中游与大香格里拉地区考察。2009年8月16日~9月8日为期23天，第一次野外考察涵盖四川、云南两省9县（市），具体考察路线为香格里拉县（现香格里拉市）—乡城县—稻城县—得荣县—德钦县—维西傈僳族自治县（简称维西县）—兰坪白族普米族自治县（简称兰坪县）—永平县—大理市。

澜沧江下游地区考察。2010年11月3~28日为期26天，第二次野外考察从云南的西双版纳到保山涉及13县（市），具体考察路线为昆明市—景洪市—勐腊县—勐海县—澜沧县—普洱市思茅区—宁洱哈尼族彝族自治县（简称宁洱县）—景谷傣族彝族自治县（简称景谷县）—临沧市临翔区—云县—凤庆县—昌宁县—保山市隆阳区。

澜沧江上游及源头地区考察。2011年9月10~27日为期18天，第三次野外考察由云南到青海途经两省12县（市），具体考察路线为香格里拉县—德钦县—芒康县—左贡县—察雅县—昌都县（现昌都市卡若区）—类乌齐县—囊谦县—杂多县—玉树县（现玉树市）—玛多县—西宁市。

湄公河流域地区考察。2013年2月24日~3月17日为期23天，第四次野外考察涉及老挝、柬埔寨、越南和泰国湄公河流域地区，具体考察路线为孟赛—琅勃拉邦—万荣—万象—他曲—沙湾拿吉—巴色—上丁—桔井—胡志明市—柴桢—金边—磅同—暹粒—沙敦—呵叻—孔敬—彭世洛—素可泰—达府—清迈—清莱—清盛—清孔—会晒—琅南塔。

4次野外考察过程中，澜沧江中下游与大香格里拉地区土地利用与土地覆被变化考察课题组利用GPS定位系统，采集流域内主要土地利用/土地覆被类型样点，详细记录了各样点对应的土地覆被类型及其位置（经纬度）、高程、邻接地类等基本环境信息。4次野外考察共采集了5000多个土地利用/土地覆被类型样点，累计拍摄照片12 000余张，收集相关资料140多份，基本覆盖了考察区域全部的土地利用/土地覆被类型。

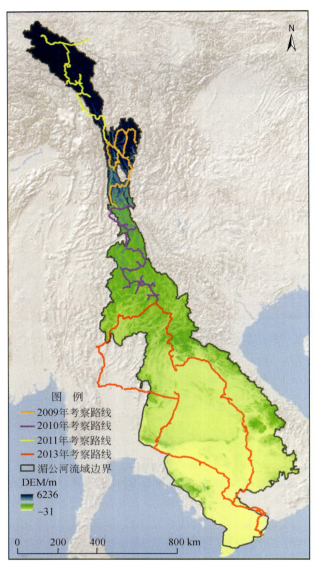

图 1-2　野外考察路线图

3）"面"主要包括两个尺度，一是澜沧江中下游与大香格里拉地区遥感调查与全区 1∶10 万土地利用/土地覆被中比例尺制图；二是项目核心地区或特定地理单元科学考察，并开展了 1∶5 万土地利用/土地覆被中比例尺制图，包括香格里拉地区、西双版纳地区、中老缅交界地区和缅老泰交界地区 4 个核心地区的综合考察与区域制图。

1.4　土地利用/土地覆被变化考察的主要贡献与成果

澜沧江中下游与大香格里拉地区土地利用与土地覆被变化考察课题组分 4 次完成了澜沧江流域上游地区、中游与大香格里拉地区、下游地区（国内部分）和湄公河流域（国外部分）土地利用现状与土地覆被变化野外考察，涉及云南、四川和青海 3 省与老挝、越南、柬埔寨和泰国 4 国，行程超过 16 000km，历时 90 多天。课题组收集整理了大量数据资料和影像地图，采集了 5000 多个点位数据和 12 000 多张点位影像，编制完成了一系列土地利用与土地覆被地图；公开发表相关论文 20 多篇，建立了 6 个土地利用与土地覆被变化数据集；开展了应急研究和政策研究并及时提交了 6 份重要咨询报告，主要贡献与成果归纳如下。

（1）完成了澜沧江中下游与大香格里拉地区土地利用与土地覆被分幅地图编制

课题组完成了澜沧江中下游与大香格里拉地区土地利用与土地覆被变化考察与制图，基本摸清了澜沧江中下游与大香格里拉地区土地禀赋、区域特征及其空间规律性；

建立了澜沧江中下游与大香格里拉地区土地利用与土地覆被样点数据库，确立了适用于澜沧江中下游与大香格里拉地区的土地利用与土地覆被分类系统。

制定了澜沧江流域与大香格里拉地区 1∶10 万土地利用与土地覆被制图规范（附录2），完成了澜沧江流域与大香格里拉地区 1∶10 万土地利用/土地覆被标准分幅地图编制。

（2）完成了若干典型地区与典型地类的土地利用与土地覆被考察与专题制图

课题组在基本摸清流域土地利用与土地覆被本底数据的基础上，有针对性地开展了若干典型地区和典型地类的专题研究和专题制图，取得了丰富的研究成果：

选取香格里拉地区、西双版纳地区、中老缅交界地区和缅老泰交界地区等典型区域，以 1990 年、2000 年和 2010 年为时间节点，对比研究了近 20 年来土地利用/土地覆被变化时空格局及其驱动因素。

研究提出橡胶林和刀耕火种农业等典型地类遥感识别和提取方法，对比分析了近 20 年来典型地类的时空变化格局和驱动因素。

选取居民点、道路建设和水电开发等人类活动，对比分析了近 20 年来人类活动与土地利用变化的关系，并对澜沧江流域人类干扰活动进行了系统研究。

（3）建立了澜沧江中下游与大香格里拉地区土地利用与土地覆被变化数据集

课题组在完成澜沧江流域与大香格里拉地区土地利用与土地覆被变化考察的基础上，收集整理了大量数据资料和整编图件，建立了一系列土地利用与土地覆被变化数据集：

通过 4 次野外考察与调查，建立了野外考察路线与 5000 多个点位数据集和野外定点与解译标志 12 000 多个样点影像数据集。

通过 1∶10 万土地利用与土地覆被分幅地图集编制，建立了澜沧江流域耕地、园地、林地、草地、建设用地和水域等土地利用与土地覆被类型数据集。

通过澜沧江流域典型地区调查与制图，建立了香格里拉地区、西双版纳地区、中老缅交界地区和缅老泰交界地区等典型地区土地利用与土地覆被类型数据集。

通过澜沧江流域土地利用与土地覆被专题研究，建立了橡胶林地分布、刀耕火种农业分布、林线与雪线分布和居民点分布等专题数据集。

（4）开展了应急研究与政策研究并及时提交了 6 份重要咨询报告

课题组在土地利用与土地覆被变化科学考察的基础上，关注流域时事和突发事件，积极开展了应急研究和政策研究，先后向国家提交了 6 份重要咨询报告，其中，前两份报告受到中央领导的重视和批示，后两份报告被中共中央办公厅和国务院办公厅采纳，发挥了积极的智库作用：

针对 2011 年 7 月泰国发生的严重洪涝灾害，提交了"关于泰国洪水影响评估及我国政府应对策略"和"关于泰国曼谷洪水情势跟踪监测及我国政府应对策略"两份报告。

针对 2012 年 3 月由连续干旱引发的云南境内的多起森林火灾，提交了"云南晋宁森林火灾遥感快速评估与应对策略建议"的报告。

针对中老缅交界地区橡胶林地空间扩展态势和面临问题，2013 年 4 月提交了"关于中老缅边境地区橡胶林跨境发展的若干建议"的报告。

针对 13 号公路的重要性及其损坏状况，2013 年 5 月提交了"尽快援建老挝 13 号公路孟赛到巴蒙路段修复工程"的报告。

针对云南景谷地震人口影响的应急需求，2014 年 10 月提交了"云南景谷地震人口影响的快速评估报告及应对策略建议"的报告。

第 2 章 土地利用/土地覆被变化研究现状和发展趋势

2.1 土地利用/土地覆被变化研究总体进展

土地利用/土地覆被变化（land use and land cover change，LUCC）由国际地圈生物圈计划（IGBP）和国际全球环境变化人文因素计划（IHDP）于 1995 年在共同拟定发表的《土地利用/土地覆被变化科学研究计划》中联合提出（Turner et al.，1995），20 世纪 90 年代以来迅速成为全球变化研究的重点领域和土地可持续利用研究的重要课题。该计划旨在通过对人类驱动力–LUCC–全球变化–环境反馈之间相互作用机制的认识，深入理解人类活动对土地覆被的影响，进而预测评估生态环境变化，并寻求积极的人为干预（Turner et al.，1997）。土地利用与土地覆被两者之间既有密切联系，又有本质区别。在土地利用/土地覆被变化研究中，土地利用与土地覆被及其变化共同构成了土地社会和自然双重属性。从国内外研究进展来看，目前的土地利用/土地覆被变化研究主要集中在土地利用/土地覆被信息获取、土地利用/土地覆被分类与制图和土地利用/土地覆被变化驱动力与驱动力模型等若干领域。

2.1.1 土地利用/土地覆被信息获取

土地利用/土地覆被研究最初主要侧重于土地资源调查、分区、分类、规划、评价及开发和管理研究（于兴修和杨桂山，2002），1970 年以前的数据基本上是从历史调查和统计资料中获取，也有少量是来自航空遥感的影像资料；20 世纪 80 年代以来，遥感因其同步观测、时效性、数据的综合性和可比性及经济性等诸多优势已成为国内外获取土地利用/土地覆被信息最有效与最可靠的工具（Steven，1980），土地覆被遥感监测已是对流域综合开发所引起的有关土地利用变化的有效监测手段（甘淑等，1999）。土地利用/土地覆被动态监测的目的即为获取土地利用/土地覆被的变化信息，最常用的土地利用/土地覆被变化遥感监测方法有两种（Pilon et al.，1988）：一种是分类前像元比较法；另一种是分类后比较法。前者因先确定土地利用/土地覆被变化的位置，缩小了分类范围，提高了监测速度，避免分类过程中引入虚假的变化类型，而后者可以回避前一种方法所要求的影像序列时相一致的条件，以及影像间辐射校正、匹配等问题。利用不同的遥感数据源，对某些特殊地类进行影像识别与提取已有较多研究，其中利用遥感不同波段组合获得植被指数提取植被信息的方法现已相当成熟（田庆久等，1998）。随着"3S"技术的综合应用，遥感信息识别与提取必将为土地利用/土地覆被变化研究提供更加可靠的数据来源与精度保障。

2.1.2 土地利用/土地覆被分类与制图

土地利用与土地覆被分类是土地利用/土地覆被变化研究的基础，土地利用/土地覆被制图是以图件形式反映土地利用/土地覆被变化的研究成果，也是土地利用/土地覆被变化研究的主要表现形式（刘新卫等，2004）。土地利用/土地覆被分类方法按不同标准可分为基于像元的分类、面向对象的分类、目视解译、计算机自动解译和人机交互解译、监督分类和非监督分类等。目前，多分类器结合的方法正成为模式识别领域的一个重要研究热点。20 世纪 50 年代后，学术界开始探讨适用遥感数据特点的土地分类系统及分类方法，并尝试利用遥感数据进行大范围土地覆被和土地利用制图的方法（Marschner，1959）。90

年代，人类第一次利用卫星数据研制开发了全球具有统一分类方法、统一数据处理规范并将具有统计精度评价结果的全球 1km 空间分辨率的土地覆被数据库（Loverland et al.，2000）。到目前为止，国际地圈生物圈计划（IGBP）根据 NOAA AVHRR 数据建立了覆盖全球的 DISCover 土地覆被数据库，马里兰大学建立了全球 1km 空间分辨率的 UMD 土地覆被数据库，欧洲航天局（ESA）建立了空间分辨率 300m 的 GlobCover 数据库。但这些土地覆被数据受空间分辨率的限制只适用于全球或大区域范围的研究，要进一步了解具体的土地覆被类型空间分布就需要对更加详细的土地覆被数据进行描述，特别是对于具体驱动因素的深入研究需要更高精度的土地利用/土地覆被数据。中国土地利用/土地覆被制图也更为系统、客观和快速准确（高志强等，1999）。目前的重点是针对不同研究地区，在确定分类系统时，特别考虑地区典型地类或特有地类，以体现土地利用与土地覆被分类制图的地域特征及其典型性。

2.1.3 土地利用/土地覆被变化驱动力与驱动力模型

土地利用/土地覆被变化驱动力研究，旨在揭示土地利用/土地覆被变化的原因、机制与过程，预测其未来变化的趋势与结果，以便制定相应的对策（摆万奇和赵士洞，2001）。引起土地利用/土地覆被变化的因素包括自然和社会经济两方面。在较短的时间尺度上，自然驱动力相对稳定，有累积效应，社会经济驱动力则相对活跃（Lambin and Geist，2001）。社会经济因素可分为直接因素和间接因素，间接因素通过直接因素作用于土地利用（Turner，1997）。因此，驱动力研究更多地集中在引起土地利用变化的人为驱动力方面。在动力学机制研究方面，目前颇受重视的内容是社会经济机制及土地利用决策的影响，如 IHDP 新设立的研究计划"全球环境变化的制度因素"（IDGEC）。土地利用/土地覆被变化驱动机制研究通过传统回归模型对自变量与因变量的关系的描述能力有限（Overmars et al.，2003），而多层次多元回归模型在这方面则有很大的优势，为分析不同尺度土地利用/土地覆被变化驱动因子的作用提供了强有力的工具（Verburg，2004）。土地利用/土地覆被变化驱动力研究的方法以模型为主，可以分为经验统计模型、随机模型、优化模型、基于过程的动态模型及综合模型（Lambin et al.，2000），模型各有优缺点，目前应用较多的综合模型是土地利用/土地覆被变化及其效应（CLUE）模型（Veldkamp and Fresco，1996），但对较小尺度的区域土地利用变化研究 CLUE-S 模型更为适用（Verburg et al.，2002）。国内专门分析土地利用/土地覆被变化与驱动力之间关系的文献较少，更多地仅从侧面反映社会、经济、技术及政策变化对土地利用/土地覆被变化的影响，研究有待深入。

2.2 大湄公河次区域土地利用/土地覆被变化研究进展

国内外众多学者主要围绕土地利用/土地覆被分类与制图、土地利用/土地覆被变化时空格局与驱动因素、土地利用/土地覆被变化驱动力与驱动机制等，对大湄公河次区域进行了大量的土地利用/土地覆被变化研究。总体来看，工作零星而分散，缺乏区域整体性和系统性研究。本节将分别从区域土地利用/土地覆被变化研究、国内土地利用/土地覆被变化研究和国外土地利用/土地覆被变化研究等不同侧面加以阐述。

2.2.1 区域土地利用/土地覆被变化研究

大湄公河次区域属世界热带雨林第二大分布区，林地作为主要土地覆被类型，对调节区域气候、生物多样性保护以及水土保持具有重要作用。大湄公河次区域国家大多具有相似的土地利用结构（图 2-1），林地是各国主导的土地覆被类型，其次是农业用地，各国长期作物用地面积比重较低，主要还是"刀耕火种"的轮歇种植农业（Kunstadter et al.，1978；Roder，2001）。大湄公河次区域正以前所未有的速度和规模发生着土地利用/土地覆被变化，特别是热带森林的砍伐和森林退化。

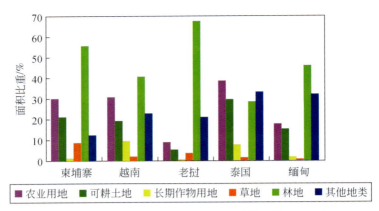

图 2-1 中南半岛 5 国土地利用/土地覆被现状（2009 年）

大湄公河次区域土地利用/土地覆被变化的主要方向是林地向轮歇地、建设用地转换，高山景观逐渐被望天田、梯田、次生植被以及森林斑块所替代（Turkelboom et al.，2008）。人口压力、政府决策、市场需求被认为是主要驱动因素（Valentin et al.，2008）。经济的快速增长以及对农产品的大量需求致使山地农民不断替换粮食作物为经济作物，对市场的依赖性日益增强（Burgersa et al.，2005），由此导致林地面积一直呈下降趋势，而林地转变与渐变将对大范围的生态系统服务功能产生影响（Lambin et al.，2003）。与此同时，轮歇周期不断缩短致使土壤肥力不断下降（Jordan，1985），由此所带来的环境及农学效应逐渐受到关注（Roder et al.，1997）。轮作周期由 10~20 年逐步缩短到 1~4 年，甚至变为永久性农业用地，休耕地和轮耕地逐渐被单一型经济类作物种植所取代，如橡胶、油棕作物、各种类型水果等（Fox and Vogler，2005）。Chandra 和 Surendra（1995）采用多源遥感数据研究认为，刀耕火种、农业集约化和种植模式变化、林地向农地的转化分别是老挝乌多姆塞省、越南湄公河三角洲以及泰国黎府省土地利用/土地覆被变化的主要驱动因素。

近年来建设用地不断增加，经济活动如道路修建可能导致土地利用/土地覆被变化（Geist and Lambin，2002），特别是线性人工地物，如公路、各种管道基础设施等，由于交通网络与工作、市场或者行政中心相连，因此沿交通线土地覆被不断发生变化（Giri et al.，2003）。这些线性地物对自然栖息地和全球生态系统产生了重大环境影响（Trombulak and Frissel，2000；Forman et al.，2002）。大面积森林被砍伐转变为农业用地或其他用地，引起森林破碎化、生物多样性减少、碳循环失衡以及区域气候改变（Steininger et al.，2001）。FAO 研究认为老挝土地有 84% 发生退化，而退化土地中大多为中等程度的退化（FAO，2000）。根据全球土壤退化评价结果，东南亚土地退化均由农业用地与森林采伐两大因素所致（van Lynden and Oldman，1997）。联合国环境规划署（UNEP）结合以往研究成果，认为东南亚土地退化与土地利用变化有直接关系，特别是农用地的扩张与利用强度的增加（UNEP，2002）。

2.2.2 国内土地利用/土地覆被变化研究

云南地处云贵高原，是一个多山、多民族的农业省，土地利用/土地覆被表现出明显的时空多变性和地域差异性。农业活动的干扰加大了这种差异，而多样化的少数民族土地利用习俗，使云南土地利用/土地覆被的复杂性更加突出（姜昀等，2006）。云南在过去 50 年里生物多样性以前所未有的速率发生变化，特别是农业生物多样性。国有农场替代天然林，橡胶种植的扩张以及经济政策由计划经济向市场经济的转变是造成这一变化的主要驱动因素。此外，人口增长、水田扩种、天然林保护区和自然保护区扩大导致某些村庄轮歇地面积缩减，并且自然轮歇地逐渐被人工轮歇地替代，轮歇周期不断缩短以及新的经济作物正不断取代传统作物（Guo et al.，2002）。

云南土地覆被类型主要为林地和草地，土地利用/土地覆被变化以林地减少、农用地增加为主要特征。这种变化与世界许多热带地区的土地利用变化状况比较相似（Houghton，2002）。耕地分布随海拔、坡度的不同有明显的变化规律，且耕地分布格局存在着较为显著的时空差异性（刘明达等，2008）。

边境地区土地利用/土地覆被类型始终以林地和裸地为主，但不同时期的主要土地利用/土地覆被类型有所差异。20 世纪 70 年代土地覆被类型以林地、裸地和水域为主，目前土地覆被类型以林地、裸地和耕地为主（刘美玲等，2006）。2002~2008 年，云南省园地和交通用地增幅较大，其次是居民点及工矿用地和林地，耕地、未利用地和牧草地均减少。由于受到地理位置和海拔、气候的影响，云南省的土地类型多样，甚至同一地类在不同地区也呈现不同的变化趋势，存在显著的区域差异（徐婧和赵乔贵，2011）。

不同时期政策和社会经济发展导向不同，土地利用/土地覆被变化也各有差异。1976 年以前，由于强调"以粮为纲"以及橡胶林地扩种的政策驱动，森林覆盖率急剧下降，轮歇地增长迅速，且轮歇周期不断缩短；之后受压缩轮歇地政策影响，毁林受到一定的抑制，而人口的不断上涨以及外来人口的不断流入，又造成土地过度垦殖，大面积林地沦为荒山草地或灌丛林地。2000 年以后，开始施行"退耕还林"工程，林地面积减少受到一定程度的遏制，而橡胶树以及茶树种植受经济利益驱动，种植面积呈扩大趋势，人工林景观显著增加。影响土地利用/土地覆被变化的主要因素是政策法规、经济利益以及地形因子（甘淑，2001），人类干扰强度大的土地利用与土地覆被类型主要分布在海拔 1600m 以下坡度较缓的南坡地区（李增加，2008）。

2.2.3 国外土地利用/土地覆被变化研究

有关中南半岛国家的土地利用/土地覆被变化研究零星而分散，很难从公开发表的文献找到比较系统的资料。相对于研究较少的柬埔寨、缅甸和老挝，越南和泰国的土地利用/土地覆被变化研究较为丰富，但系统的数据资料大多掌握在相关国际组织和相关国家，本土研究严重缺乏。具体情况分国别简述如下。

（1）老挝

老挝是一个多山的内陆国，属于社会主义国家。山地和高原占国土面积的 4/5，农业、矿产、水电、森林资源非常丰富，但多数资源没有得到开发。老挝森林资源丰富，曾占国土面积的 3/4 左右，不仅是老挝重要的经济来源，还是老挝人民解决温饱、维持生计的重要保障。但许多研究表明，老挝的森林面积正以惊人的速度在减少（Sylavanh，2004；Yoshida et al.，2010），特别是老挝北部罂粟种植区，草地、耕地、建设用地面积不断增加；周边国家实行砍伐禁令，对木材和非木质林产品有大量需求（Yoshida et al.，2010），主要还是北部游耕活动和火烧山林、中部和南部盲目砍伐经济林和承包林地者对森林的不可持续利用和管理，深层原因则是老挝过于贫穷和人口的快速增长（占达黑·马万和吴次芳，2009）。传统的高山旱地和刀耕火种农业面积开始下降，同时永久性的高强度农业用地面积增加（Sithong and Yayoi，2006）。Oloth 等（2010）通过对老挝北部琅勃拉邦省 Houay Pano 上游流域的土地覆被研究，发现该地区内轮歇种植周期较短，2002~2008 年，一年生作物和休耕是主导的土地覆被变化，一般轮歇周期为 5 年，包括 1 年的种植期和 4 年的休耕期。2007 年，该流域内有 51% 为一年生作物，休耕面积从 2001 年的 66% 降为 2002 年的 33%，之后在 2006 年又上升为最大值 71%。老挝主要农作物是稻谷，种植面积占全国农作物种植面积的 85%，主要分布在万象地区、沙湾拿吉省、沙拉湾省和占巴塞省等，其中南部三省稻谷产量占总产量的 40%。由于公路建设以及次区域经济合作的深入，特别是中国区域经济的介入，老挝北部山区土地利用/土地覆被正经历着快速的变化。该地区土地利用变化受多种因素驱动，多数学者认为游耕农业方式是导致森林减少的主要原因，此外，对木材和其他林产品的大量需求、相邻国家木材的缺乏以及对采伐森林的限制、道路建设、罂粟种植、森林火灾以及土地制度改革等（Yoshida et al.，2010），也都是导致该地区土地利用/土地覆被发生变化的社会经济驱动因素（Hemmavan，2009）。

（2）缅甸

缅甸是东南亚面积第二大国家，大部分国土为山地和高原。缅甸是一个传统的以农业为基础的国家，稻米和橡胶作为最重要的出口创汇资源，一直备受重视和关注。水稻种植主要分布在伊江三角洲平原及其他局部沿海平原地带，其他地区的水田只有零星分布，集中在局部平地或者缓坡之上，如萨尔温江两侧。缅甸橡胶以私有橡胶为主，国有橡胶种植面积和产量分别仅为 13% 和 15%，私有橡胶种植面积和产量分别为 87% 和 85%（孔志坚，2011）。缅甸北部土地覆被类型主要为林地和灌木林地（戴丽君，2010），草地主要分布于宽阔的谷底及排水不良的石灰岩土壤区，山脊和山坡多为亚热带及温带森林。缅甸森林资源正面临着来自人口增长和周边国家不断增长的资源利用压力的影响（Brunner et al.，1998；Laurance，2007），国家收入一直依赖于木材出口，特别是在 1990~2000 年，这些原因导致砍伐周期缩短，缅甸的林地面积比例由 2005 年的 49% 下降到 2010 年的 47%（FAO，2005，2010）。由于缅甸木材获取方式主要通过大象而非机械操作，这显著地减少了对林地的干扰，同时也缩小了森林砍伐的可能性（Dah，2004）。Mon 等（2010）研究发现，1989~2006 年缅甸勃固山区森林砍伐与森林退化严重，其中森林退化率（2.5%）远高于森林砍伐率（0.2%），进一步对该地区发生森林砍伐和退化的因素分析发现，高程和距最近城镇的距离对森林砍伐与退化的影响显著，而伐木密度与距最近村庄的距离只与森林退化有关。人类活动的影响主要出现在低海拔地区，低海拔地区有利于资源的富集、农用地的扩张以及基础设施的建设，如修建新的大坝和公路（Mon et al.，2012）。

（3）泰国

泰国位于中南半岛中部，实行君主立宪制，是湄公河流域经济发展水平最高的国家。泰国东北部、北部和中部由于道路修建导致林地转为农用地或牧草地。通过对泰国华富里府 1989~2006 年道路与土地覆被变化相关程度的分析，Patarasuk 等得出距离道路越远土地利用/土地覆被的变化越少，该省内交通网络的增加带来了旱地作物的增加，进而促进了经济的发展（Patarasuk and Binford，2012）。对泰国南部地区面积最广的素叻府研究发现土地利用/土地覆被表现出随着农用地和湿地面积的不断减少，养虾场、红树林地和城镇用地不断增加的特征（Muttitanon and Tripathi，2005）。随着人口的增长和国民经济的迅速发展，泰国北部森林被大量砍伐，城镇规模扩大，工业、建筑等非农林用地增加，该土地利用/土地覆被变化主要发生在地势较为平坦的地形范围内，高坡度地区土地利用变化较小（毛学森和刘闯，2001）。水稻是湄南河流域和呵叻高原地区最主要的作物类型。一年两季的种植方式主要集中在湄南河流域，并且以稻-稻种植方式为主；一年一季的种植方式是呵叻高原地区的主要特征（吕婷婷和刘闯，2010）。泰国北部丘陵地区农业逐渐商业化，轮歇耕地周期不断缩短甚至被永久性的农业耕作制度所取代，目前这种耕作制度占到总种植面积的一半以上（Trebuil et al.，2006），主要受人口增长、移民、森林保护区设定、传统"刀耕火种"的种植方式、农村通信基础设施扩张以及市场经济一体化的驱动（Nguyen et al.，2011）。

（4）越南

越南位于中南半岛东部，经济以农业为主，属于社会主义国家。以山地和高原为主，矿产资源和旅游资源丰富。目前，越南在湄公河流域五国中的经济规模仅次于泰国。越南土地利用/土地覆被主要类型为林地和耕地，随着人口增长和农业经济发展，土地利用/土地覆被变化的主导方向是林地向农业用地（经济作物用地）、养殖用地转变。Nguyen 等（2011）对 1973~2008 年越南湄公河三角洲的金瓯半岛进行土地利用/土地覆被动态监测，研究发现该地区主要有林地、养殖水面、建设用地和耕地 4 种土地利用类型，主要的土地覆被为红树林，受人类活动影响显著，土地利用/土地覆被变化的主要方向是林地向水稻田、养虾场地的转变，从而导致森林覆盖率的急剧下降。红河三角洲主导的土地利用类型为水田，养殖用地、未利用土地不断增加。非农业用地增加的主要原因是经济的发展及城市化强度的增加、过度砍伐树木造成土地退化（Tian et al.，2011）等。除了常用的光学遥感数据分析越南的土地覆被类型外，Hanh 和 Tuan（2009）还结合微波和光学遥感数据生成了越南平顺省的土地覆被制图，提高了分类精度。

（5）柬埔寨

柬埔寨位于东南亚中南半岛南部，属于君主立宪制王国，经济规模较小，被列为世界经济最不发达的 49 个国家之一。柬埔寨经济以农业为主，工业基础薄弱，交通基础设施较落后。柬埔寨北部以林地为主导土地覆被类型，特别是拉达那基里省森林资源丰富，但商业活动的加剧导致了该地区原始森林的退化（Camille，1997），农业用地中最大的变化是轮歇用地的减少以及建设用地与经济树种（如橡胶和油棕桐）林地的增加（Fox and Vogler，2005）。湄公河、洞里萨湖、巴萨河沿岸为柬埔寨水稻主产区，受降水等自然条件以及传统种植模式的影响，一般只种两季或一季水稻（刘开强等，2010），旱稻主要分布于东北部和北部山区（吴云天等，2006）。柬埔寨农林渔业部报告指出，2009 年柬埔寨已开发的橡胶种植面积增加了 20%，使总种植面积增至 8.3 万 hm²，其中有 27% 的土地是政府提供的特许地，其余属于私人农户或公司的种植土地。Dasgupta 等（2005）在分析东南亚国家的森林砍伐与人口压力间的关系时发现，在柬埔寨森林砍伐与人口压力存在较强的关联，特别是使用木材作为燃料的驱动。Andrea 等（2009）研究发现土地用途的转换在吴哥附近的盆地较为常见，森林砍伐主要是受旅游业木炭需求的增长以及农业扩张的影响。Houghta 等（2012）对柬埔寨的班迭棉吉省 1989~2009 年土地利用/土地覆被变化研究发现，该地区土地利用动态变化显著，大量回国移民的涌入以及农业扩张（以水稻以及经济作物种植为主）是驱动该地区森林砍伐的主要原因，同时认为木薯种植带来的农业扩张非常严重，但它并不是导致该地区森林砍伐的唯一原因，热带森林砍伐不是单一因素的结果，通常受经济、体制、社会、人口等多个变量的共同作用。非法采伐和森林特许权也是柬埔寨发生森林退化的主要原因，但目前较难量化。原始林地主要被经济林地（如树胶、橡胶、油棕等）和其他经济作物所替代，橡胶种植是政府财政收入的第二大来源，橡胶种植面积计划由 2004 年的 6.6km² 增加到 2010 年的 9.4km²、2020 年的 12.4km²（Embassy，2007）。

2.3 典型地类土地利用/土地覆被变化研究

农业作为大湄公河次区域的主导产业，由于地缘接近，在平原和低地主要以稻谷种植为主，山区仍保持着传统的"刀耕火种"轮歇耕作方式，毁林种田现象时有发生。特别是近年来轮歇种植周期缩短甚至转为永久性农业用地，已成为土地利用变化的主要方向之一（Turkelboom et al.，2008）。作为世界三大毒源之一的"金三角"腹地，近年来的罂粟替代种植虽取得了一定成果，但完全替代罂粟种植，仍任重道远。大湄公河次区域，特别是中南半岛 5 国，是世界天然橡胶的主要产地。随着国际橡胶价格的不断提升以及中国对橡胶的持续增长需求，橡胶树已成为中南半岛国家替代种植的主要选择。由此，水稻田、橡胶林地和罂粟地就成为大湄公河次区域除交通用地之外，被世人关注的 3 种典型地类。

2.3.1 水稻田及其熟制研究

水稻产业是中南半岛农业中最大的产业，得益于优越的三角洲条件、良好的基础设施和宽松的政策，伊洛瓦底江中游谷地、湄南河下游平原、湄公河三角洲、红河三角洲及洞里萨湖区均为世界著名的稻米盛产区（吴关琦等，1993）。

粮食生产能力是粮食供给能力的基础，而粮食供给能力历来是国内外学者与决策者普遍关注的焦点（Brown，1995）。由此，水稻田及其多熟种植制度的高精度识别与提取，也就成为学者关注的热点。由于植被指数时间序列数据能反映作物从播种到成熟等不同生长期的物候规律，国内外学者大多基于此开展复种指数提取的研究（闫慧敏等，2005；Doraiswamy et al.，2004），湄公河三角洲水稻熟制研究也较为普遍（Toshihiro et al.，2010；Xiao et al.，2006；Sakamoto et al.，2006）。

国内学者在大湄公河次区域的水稻熟制与耕地提取方面也做了大量工作。张峰等（2003）以 TM 影像作为数据源，通过面向对象的方法提取了泰国的水稻种植区耕地信息。考虑到同一时间水稻的物候多样，每月泰国的水稻种植面积都在发生变化。为此，张峰和吴炳方（2004）提出了光学和微波遥感影像相结合进行泰国水稻种植面积监测的方法。吕婷婷和刘闯（2010）则将国产卫星 CBERS-02B 数据应用于泰国耕地面积提取研究，采用探测峰值的方法确定农作物的熟制，根据熟制分区进行作物类型识别，并将提取结果与 MODIS 提取结果进行空间比对，证明了 MODIS 数据以及该研究采用的方法在耕地信息提取中的有效性，为耕地信息的遥感提取研究提供了参考方法。有关水稻熟制的高精度识别技术与水稻田面积的高精度提取方法仍有待进一步研究。

2.3.2 橡胶林地及其扩展研究

大湄公河次区域是天然橡胶的主要分布区，橡胶种植与出口已成为各国之间经贸合作的重要方面。FAO公布的2010年最新天然橡胶产量数据显示，泰国橡胶产量仍居世界首位，其次是越南、中国云南、缅甸、柬埔寨（图2-2）。中国自2002年起成为世界最大的橡胶消费国，随着国际橡胶价格的不断上涨和中国对天然橡胶需求的增加，橡胶种植面积迅速扩张，特别是世界最大的生产地东南亚地区。据推测，东南亚地区超过50万hm²的山地转为橡胶林地（Ziegler et al.，2009）。橡胶林地的扩张已经取代具有重要生态价值的次生林和传统的刀耕火种农业，并影响区域的能源、水分和碳循环。精确监测并编制橡胶林地分布图对于理解变化的生态系统至关重要。

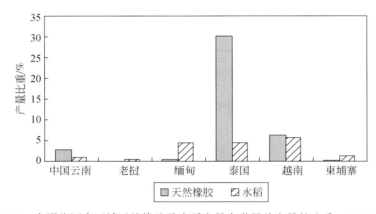

图2-2 大湄公河次区域天然橡胶及水稻产量占世界总产量的比重（2010年）

利用遥感手段动态监测橡胶林地的研究开展较少，且大多处于探索性阶段。陈汇林等（2010）利用2004~2009年的MODIS遥感数据通过计算NDVI值，得出橡胶NDVI值的年度变化曲线，采用监督分类方法提取海南省橡胶种植空间分布信息。张京红等（2010）利用TM遥感数据，采用最大似然法选取橡胶训练样本进行监督分类，并结合野外样方数据与TM影像套合，获得了海南省橡胶种植空间分布。刘少军等（2010）采用面向对象分类方法对QuickBird高分辨率遥感影像，通过选取训练样本提取橡胶信息，得到了较高的精度。Ekadinata等（2004）利用基于像元的最大似然分类和面向对象分类方法提取橡胶林，并将橡胶林分为橡胶老林（>30年）、橡胶成熟林（10~30年）以及橡胶幼林（<10年）。Zhe和Fox（2012）利用250m MODIS-NDVI数据和统计数据采用马氏典型性方法提取东南亚橡胶林信息，并提取不同年龄橡胶林的空间分布信息，指出橡胶幼林（<4年）主要分布在中国云南省境内。近10年来，橡胶种植在老挝北部地区扩展迅速，特别是与中国相邻的琅南塔省，橡胶已成为替代罂粟的另一种经济作物（Paul，2009）。综合来看，以往研究多为利用单数据源采用监督分类进行橡胶林地遥感识别，而对橡胶林地的具体遥感特征提取则较为鲜见。有关橡胶林地的高精度遥感识别及其时空扩展规律仍有待进一步的工作。

2.3.3 罂粟地及其替代种植

罂粟替代种植作为刀耕火种农业的一部分，不仅是大湄公河次区域合作的重要内容，也是国际社会重点关注的地类。据《2011年东南亚毒品调查》（UNODC，2011）报告称，东南亚地区，主要是缅甸和老挝的鸦片种植在2011年出现明显增长，东南亚地区的罂粟种植面积达到48000hm²，种植面积比2006年翻了一番，比2010年上升了16%，其中缅甸的种植面积占91%，老挝约占9%（图2-3）。报告指出，贫困是导致人们种植鸦片的一个主要原因。

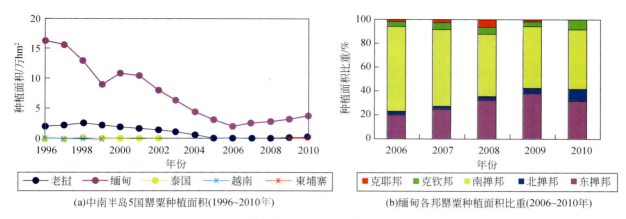

(a)中南半岛5国罂粟种植面积(1996~2010年)　　　(b)缅甸各邦罂粟种植面积比重(2006~2010年)

图 2-3　中南半岛 5 国及缅甸各邦罂粟种植情况

罂粟种植作为轮歇农业的一部分，其空间分布、种植面积及其产量均受到国内外关注。美国长期利用 SPOT 卫星影像进行罂粟、大麻等毒品种植的遥感监测，于 2001 年发现缅甸北部金三角佤邦地区罂粟种植面积较前一年增长了数倍。刘洪江等（2010）利用 ALOS 和 QuickBird 遥感影像结合野外实地调查和对坡勾绘等方法得到 2006 年老挝北部地区罂粟替代种植的分布情况，替代种植面积最大的为橡胶。Tian 等（2011）采用 SPOT5 和 ALOS 数据提取缅甸北部罂粟的种植区域，发现罂粟种植面积仍呈增加趋势，且主要分布在掸邦地区。有关罂粟地的高精度提取及其替代种植态势评估仍是东南亚地区土地利用/土地覆被变化研究的一个悬而未决的课题。

2.3.4　交通网络及其对 LUCC 影响的研究

交通网络已经成为当今社会和经济发展的中枢，其分布范围之广和发展速度之快，是其他建设工程不能比拟的。道路对周边环境的影响至少涉及全球陆地的 15% ～ 20%（Forman and Delinyer，2000）。作为大湄公河次区域（GMS）的重要先行合作项目的交通网络建设，随着国际大通道建设的推进、经济走廊"三纵两横"的开展（杨志清，1999），以及云南"桥头堡"战略的推动，大湄公河次区域道路网络建设已经进入高速发展的阶段，而道路对土地利用变化所产生的驱动效应及其带来的环境问题也越来越受到研究者的关注（史培军等，2000）。

交通网络作为典型的人工线性地物，对自然栖息地和全球生态系统产生了重大的环境影响（Trombulak and Frissel，2000；Forman et al.，2002），如物理干扰、化学和养分污染、边缘效应、屏障效应、外来物种入侵、人类干扰等（William et al.，2009）。热带雨林由于其特殊性及具有大量特有物种，更容易受到道路及其他线性人工地物的环境变化影响（Laurance and Goosem，2008）。不同的道路类型与道路等级对土地利用/土地覆被变化的影响程度不同，土地利用的空间分异和地貌差异也导致道路建设对景观格局影响不同（刘世梁等，2006）。道路网络对区域土地利用的驱动作用随着距离道路的远近和时间有明显的变化（刘世梁等，2006），道路建设对缓冲区 200m 内的景观格局直接影响最大，200m 外的影响趋于缓和。道路修建直接导致景观格局改变，斑块数目、斑块密度、边缘密度和分维数增加，景观异质性增加。云南纵向岭谷区道路网络与其影响下的土地利用均表现出相似值之间的空间集聚效应，道路网络在空间上的扩展，不仅与区域土地利用相关，而且还与其空间滞后因子有关（刘世梁等，2008）。道路网络中不同等级道路的组合结构变化明显，道路密度空间差异显著，生态承载力随道路密度的增加而减小（温敏霞等，2008）。一级道路影响面积和斑块数目最大，二级、三级道路次之，主要影响林地、草地，且一级道路造成的土壤侵蚀比例也较高（刘世梁等，2007）。大多研究关注高速公路建设所带来的景观变化，但低等级道路对区域的植被景观影响也不容忽视，低等级道路加剧了植被的破碎化程度，导致自然生境破碎化（Forman and Deblinger，2000b）。

2.4 土地利用/土地覆被制图与动态监测

土地利用/土地覆被变化研究的关键内容之一是如何动态监测不同尺度的土地利用/土地覆被变化。由于遥感信息的周期性和信息质量的连续性，动态监测一直是卫星遥感最主要的应用领域，遥感在资源环境变化研究和测量任务中扮演着越来越重要的角色（毕厚杰，1987；尤淑撑等，2009），已广泛应用于土地利用变化分析、耕地变更监测、森林砍伐评估、植被物候变化、作物生长监测、灾害损失评估、热状况日夜差异等环境变化领域（Singh，1989）。目前，土地利用/土地覆被变化动态监测主要在两种尺度的范围内开展：一是全球和洲际尺度，二是区域级（亚洲际或更小区域）尺度（刘慧平和朱启疆，1999），全球和洲际尺度是以低空间分辨率的气象卫星为主要信息源，开始时间较早，工作相对深入；区域尺度研究，所选用的遥感信息源以中高空间分辨率为主，但早前既有信息源往往时间分辨率较低，不利于实时的动态监测。

国内外针对大湄公河次区域资源与环境的遥感调查和监测也开展了大量的工作。20世纪90年代初，联合国环境规划署（UNEP）亚太地区环境评价计划 UNEP/EAP-AP 在亚洲选取了越南、柬埔寨、老挝、缅甸、孟加拉国和尼泊尔等几个国家，在区域尺度上分析了其土地覆被信息。该项目主要利用 NOAA AVHRR 影像数据，监测和探测生态系统中重要的植被类型以及土地覆被主要时空变化区域（Chandra and Surendra，1995），NOAA AVHRR 影像数据被认为是实现这个目标主要的数据源之一。另外，在更宽泛的尺度上，该数据对全球研究和建模、宏观经济研究和地球环境评价等具有重要作用。在对越南的研究中，利用 1985~1986 年和 1992~1993 年 NOAA AVHRR 土地覆被图的对比分析，发现一些土地覆被类型发生了变化。同样是利用 NOAA AVHRR 数据，美国马里兰大学和 IGBP-DIS 分别生产了 1km 分辨率的全球土地覆被分类数据 UMD 和 IGBP-DISCover（Hansen and Reed，2000）。

尽管高分辨率卫星遥感数据如 Landsat TM、SPOT HRV 等，已被广泛用于土地覆被制图中。然而，由于时间分辨率低，这些遥感影像并不能为大范围土地覆被的季节变化特征提供足够的信息，从而导致地类误分以及给分类后处理带来许多困难。而 TERRA MODIS、ENVISAT MERIS 等具有较高的时间分辨率（重访周期在 2~4 天）和光谱分辨率，成为全球和区域尺度上土地覆被制图理想的数据源。越南本国学者主要利用 MODIS 分析整个国家的土地覆被或在局部地区利用 Landsat TM、SPOT 和 ASTER 等光学遥感数据和某些雷达数据进行分析，大部分研究只是从某一种土地覆被类型出发，如森林、耕地或者植被覆盖情况等。Duong（2004）基于马里兰大学开发的 500m 分辨率的 MODIS 32 天全球合成影像数据库，采用 GASC 算法，分类策略采用 IGBP 的土地覆被分类系统，生成了越南 2002 年的全国土地覆被图，并探讨了 MODIS 数据在越南土地覆被分类研究中的应用价值和潜力，从而为越南的自然资源管理、环境监测以及灾害监测和预防提供重要依据。

杨阿强（2009）提出了应用中巴地球资源卫星（CBERS）数据对国外土地覆被分类的研究方法，将穗帽变换的理论和方法应用于 CBERS-02/02B 老挝土地覆被分类影像分析，并对老挝境内土地覆被进行了制图。戴丽君（2010）利用 CBERS 数据对缅甸进行土地覆被分类。赵晋陵（2010）对 CBERS CCD 与 Landsat TM/ETM 解析越南土地覆被类型的对比分析，表明 CBERS 与 TM/ETM 具有相似的土地覆被解析性能，可以用来解析越南土地覆被类型。CBERS 数据预处理和分类方法对研究其他世界资源也具有较高的理论意义和实用价值。

综上所述，土地利用/土地覆被变化是全球环境变化研究的重要领域，目前的土地利用/土地覆被变化研究主要集中在国际社会关注的热点地区和脆弱地区，土地利用/土地覆被变化时空格局及其驱动力仍是土地利用/土地覆被变化研究的重要课题。

第3章 | 土地利用/土地覆被遥感识别与信息提取

土地利用/土地覆被遥感监测是指以遥感影像作为信息源，结合地面辅助资料，运用遥感影像分析处理手段，对土地利用/土地覆被状况及其动态变化进行全面系统地反映和分析。其目的在于及时、准确地掌握土地利用状况（数量、质量等），为政府决策及各级土地管理部门制定管理政策和落实各项管理措施提供科学依据。土地利用/土地覆被遥感识别与信息提取是土地利用/土地覆被制图与土地利用/土地覆被变化研究的第一步。

3.1 数据基础与处理

3.1.1 遥感数据

在进行土地利用/土地覆被遥感监测时，选择合适空间分辨率的遥感数据，需要从监测精度、研究区范围、数据成本以及数据的可获取性4个方面综合考虑。MODIS遥感数据空间分辨率较低但时间分辨率较高，可以很好地提取植被生长信息；高分辨率遥感影像具有丰富的几何结构和细节信息，但地类的光谱统计特征不稳定（孙丹峰等，2002），且数据成本较高，可获取性较差；Landsat卫星数据因其适中的空间分辨率以及较长的时间尺度，成为资源环境监测及动态对比研究优选的数据源。本课题结合中分辨率的Landsat TM数据和中低分辨率的MODIS数据进行澜沧江流域与大香格里拉地区土地利用/土地覆被信息的提取。

（1）Landsat TM数据

美国陆地探测卫星Landsat TM数据因其具有适中的空间分辨率，成为澜沧江流域与大香格里拉地区土地利用/土地覆被分类的主要数据源。澜沧江流域与大香格里拉地区共涉及22景Landsat TM遥感影像。所用影像数据由"中国科学院对地观测与数字地球科学中心——对地观测数据共享计划"提供。影像为L4级产品，即已经过辐射校正和几何校正。由于澜沧江流域夏季云覆盖率高，满足低云覆盖要求的陆地卫星遥感资料非常有限，因此本课题主要选取少云/无云覆盖的秋冬季影像，主要获取年份为2009年。最终所选22景遥感影像的拍摄时间及其在流域的位置分别如表3-1和图3-1所示，所有遥感影像流域内部分均完全无云覆盖。

表3-1 澜沧江流域与大香格里拉地区TM遥感影像

序号	轨道号		拍摄日期	序号	轨道号		拍摄日期	序号	轨道号		拍摄日期
	Path	Row			Path	Row			Path	Row	
1	136	38	2009-12-06	9	132	42	2009-12-10	17	131	41	2009-05-09
2	136	37	2008-04-23	10	132	41	2009-12-10	18	131	40	2009-05-09
3	135	38	2009-02-14	11	132	40	2009-11-24	19	130	45	2009-02-27
4	135	37	2009-10-28	12	132	39	2009-11-24	20	130	44	2009-04-16
5	134	39	2009-01-22	13	131	45	2008-03-19	21	130	43	2009-04-16
6	134	38	2009-02-07	14	131	44	2009-02-18	22	129	45	2009-11-03
7	133	40	2009-10-14	15	131	43	2009-09-30				
8	133	39	2009-10-14	16	131	42	2009-02-18				

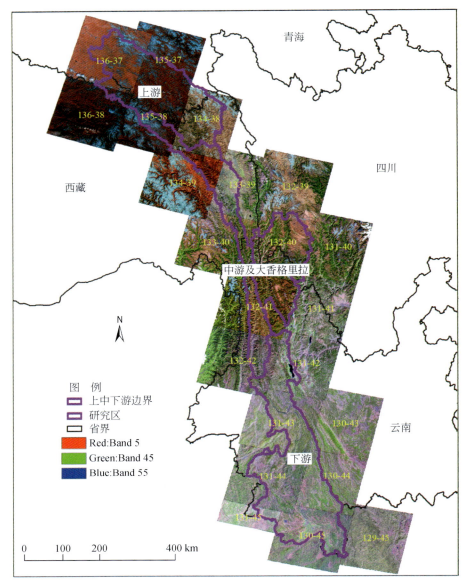

图 3-1 澜沧江流域与大香格里拉地区遥感影像分布图

（2）MODIS 数据

MODIS 数据空间分辨率较低但时间分辨率较高，可以很好地提取植被生长信息。本课题所用的 MODIS 数据为陆地标准 3 级地表反射率产品（MODIS09Q1），数据来源于美国地质调查局（USGS）的陆地过程分布式活动档案中心（Land Processes Distributed Active Archive Center，LPDAAC，http：//lpdaac. usgs. gov/），时间为 2010 年 1 月 1 日~12 月 31 日，空间分辨率为 250m 的 8 天合成的时间序列数据。澜沧江流域与大香格里拉地区共涉及 5 景 MODIS 数据，图幅号分别为 h26v05、h26v06、h27v05、h27v06 和 h28v06。

3.1.2 土地利用/土地覆被类型调查数据

"澜沧江中下游与大香格里拉地区科学考察队"分别于 2009 年 9 月、2010 年 11 月、2011 年 9 月在澜沧江中游与大香格里拉地区、下游和上游地区进行了三次野外考察。考察中，"土地利用与土地覆被变化考察课题组"利用 GPS 定位系统，采集流域内主要土地利用/土地覆被类型样点，详细记录了各样点对应的土地覆被类型及其位置（经纬度）、高程、邻接地类等基本环境信息。三次考察共采集了 2000 多个土地利用/土地覆被类型样点（图 3-2），累计拍摄照片近万张，收集相关资料 140 份，基本覆盖考察区域全部的土地利用/土地覆被类型。这些野外调查数据主要用于流域土地利用/土地覆被类型解译标志的建立和遥感影像解译精度的检验。

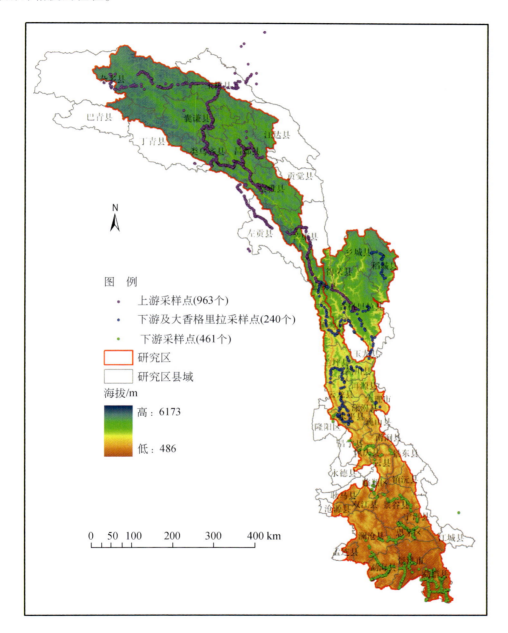

图 3-2　澜沧江流域与大香格里拉地区野外考察点

3.1.3　其他数据

本研究还收集了澜沧江流域与大香格里拉地区的 30m 分辨率数字高程数据（DEM）、流域 2000 年 1∶100 000 土地利用/土地覆被类型图（由中国科学院资源环境科学数据中心提供）、流域内部分区县第二次国土资源调查数据（由相应区县国土资源局提供）、森林资源清查数据（由相应区县林业局提供）等，这些数据也可以作为流域土地利用/土地覆被遥感解译的参考和验证。

3.2 确立土地利用/土地覆被分类系统

在基于遥感影像的土地利用/土地覆被信息提取中，土地利用/土地覆被分类是基础性和关键性的一个环节。通过土地利用/土地覆被分类，不仅可以了解各种土地利用/土地覆被类型的基本属性，而且可以认识土地利用/土地覆被的区域结构与分布特点。

20 世纪以来，各国学者已从不同角度构建了众多的土地利用/土地覆被分类体系。目前，国际上常用的土地利用/土地覆被分类系统主要有美国地质调查局（USGS）的土地覆被分类系统、联合国粮食和农业组织（FAO）和联合国环境规划署（UNEP）的 LCCS 分类系统、IGBP 的土地覆被分类系统等；我国的土地利用/土地覆被分类系统比较具有代表性的有《中国 1：100 万土地利用图》（1980 年）采用的三级分类系统、《土地利用现状调查技术规程》（1984 年）、《全国土地分类》（2001 年）试行标准和《土地利用现状分类》（2007 年）国家标准等（张景华等，2011）。

迄今为止，仍没有一个为国际社会广泛认可和具有普适性的分类系统。本课题根据澜沧江流域土地利用/土地覆被特征，同时考虑 Landsat TM 遥感影像的分类能力，参考《土地利用现状分类》（GB/T 21010—2007）国家标准，确立澜沧江流域土地利用/土地覆被分类系统。分类系统采用二级分类体系，包括耕地、园地、林地、草地、建设用地、水域、其他土地 7 个一级类型；水田、旱地、茶园、橡胶林、其他园地、有林地、灌木林地、其他林地、高覆盖度草地、中覆盖度草地、低覆盖度草地、城镇用地、农村居民点、其他建设用地、河流、湖泊、水库坑塘、冰川及永久积雪、滩地、裸岩、裸地 21 个二级类型。具体含义见表 3-2。

表 3-2 澜沧江流域土地利用/土地覆被分类系统

一级类		二级类		含义
编码	名称	编码	名称	
1	耕地			指种植农作物的土地，包括熟地，新开发、复垦、整理地，休闲地（含轮歇地、轮作地）；以种植农作物（含蔬菜）为主，间有零星果树、桑树或其他树木的土地；平均每年能保证收获一季的已垦滩地和海涂。耕地中包括南方宽度<1.0m，北方宽度<2.0m 固定的沟、渠、路和地坎（埂）；临时种植药材、草皮、花卉、苗木等的耕地，以及其他临时改变用途的耕地
		11	水田	指有水源保证和灌溉设施，在一般年景能正常灌溉，用以种植水稻、莲藕等水生农作物的耕地，包括实行水稻和旱地作物轮种的耕地
		12	旱地	指无灌溉水源及设施，靠天然降水生长作物的耕地；有水源和浇灌设施，在一般年景下能正常灌溉的旱作物耕地；以种菜为主的耕地，正常轮作的休闲地和轮歇地
2	园地			指种植以采集果、叶、根、茎、汁等为主的集约经营的多年生木本和草本作物，覆盖度大于 50% 或每亩株数大于合理株数 70% 的土地。包括用于育苗的土地
		21	茶园	指种植茶树的园地
		22	橡胶林	指种植橡胶树的园地
		23	其他园地	指种植果树、桑树、可可、咖啡、油棕、胡椒、药材等其他多年生作物的园地
3	林地			指生长乔木、竹类、灌木的土地，以及沿海生长红树林的土地。包括迹地，不包括居民点内部的绿化林木用地，铁路、公路征地范围内的林木，以及河流、沟渠的护堤林
		31	有林地	指树木郁闭度≥0.2 的乔木林地，包括红树林地和竹林地
		32	灌木林地	指灌木覆盖度≥40% 的林地
		33	其他林地	包括疏林地（指 0.1≤树木郁闭度<0.2 的林地）、未成林地、迹地、苗圃等林地

续表

| 一级类 | | 二级类 | | 含义 |
编码	名称	编码	名称	
4	草地			指生长草本植物为主的土地
		41	高覆盖度草地	指覆盖度>50%的天然草地、改良草地和割草地。此类草地一般水分条件较好，草被生长茂密
		42	中覆盖度草地	指覆盖度在20%~50%的天然草地和改良草地。此类草地一般水分不足，草被较稀疏
		43	低覆盖度草地	指覆盖度在5%~20%的天然草地。此类草地水分缺乏，草被稀疏，牧业利用条件差
5	建设用地			指建造建筑物、构筑物的土地。包括商业、工矿、仓储、公用设施、公共建筑、住宅、交通、水利设施、特殊用地等
		51	城镇用地	指大、中、小城市及县镇以上建成区用地
		52	农村居民点	指农村居民点用地
		53	其他建设用地	指独立于城镇以外的厂矿、大型工业区、油田、盐场、采石场等用地，交通道路、机场及特殊用地
6	水域			指天然陆地水域和水利设施用地
		61	河流	指天然形成或人工开挖河流常水位岸线之间的水面，不包括被堤坝拦截后形成的水库水面
		62	湖泊	指天然形成的积水区常水位岸线所围成的水面
		63	水库坑塘	指人工拦截汇集而成的总库容≥10万 m^3 的水库正常蓄水位岸线所围成的水面
		64	冰川及永久冰雪	指表层被冰雪常年覆盖的土地
		65	滩地	指河、湖水域平水期水位与洪水期水位之间的土地
7	其他土地			指上述地类以外的其他类型的土地
		71	裸岩	指地表为岩石或石砾，植被覆盖度在5%以下的土地
		72	裸地	指地表土质覆盖，植被覆盖度在5%以下的土地

在确立上述分类系统的前提下，本课题以2009年Landsat TM遥感影像为基础数据，借助野外GPS点及其对应的景观照片、Google Earth高分辨率数据，建立澜沧江流域土地利用/土地覆被分类解译标志（表3-3）。

表3-3　澜沧江流域土地利用/土地覆被遥感解译标志

地类	TM影像	Google Earth影像	对应照片	备注
水田				蓝色，形状较为规整，一般位于坝子、河流两侧、水库周围，呈规则网格形状
旱地（有植被）				有植被覆盖，亮绿色，色泽均匀，生长期不同，绿色亮度会略有不同。一般为香蕉、甘蔗、烟叶等作物

地类	TM 影像	Google Earth 影像	对应照片	备注
旱地（无植被）				无植被覆盖，粉红色或亮红色，色泽均匀，纹理简单，同质性较强
茶园				黄绿色间有粉红色，具有较低的植被覆盖度，主要分布于海拔较高的山区
橡胶幼林				均质粉红色，或间杂有黄绿色纹理粗糙，一般靠近橡胶成林
橡胶成林				均质亮绿色，边界清晰，具有极高的植被覆盖度，主要分布在西双版纳景洪市、勐腊县
其他园地				黄绿色或淡绿色，面积较小，排列呈较为规整的颗粒状，大多分布在建设用地周边
有林地				深绿色，纹理较均质，具有较高的 NDVI 值
灌木林地				浅绿色，具有较低的植被覆盖度，一般位于山脊两侧
其他林地				紫色或紫红色，较均质，成片分布

续表

地类	TM 影像	Google Earth 影像	对应照片	备注
高覆盖度草地				粉色或黄绿色，纹理较为均质，一般位于山脚下，与裸地相接
中覆盖度草地				土黄色并多有青绿色间杂
低覆盖度草地				土黄色，间有零星青绿色，主要分布在高山地带，海拔在4000m以上
城镇用地				紫红色，夹杂其他颜色图斑，纹理较复杂，面积较大，集中分布于坝区
农村居民点				紫红色，但较城镇用地颜色稍暗淡，面积较小，分散分布，一般比较靠近农田
其他建设用地				飞机场具有明显的形状特征；工矿用地表现出较高的亮度，白色中夹杂斑点
河流				深蓝色或黑色，具有明显的线状形状特征
湖泊				深蓝色或黑色，具有明显的不规则面状形状特征

地类	TM 影像	Google Earth 影像	对应照片	备注
水库	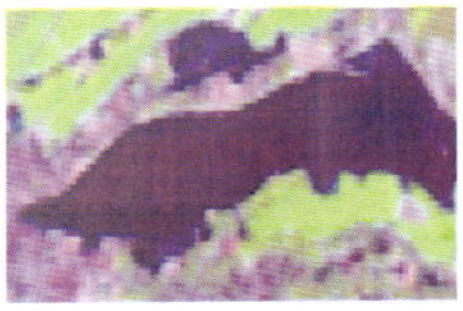			深蓝色或黑色，具有比较规整的形状特征
滩地				白色或粉红色，均质，一般位于河流两侧
裸岩				白色较亮或灰色，无植被覆盖，可能有积雪覆盖，一般分布在海拔4000m以上地区
裸地				土黄色或者橙色，无植被覆盖，纹理简单，较均质

3.3 建立土地利用/土地覆被分类方法

本课题利用 Landsat TM 遥感影像，基于地物光谱特征、纹理特征、几何特征等，采用决策树分类的方法对澜沧江流域土地利用/土地覆被类型进行判别提取。

3.3.1 训练样本选择

在遥感影像分类和结果检验中，训练样本的选择非常重要。训练样本选择的数量和质量在很大程度上关系到整个分类结果的精度和成图的质量。Lillesand 和 keifer（1994）认为对于一个有 N 个波段的遥感影像，每个地类的样本个数至少为 $10N$ 个，才能满足分类算法中计算方差及协方差矩阵的要求，否则会降低统计判别的可信度。因此，对于 Landsat TM 数据，波段个数为 7 个，同时，考虑到样本选择同样应用于分类精度的检验，因此本研究每种地类选择 80 个训练样本。

选择样本像元应具有代表性，即训练样本的统计特征量必须与该类型总体统计特征量相接近，训练场地样本应该在各类地物面积较大的中心部分进行选取，而不应在各类地物的混交地区和类别的边缘选取，以保证数据的均一物质的亮度值。此外，分布在不同位置的同类地物，由于自然、社会等因素的影响，光谱特性往往会有些差异，存在"同物异谱"现象，因此，样本像元的选择应尽可能地与该地类分布相一致，避免集中在局部位置上。本研究样本选择参照已有的方法（Wu et al., 2002），通过对样本波谱特征的分析并反复调整优化的基础上确定。训练样本选择的依据如下：

1）澜沧江流域土地利用/土地覆被类型野外调查数据；

2）遥感影像的光谱色调、纹理特征、形状特征等；

3）澜沧江流域土地资源调查数据（2000 年）、森林清查数据等；

4）高精度的遥感数据，如部分地区的 SPOT5、Google Earth 数据等，用于选取 Landsat TM 影像中较难识别的地类样本。

3.3.2 光谱特征提取

光谱特征在多光谱遥感影像地物识别中是最直接，也是最重要的解译元素。各种地物由于物质组成和结构不同而具有独特的波谱反射和辐射特性，一般情况下不同地物具有不同的光谱特征，因此利用光谱特征可以初步识别不同的地物。但由于原始影像各个波段之间往往存在较强的相关性，如果不加选择地利用这些波段进行分类，不但增加了多余的运算，有时反而会影响分类的准确性。因此，往往需要对原始图像多波段影像进行处理，获得新的特征波段参与分类。

3.3.2.1 原始光谱特征分析

地表的各种地物，由于土地利用方式和地面土地覆盖的组成及结构不同而具有不同的反射辐射特性，表现在遥感影像上各类地物的差异为对光谱的反射率不同。利用这种不同土地利用与土地覆盖对光谱响应特征的差异，可以达到区分各种土地利用与土地覆盖类型的目的。由于 Landsat TM 遥感影像第 6 波段的空间分辨率为 120m，为保证空间数据的一致性，地类光谱特征仅统计 TM1~5、TM7 六个波段的信息。根据已选的训练样本，澜沧江流域各土地利用/土地覆被类型的灰度值如图 3-3 所示。

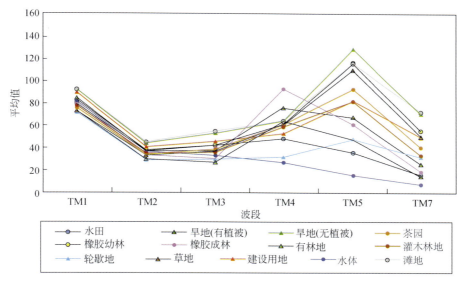

图 3-3 澜沧江流域不同地类光谱灰度值均值曲线图

从各个波段上反映的土地利用/土地覆被样本的灰度值大小关系上看，在 TM1、TM2、TM3 波段流域各地类之间的光谱特征非常接近，而在 TM4、TM5、TM7 波段地类之间的分离性比较明显，特别是 TM5 波段，可以作为区分地物的重要变量。

3.3.2.2 构造变量光谱特征分析

鉴于 Landsat TM 数据的各波段对图像的解译能力有限，在利用决策树对图像进行分类前，除了利用 Landsat TM 影像的原始波段外，为了充分利用影像所能够反映出的各种植被、地形等信息，在原始波段的基础上构造了一系列新的波段变量参与分类。目前，比较常用的方法有谱间关系法、K-T 变换等新特征波段的获取方法。

（1）谱间关系法

谱间关系法是基于一种逆向思维方式来进行地物信息提取，抛开传统分类方法，即从特定的影像空间进行特定地物识别的思维方式（汪金花等，2004）。在分析不同地物的原始光谱特征的基础上，通过数学运算方式构建适合不同地类的谱间关系模型，达到避免单纯依靠单波段阈值法所造成的分类精度较低的目的。土地利用/土地覆被遥感信息的提取首先是对大类的区分与识别，在提高工作效率的同时，分类精度也得到改善。从土地覆被来看，主要分为植被类和非植被类、水体类和非水体类、裸地类和非裸地类。

植被在地球系统中扮演着重要的角色，地球植被及其变化一直被各国科学家和政府所关注。自Deering（1978）提出 NDVI 指数以来，目前世界上已经研究并提出的植被指数有数十种甚至上百种之多，但 NDVI 指数仍为目前应用最广的一种（郭铌，2003）。仿照 NDVI 构建思路，McFeeters（1996）构建归一化水体指数（NDWI）来有效抑制与水体无关的信息，查勇等（2003）提出归一化建筑指数（NDBI）提取居民地信息，后续学者基于 NDWI 和 NDBI 提出诸多改进型指数，但由于研究区物理环境各异，目前普适性较好的仍为最初构建的这三个指数，一般在土地利用/土地覆被遥感信息提取中三者交互使用。三个指数的取值均在 −1 ~ 1，各指数公式如下：

$$NDVI = (TM4 - TM3)/(TM4 + TM3) \tag{3-1}$$

式中，TM3 和 TM4 分别代表 TM 影像中的第 3 波段红波段和第 4 波段近红外波段。一般情况下，植被 NDVI>0。

$$NDBI = (TM5 - TM4)/(TM5 + TM4) \tag{3-2}$$

式中，TM4 和 TM5 分别代表 TM 影像中的第 4 波段近红外波段和第 5 波段中红外波段。一般情况下，建设用地、裸地等 NDBI>0。

$$NDWI = (TM2 - TM4)/(TM2 + TM4) \tag{3-3}$$

式中，TM2 和 TM4 分别代表 TM 影像中的第 2 波段绿波段和第 4 波段近红外波段。一般情况下，除水体的 NDBI>0 外，其他地类均小于 0。

根据已选的训练样本，澜沧江流域各土地利用/土地覆被类型的谱间关系指数如图 3-4 所示。对各地类的三种指数分析发现：①植被覆盖地类的 NDVI>0.1，据此可以区分植被类［旱地（有植被）、茶园、橡胶幼林、橡胶成林、有林地、灌木林地、草地］和非植被类［水田、旱地（无植被）、轮歇地、建设用地、水体、滩地］；②非植被类中，仅水田和水体的 NDBI<0，同时，仅水体满足 NDWI>0 的条件，据此可提取水田、水体；③植被类中，仅旱地（有植被）、橡胶成林和有林地的 NDBI<0，其中，橡胶成林的 NDWI 和 NDBI 指数最低，而 NDVI 指数最高，据此，可采用阈值法区分橡胶成林与其他两种地类；④根据 NDVI 值和 NDWI 值，轮歇地与除水体外的其他地类的区分性非常显著。

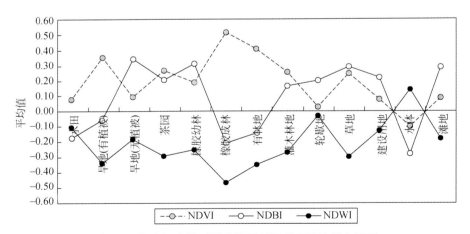

图 3-4　澜沧江流域不同地类谱间关系指数均值曲线图

据上述分析可知，利用谱间关系法，可以很好地区分植被类和非植被类、水体类和非水体类、裸地类和非裸地类。植被类又可区分为高植被覆盖类［旱地（有植被）、橡胶成林、有林地］和低植被覆盖类（茶园、橡胶幼林、灌木林地、草地），高覆盖植被类中橡胶成林的提取以及非植被类中水田、水体的提取等。但对于具有相似谱间关系的地类来说，如低覆盖植被类，则需要进一步通过其他特征变量提取。

（2） K-T 变换

K-T 变换，又被称为"缨帽变换"，由 Kauth 和 Thomas 发现，该变换使原始 TM 数据空间正交变换到一个新的四维空间，其坐标空间发生旋转，将其中的某个坐标轴旋转到光谱特征空间中像素集的最大可视面上，以帮助解译分析地面景物在多光谱空间中的特征（Wu and Shao，2002），在植被制图、土地利用/土地覆被变化检测等领域应用普遍（Dymond et al.，2002）。

TM 影像的灰度值组成的光谱矢量经 K-T 变换后生成六个新的分量，其中前三个分量与地物有明确的关系，分别为：亮度（KT1）是 TM 影像 6 个波段的加权和，反映了土壤的光谱信息；绿度（KT2）是可见光波段植物光合作用吸收与近红外植物强反射的综合响应，反映了植被的光谱信息；湿度（KT3）是可见光和近红外波段与波长较长的红外波段的差值，反映了地面水分条件。

通过对不同地类 K-T 变化后三个分量平均值的深入分析（图 3-5），发现：①旱地（无植被）和滩地的 KT1 均超过 180，水体具有最低的 KT1 值；②旱地（有植被）、橡胶成林、有林地中，除有林地外，其他两种地类 KT1>140，除橡胶成林满足 KT2>20 外，其他两种地类 KT2<20；③茶园、橡胶幼林、灌木林地、草地中，除橡胶幼林满足 KT1>175 外，其他地类 KT1<175，且橡胶幼林还满足 KT2<0，其他地类 KT2>0；除灌木林地满足 KT3>-70 外，其他三种地类 KT3<-70。

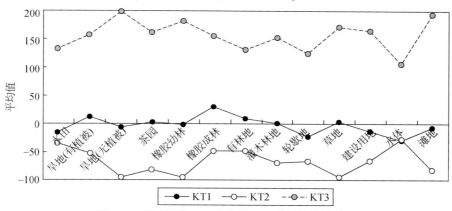

图 3-5　不同地类 K-T 变换前三个分量均值统计图

K-T 变换后得到的亮度、绿度和湿度分量，使植被覆盖地类内部区分性更明显，是基于谱间关系法提取植被地类的进一步细化，对高植被覆盖地类的分离性较低植被覆盖地类显著。

3.3.3　纹理特征提取

单纯依靠光谱特征进行遥感影像分类易产生"同物异谱"或"异物同谱"现象，许多研究表明，除了原始影像光谱信息以外，加上纹理信息就可以使分析准确性和精度提高。基于灰度共生矩阵（GLCM）提取纹理特征的方法，是目前公认的经典的纹理统计分析方法（Lee and philpot，1991；Zhu et al.，1998）。Haralick（1979）首先提取灰度共生矩阵，并定义了 14 种纹理特征，比较常用且被认为分类效果较好的纹理特征有：角二阶矩（angular second moment，ASM）、对比度（contrast，CON）、熵（entropy，ENT）、同质性（homogeneity，HOM）（Baraldi and Parminggian，1995；Herold et al.，2003）。

（1） 角二阶矩（ASM）

$$ASM = \sum_{i=1}^{G} \sum_{j=1}^{G} P_{ij}^2 \tag{3-4}$$

角二阶矩又称能量，是灰度共生矩阵各元素的平方和。它是图像纹理灰度分布均匀性的度量，反映了图像灰度分布的均匀程度和纹理粗细度。当灰度共生矩阵中元素分布较集中于主对角线附近时，说明局部区域内图像灰度分布较均匀，图像呈现较粗的纹理，角二阶矩的取值相应较大；如果共生矩阵的所有值均相等，则角二阶矩的值就小，即一幅有着一致灰度的图像的灰度共生矩阵只有一个值，这时图像的角二阶矩值最大，等于图像的总像素数。

（2）对比度（CON）

$$\text{CON} = \sum_{i=1}^{G} \sum_{j=1}^{G} (i-j)^2 P_{ij}^2 \tag{3-5}$$

对比度是灰度共生矩阵主对角线附近的惯性矩，以度量矩阵的值是如何分布和影像中局部变化的多少，反映了影像的清晰度和纹理的沟纹深浅。对比度也可以理解为图像纹理的清晰程度，在图像中若局部像素对应的灰度差别越大，则图像的对比度越大，图像的视觉效果越清晰。

（3）熵（ENT）

$$\text{ENT} = \sum_{i=1}^{G} \sum_{j=1}^{G} P_{ij} \lg P_{ij} \tag{3-6}$$

熵是度量影像纹理的随机性特征参数，表征了图像中纹理的复杂程度。若图像没有任何纹理，则灰度共生矩阵几乎为 0，熵值接近于 0；若图像充满细纹理，灰度共生矩阵的数值近似相等，则图像的熵值最大；若图像中分布较少的纹理，灰度共生矩阵的数值差别较大，该图像的熵值较小。

（4）同质性（HOM）

$$\text{HOM} = \sum_{i=1}^{G} \sum_{j=1}^{G} \frac{1}{1+(i-j)^2} P_{ij} \tag{3-7}$$

以上各式中 G 为波段的灰度值的量化等级；i 为水平方向上的灰度值；j 为垂直方向上的灰度值；P_{ij} 为灰度值为 i 和 j 的像素对出现的次数。

由于相邻波段影像之间存在相关性，其纹理特征值计算结果可能完全相同，因此为减少这种谱相关或谱冗余，在进行纹理信息提取前，先进行主成分分析，对变换后的第一主成分（PCA1，97.3%）计算纹理特征。纹理特征值与方向 θ 密切相关，为保证所提取的纹理特征在图像发生旋转时能保持不变，每个纹理特征值为 4 个方向（0°、45°、90°、135°）的平均值。灰度共生矩阵的纹理分析方法需要选择一定大小的滑动窗口，窗口太大或太小都会影响地类纹理特征的体现。基于 ENVI 软件平台，通过不断试验，最终选定 5×5 窗口，对 PCA1 波段进行上述 4 个纹理特征的提取。根据已选的训练样本，每种地类纹理特征统计均值如图 3-6 所示。

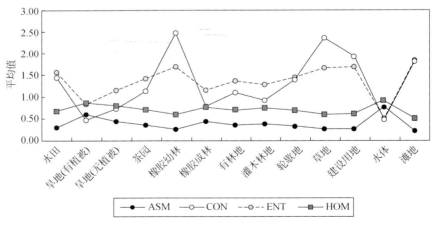

图 3-6　不同地类纹理特征均值统计图

综合来看，ASM 和 HOM 两个指数对地类的识别度较 CON 和 ENT 略低。通过对不同地类 4 个纹理特征平均值的深入分析，发现：①除橡胶幼林和草地的 CON>2.0，其他地类的 CON 均小于 2.0；茶园的 CON>1.0，而灌木林地的 CON<1.0；②除水体外，旱地（有植被）的 HOM 最高，超过 0.8，其他地类的 HOM 均小于 0.8；③除水体外，仅旱地（有植被）的 ASM>0.5；④除水体外，旱地（有植被）的 ENT<

1.0，其他地类的 ENT 均大于 1.0。

3.3.4 形状特征提取

与纹理特征不同，地物的形状信息不随图像颜色的变化而变化，是物体稳定的特征，可以用于地物的定位或定性提取。地物的形状特征可以用形状指数（shape index，SI）来表示，形状指数的计算公式为

$$SI = \frac{P}{2\sqrt{\pi A}}$$ (3-8)

式中，P 为影像对象周长；A 为影像对象面积；SI 最小值为 1，为正圆形，其值越大，表明形状越狭长。

考虑到河流、湖泊、水库坑塘具有相近的光谱、纹理特征，三者最大的区别在于形状特征，因此，使用形状特征来进行区分，过程如下：

1）图像分割是面向对象处理方法关键的第一步。分割尺度的选择非常重要，它影响生成影像对象多边形的大小、数量以及信息提取的精度（章仲楚，2007）。为了兼顾土地利用/土地覆被的宏观和微观特征，有必要对影像进行多尺度分割。本研究利用 ENVI 的 Feature Extraction 模块，通过先分割后合并两个过程实现影像的多尺度分割。

2）计算各个水体对象的形状指数，确定水体对象的形状特征判别规则。通过反复试验，最终确定河流满足 SI≥3，湖泊满足 1.5<SI<3，水库坑塘满足 SI≤1.5。

3.3.5 决策树分类模型构建

根据 3.3.2～3.3.4 节对不同地类光谱特征、纹理特征以及形状特征的分析，研究构建了适合澜沧江流域土地利用/土地覆被分类的决策树模型（图 3-7），模型中的部分阈值由于影像的获取时间以及其他方面的差异可能会有所不同，可以通过不断调试获得满意的阈值。

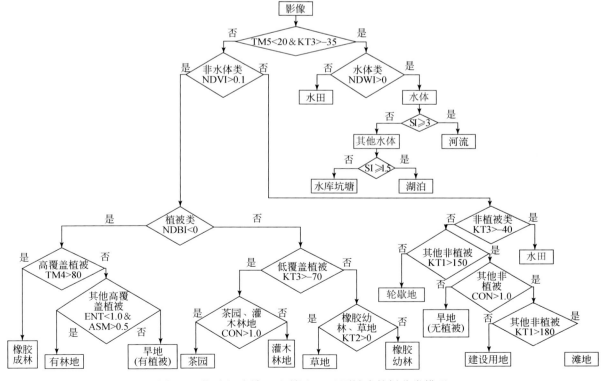

图 3-7 澜沧江流域土地利用/土地覆被决策树分类模型

3.4 分类结果后处理与精度检验

3.4.1 分类结果后处理

分类结果中存在一些面积很小的斑块，无论从专题制图的角度考虑，还是从实际应用的角度考虑，都需要将这些小斑块剔除。在剔除这些小斑块时，首先要确定最小图上面积。不同土地利用/土地覆被类型的最小图上面积应存在差别。参考《国家基本比例尺地图编绘规范》《第二次全国土地调查技术规程》等标准，考虑到 1∶100 000 比例尺的制图需求以及 TM 遥感影像的分辨率，结合研究区的土地利用/土地覆被特点，确定了澜沧江流域各土地利用/土地覆被类型的最小图上面积（表3-4）。在此基础上，利用 ArcGIS 的 eliminate 命令，将各地类中小于最小图上面积的破碎斑块合并到相邻的最大地类斑块中。

表3-4 澜沧江流域土地利用/土地覆被类型最小图上面积

地类	图上面积/mm²	地类	图上面积/mm²	地类	图上面积/mm²
耕地	6	林地	15	水域	4
园地	6	草地	15		
其他土地	6	建设用地	4		

3.4.2 精度检验

遥感影像分类精度评价是通过建立地面验证数据的混淆矩阵计算各种分类精度测度指标，从而得出不同土地利用/土地覆被分类精度。本研究选用实地调查数据和更高分辨率影像相结合的方法对分类结果进行精度检验。"澜沧江中下游与大香格里拉地区科学考察队"分别于 2009 年 9 月、2010 年 11 月、2011 年 9 月三次赴澜沧江流域进行野外考察，采集了 1664 个土地覆被验证点（图3-2），对每种地类至少选择 80 个样本，建立混淆矩阵，选取生产者精度、用户精度、Kappa 系数和总精度 4 个指标对分类结果进行验证，其中 Kappa 系数考虑了误差矩阵中所有的因子，能够全面反映总体分类精度，Kappa 值越大，代表分类精度越高。Kappa 系数与分类精度存在以下关系：0.00 ~ 0.20，分类精度差；0.20 ~ 0.40，分类精度一般；0.40 ~ 0.60，分类精度好；0.60 ~ 0.80，分类精度很好；0.80 ~ 1.00，分类精度极好（朱述龙等，2006）。为了对比决策树模型构建的优劣程度，本研究选择基于相同训练样本的最大似然分类方法，并分别对两种分类方法的精度进行评价（表3-5）。结果显示，2010 年澜沧江流域土地利用/土地覆被决策树分类总精度为 85.04%，Kappa 系数为 0.8243，决策树分类方法的精度较最大似然分类总体精度提高 3.73%，Kappa 系数提高 0.0408，分类精度极好。但澜沧江流域土地利用/土地覆被决策树分类仍存在部分地类提取精度较低的问题，如草地、滩地等。因此，需在决策树分类的基础上，利用面向对象中的类相关特征、地形特征等，经过目视解译，进一步修正分类结果，提高分类精度。

表3-5 澜沧江流域决策树与最大似然分类精度评价对比

地类	决策树分类		最大似然分类	
	生产者精度/%	用户精度/%	生产者精度/%	用户精度/%
水田	91.55	93.57	86.98	89.51
旱地（有植被）	86.92	74.19	80.16	76.66
旱地（无植被）	87.42	82.79	80.05	83.09

地类	决策树分类		最大似然分类	
	生产者精度/%	用户精度/%	生产者精度/%	用户精度/%
轮歇地	95.46	96.33	89.74	90.21
茶园	75.81	68.35	68.55	66.34
橡胶幼林	72.59	73.90	68.99	74.49
橡胶成林	90.67	91.47	87.23	87.94
有林地	86.10	89.91	87.58	82.84
灌木林地	81.76	75.59	73.25	68.26
草地	65.06	53.13	62.02	48.63
建设用地	82.72	85.59	80.08	72.31
水体	98.23	99.37	98.99	86.91
滩地	82.49	43.66	77.48	34.94
总体	总精度=85.04%	Kappa=0.8243	总精度=81.31%	Kappa=0.7835

第 4 章 澜沧江流域土地利用/土地覆被的多样性与地域性

土地利用与土地覆被作为地貌、气候、水文、土壤等多种自然要素以及人类活动影响的自然历史综合体，是流域综合开发与科学考察的主要内容之一。自然要素及在它们共同作用下所形成的生态环境，深刻地影响着土地资源的地域差异及其开发利用模式。流域典型的南北流向所出现的纬度高低差异及其错综复杂的地带性、非地带性自然因素影响，使流域土地利用地域分异突出、组合类型多样、利用模式各具特色。因此，基于自然地理与生态要素进行土地利用与土地覆被形成背景研究，探讨土地资源可持续利用途径，无疑是开展流域综合开发中非常必要的一项基础工作。

4.1 澜沧江流域土地利用/土地覆被形成的地理背景

4.1.1 地质地貌基础

在构成土地利用与土地覆被类型的诸多自然环境要素中，地形地貌通过影响区域社会经济、文化认同和政治制度进而制约其土地利用类型与强度。区域地形地貌的差异从根本上决定了土地利用与土地覆被类型的空间异质性。它对于土地资源的地域组合、质量差异和土地利用影响突出。

澜沧江流域地质上属特提斯-喜马拉雅构造域，是古特提斯洋域分布的主体地带。这一地区在漫长的陆核形成、板块运动、板内活动和陆内汇聚的地质演变阶段中，经过一系列错综复杂的地质构造活动，由中国南方—东印支板块和青藏—西印支板块这两大板块区中的东印支板块、昌都—兰坪—思茅板块焊接而成。各板块之间由结合带和平移带相连。板块运动和地壳变化导致流域区内超常岩石圈和岩石圈断裂，形成流域区内的断裂构造，主要断裂带包括北澜沧江断裂带、南澜沧江断裂，均属深断裂，以及类乌齐—登巴断裂、查隆塘—剑达断裂、昌宁—勐省断裂、无量山断裂、李仙江断裂、北东向断裂，均为区域性断裂。

澜沧江流域地势北高南低，自北向南呈条带状，依次分布有雪山冰川（极高山）、高山高原、深山峡谷、低山丘陵、冲积平原和河口三角洲等多种地貌单元。澜沧江上中下游分别以昌都和功果桥（临沧市）为界，昌都以上为上游，昌都至功果桥为中游，功果桥以下为下游。上、下游较宽阔，中游则狭窄。澜沧江上游（北段）地处青藏高原，海拔在 4000 m 以上，区域内除高大险峻的雪峰外，山势平缓，河谷平浅；中游（中段）属高山峡谷区，河谷深切于横断山脉之间，山高谷深，两岸高山对峙，河床坡度大，海拔跨度为 2500～4000 m；下游（南段）分水岭显著降低，地势趋平缓，河道呈束放状，出中国境后河道比较开阔平缓，平均海拔在 2500 m 以下（图 4-1）。

4.1.2 气候水文条件

澜沧江流域气候条件空间差异巨大，气温和降水量自北向南递增（图 4-2），同时，随着海拔的升高，气温降低，降水量减少。流域自北向南跨越寒温带、温带、暖温带、北亚热带、中亚热带、南亚热带、热带等多个气候带。上游西藏区域属于高原温带气候，气温由北向南递增，具有明显的垂直变化：海拔 3000m 以下的河谷，气候干热，最热月气温在 18℃ 以上；海拔 3000～3500m 的地区，最热月平均气温为

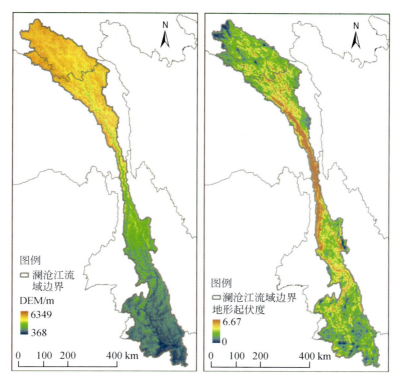

图 4-1 澜沧江流域海拔与地形起伏度

15~18℃；海拔为 3500~4000m 的地区，最热月平均气温为 12~15℃，气温逐级递减的规律明显。就年降水量而言，该区多年平均降水量为 400~800mm，在空间上主要受地势影响，分布也很不均匀，一般山区潮湿，河谷则较干燥。中游滇西北地区属亚热带气候，高山峡谷相间，峰谷相对落差超过 1000m。气温兼具垂

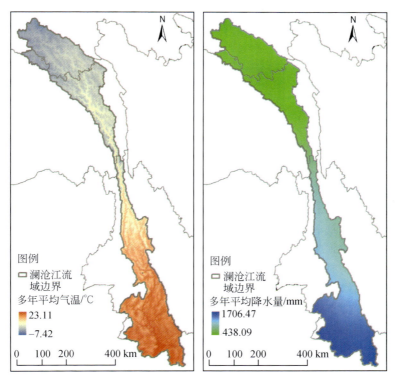

图 4-2 澜沧江流域年均温和年降水量空间分布图

直变化与自北而南递增的态势，平均气温为 12 ~ 15℃，最热月平均气温为 24 ~ 28℃，最冷月平均气温为 5 ~ 10℃，年降水量为 1000 ~ 2500 mm，西多东少，山区多河谷少。下游滇西南地区属亚热带或热带气候，气温由北向南递增，平均气温为 15 ~ 22℃，最热月平均气温为 20 ~ 28℃，最冷月平均气温为 5 ~ 20℃，年降水量在 1000 ~ 3000 mm，由北向南递增，河谷降水少于山区。澜沧江流域干、湿两季分明，一般 5 ~ 10 月为湿季，11 月至次年 4 月为干季，85% 以上的降水量集中在湿季，而又以 6 ~ 8 月为最集中，3 个月的降水量占全年降水量的 60% 以上。暴雨多发在 7 月和 8 月。

澜沧江流域径流整体以大气降水补给为主，地下水和高山冰雪融水补给为辅。上游地区地处青藏高原，山势一般较平缓，河谷平浅，年径流深在 200mm 左右。河川径流以地下水补给为主，占年径流量的 50% 以上，其次是雨水和冰雪融水补给。中游地区为深切峡谷区，河床坡降很大，年径流深在 400 ~ 700mm。随着降水量的增加，融雪补给减少，河川径流由降水和地下水混合补给。下游河段山势渐低，地形趋缓，年径流深在 200 ~ 400mm。河川径流以降水补给为主，占年径流量的 60% 以上，其次是地下水补给。流域径流季节性差异明显。中上游河段冬季的径流量不到全年径流量的 10%，春季可达 10% 以上，夏季占 50% 左右，秋季径流量约为全年径流量的 30%。最大径流量一般出现在每年的 7 月或 8 月，最小径流量多发生在 1 月或 2 月。下游河段最大径流量多出现在 8 月，最小径流量多出现在 5 月。流域径流量年际变化不大，由我国流往境外的多年平均年径流量为 760 亿 m³。

澜沧江水系的主要特征是干流突出，两侧辅以众多相对短小的支流，其主要支流有子曲、昂曲、盖曲、吡江、漾濞江、西洱河、罗闸河、小黑江、威远江、南班河、南拉河等。流域面积大于 100km² 的支流有 138 条，流域面积大于 1000km² 的支流有 41 条（张海龙，2009）。由于中游地区相对狭窄，因此较大的支流多分布在上游和下游地区。流域内支流长度通常仅为 20 ~ 50km，而天然落差却可达 2000 ~ 3000m，因此水能资源十分丰富。

4.1.3　土壤植被状况

澜沧江流域土壤类型众多，几乎涵盖了我国大陆地貌全部土壤种类，且流域土壤类型地域变化较大（图4-3）。流域源头深入青藏高原腹地，土壤类别主要为高山土类，如草毡土、黑毡土、草甸土、寒冻土等；在云南省境内，则形成了砖红壤、红壤、棕壤、棕色针叶林土、高山草甸土、水稻土等。土壤的类型一般呈垂直状分布，北部高山地区以棕壤、棕色暗针叶林土和高山草甸土为主；中部以红壤、石灰岩土、棕壤等为主；南部则多为赤红壤、砖红壤等。水稻土广泛分布于各坝区、河谷。整个流域按土纲分，则包含冰川雪被、初育土、半水成土、铁铝土等。

澜沧江流域植物种类丰富多样。全流域植被从热带雨林、季雨林，亚热带常绿阔叶林，温带针叶林，直到高山冻荒漠，世界上各大类型植被在澜沧江流域均有存在（图4-4）。流域植被分布呈现出明显的纬度地带性差异。上游地区以干暖河谷为主，植被稀少，以温带高寒草甸、温带针叶林以及温带落叶阔叶林较为常见。在物种中主要包括极耐干旱且具有硬而小叶子的植物小叶荆、苦刺花和小叶马鞍叶等，伴生有垫状迎春、头花香薷、小叶野丁香等。在海拔 2000 ~ 3800m 的地区，植被为硬叶常绿阔叶林，物种以常绿栎属植物占主导。中游地区进入干热的河谷生境，植被为温带、亚热带高山落叶灌丛和稀树草原以及湿性常绿阔叶林，在外貌上呈稀树灌草丛型非洲萨瓦纳植被景观。这种河谷型半萨瓦纳植被具有低矮、疏散的乔木和灌丛，主要种类有余甘子、厚皮树、火绳树、木棉、毛叶黄杞、灰毛浆果楝等。草本植物以芸香草、扭黄茅等禾草为主。在干热河谷半萨瓦纳植被带之上广泛分布有以云南松为优势种的半湿润常绿阔叶林。下游地区为湿润火热生境，主要有热带、亚热带常绿阔叶林以及热带雨林和零星的落叶季雨林。流域植被除具有纬度地带性特征以外，其随着地形起伏变化的垂直性差异也十分显著。例如，流域中游地区山高谷深，河谷地带温干少雨，植被以极耐干旱的硬叶小叶灌丛为主，如小叶荆、小叶丁香等；在干暖河谷硬叶小叶灌丛带之上或与之交错，在海拔 2000 ~ 3800m 的地区，分布有硬叶常绿阔叶林，以常绿栎属植物为主；随着海拔的升高，在海拔 2800m 以上的地区，分布有以铁杉为优势种的温凉性针叶林和以冷杉、云杉为优势种的原始寒温性针叶林。

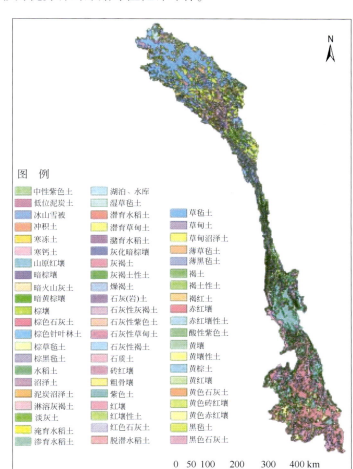

图 例

中性紫色土	湖泊、水库	
低位泥炭土	湿草毡土	
冰山雪被	潜育水稻土	草毡土
冲积土	潜育草甸土	草甸土
寒冻土	潴育水稻土	草甸沼泽土
寒钙土	灰化暗棕壤	薄草毡土
山原红壤	灰褐土	薄黑毡土
暗棕壤	灰褐土性土	褐土
暗火山灰土	燥褐土	褐土性土
暗黄棕壤	石灰(岩)土	褐红土
棕壤	石灰性灰褐土	赤红壤
棕色石灰土	石灰性紫色土	赤红壤性土
棕色针叶林土	石灰性草甸土	酸性紫色土
棕草毡土	石灰性褐土	黄壤
棕黑毡土	石质土	黄壤性土
水稻土	砖红壤	黄棕壤
沼泽土	粗骨壤	黄红壤
泥炭沼泽土	紫色土	黄色石灰土
淋溶灰褐土	红壤	黄色砖红壤
淡灰土	红壤性土	黄色赤红壤
淹育水稻土	红色石灰土	黑毡土
渗育水稻土	脱潜水稻土	黑色石灰土

0 50 100   200   300   400 km

图 4-3　澜沧江流域土壤类型分布图

4.1.4　社会经济水平

（1）人口发展

根据第六次全国人口普查数据，2010 年澜沧江流域人口总数为 1230 万人，人口密度为 32 人/km²。从流域尺度看，流域下游地区人口密度最大，为 86 人/km²；其次是中游地区，为 17 人/km²；上游地区和大香格里拉地区人口密度较小，仅为 5 人/km²。从县域尺度看，察隅县人口密度最低，不足 1 人/km²；大理市人口密度最高，为 336 人/km²。从空间分布来看，澜沧江流域内人口分布总体呈分散化、均衡化趋势，但是局部地区人口聚居特征较明显。

澜沧江流域是一个传统农业区，农业吸引了当地绝大多数人口。2010 年流域农村人口为 973 万人，占流域总人口的 79.11%。近年来，随着澜沧江流域第二、第三产业的快速发展以及城乡一体化的迅速推进，流域内农村人口逐年减少，农村人口比例与 2000 年的 85.45% 相比，下降了 6.34%。

澜沧江流域还是一个少数民族聚居区，流域内分布有 30 多个少数民族，包括藏族、彝族、白族、傣族、苗族、回族、傈僳族、拉祜族、佤族、基诺族、独龙族等。大部分民族都有自己的语言和文化，其习俗风情、生产方式和宗教信仰等都有各自的特色，并且和当地自然环境密切融合，各民族在流域内大分散、小聚居，其经济、文化水平差异较大。

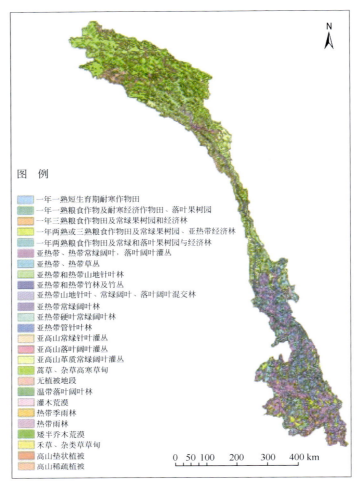

图 4-4　澜沧江流域植被类型分布图

（2）经济增长

2010 年，澜沧江流域完成生产总值约为 1434 亿元，其中第一产业生产总值 389 亿元，第二产业生产总值 507 亿元，第三产业生产总值 538 亿元，三大产业结构为 27：35：38，农业产值所占比例较高，工业和服务业发展水平较低，远落后于全国 10：47：43 的产业结构水平。2010 年，澜沧江流域人均 GDP 为 11 659 元，远低于全国人均 GDP 为 29 992 元。

澜沧江流域大部分地区的经济发展以农牧业为主导，主要农作物有青稞、小麦、玉米、荞麦、水稻、豌豆、油菜、香料、烟草、甘蔗、咖啡、药材等，主要家畜有牦牛、犏牛、黄牛、马、山羊、猪等。在传统农牧业方面，澜沧江流域存在两大分区，昌都地区（现昌都市）、巴青县、杂多县、玉树县（现玉树市）和囊谦县以畜牧业为主导产业；其他地区以粮食作物、经济作物、畜牧业构成的三元农业产业结构为主。近年来，通过加快传统农业产业结构调整，夯实农业农村发展基础，澜沧江流域农业产业化水平不断提高，三元农业产业结构特征突出，尤其是特色经济作物发展较快，多元化特征日益明显。

澜沧江流域工业以采矿、电力、机械、建材、原材料生产等基础工业为主。近年来，流域工业化进程持续推进，结合当地的特色资源发展工业，农畜产品加工、纺织、能源、采矿、机械、建材、冶金、化工、水电、建筑业等产业得到不同程度的发展，尤其是农畜产品加工、采矿和水电开发产业，发展较为快速和广泛。流域坚定不移地推进新型工业化，加快工业技术创新和技术进步，着力保持工业经济平稳较快发展。流域工业发展政策已见成效，但总体来看，流域工业发展依然相对落后，发展潜力较大。

澜沧江流域旅游资源极其丰富，独特的地形地貌和气候条件造就了独具吸引力的自然景观，多姿多彩的民族文化丰富了人文景观。近年来，结合澜沧江流域多民族、多宗教、多文化的特点，以特色旅游业为重点的第三产业发展迅速。此外，流域在金银铁器加工、民族服装制作等民族手工业方面也有较大发展。

4.2 澜沧江流域土地利用/土地覆被的多样性

澜沧江流域土地利用与土地覆被的多样性既表现为土地利用与土地覆被类型多样，也表现为土地利用与土地覆被类型的地域结构与空间特征差异。统计表明，澜沧江流域土地利用/土地覆被类型以林地和草地为主，其面积分别为 64 936.11km^2 和 59 100.59km^2，各占流域面积的 39.47% 和 35.92%，林地和草地由此构成了澜沧江流域土地利用的背景基质；耕地和园地则是澜沧江流域的主要土地利用类型，面积分别为 14 621.38km^2 和 7540.87km^2，各占流域面积的 8.89% 和 4.58%，相对集中在中下游河谷平原地区和下游地区；水域和建设用地面积较小，分别为 3032.13km^2 和 456.64km^2，仅占流域面积的 1.84% 和 0.28%，分布相对零散（表4-1）。

表4-1 澜沧江流域土地利用/土地覆被类型组成及结构特征

地类	面积/km^2	比例/%	平均斑块面积/km^2	斑块密度/(个/km^2)
耕地	14 621.38	8.89	1.15	0.87
园地	7 540.87	4.58	1.76	0.57
林地	64 936.11	39.47	12.82	0.08
草地	59 100.59	35.92	8.46	0.12
建设用地	456.64	0.28	0.21	4.73
水域	3 032.13	1.84	0.57	1.74
其他土地	14 830.92	9.01	2.69	0.37
合计	164 518.64	100	3.92	0.26

澜沧江流域土地利用/土地覆被类型的平均斑块面积较大，为 3.92km^2，斑块密度为 0.26 个/km^2，表明澜沧江流域土地利用/土地覆被景观相对完整，破碎程度不大。各土地利用/土地覆被类型相比，景观结构特征存在很大的差异性：林地的平均斑块面积最大，为 12.82km^2；且斑块密度最小，仅为 0.08 个/km^2，表明澜沧江流域林地以高度聚合的大斑块形式存在。草地空间分布的聚合程度次之，平均斑块面积为 8.46km^2，斑块密度为 0.12 个/km^2。园地和耕地的破碎程度较大，平均斑块面积分别为 1.76km^2 和 1.15km^2，斑块密度分别为 0.57 个/km^2 和 0.87 个/km^2。建设用地最为破碎，平均斑块面积仅为 0.21km^2，斑块密度却高达 4.73 个/km^2（表4-1）。由此可见，耕地等代表人类活动的土地利用/土地覆被类型的破碎程度远大于林地、草地等自然植被，表明人类对澜沧江流域的开发利用活动增加了流域景观的破碎化程度。

（1）耕地

澜沧江流域现有耕地 14 621.38km^2，占流域面积的 8.89%，是流域第一大土地利用类型，主要包括水田和旱地两大耕地类型（图4-5）。从空间分布看，耕地在澜沧江流域上中下游均有分布。统计发现，澜沧江流域耕地主要分布于下游地区，其耕地面积为 13 094.67km^2，占流域耕地面积的 89.56%；中游地区也有较多耕地分布，面积为 1428.62km^2，占流域耕地面积的 9.77%；上游地区耕地面积较少。流域耕地最北位于青海省囊谦县境内，种植的农作物以青稞为主；流域耕地分布的最高海拔可到达 4300m，位于西藏自治区察雅县境内，种植的农作物也以青稞为主。就高度分布来看，流域耕地主要分布在海拔 1000～2000m，耕地面积为 10 234.97km^2，占流域耕地的 70%。也就是说，澜沧江流域的耕地利用主要集中在流域低纬度、低海拔地区。

图 4-5　耕地（水稻、青稞、香蕉、甘蔗）

（2）园地

澜沧江流域现有园地 7540.87km^2，占流域面积的 4.58%，是流域第二大土地利用类型，主要包括橡胶林、茶园和果园等园地类型（图 4-6）。从空间分布看，园地主要分布在澜沧江流域下游地区，23°N

图 4-6　园地（橡胶幼林、橡胶成林、茶园、咖啡）

以南的园地为6296.63km²，占流域园地面积的83.5%。就海拔来看，流域园地主要分布在海拔1500m以下，其园地面积为6221.22km²，占流域园地面积的82.5%。统计表明，与耕地相似，澜沧江流域园地也主要分布在低纬度、低海拔地区，且比耕地选择的位置更偏南，海拔更低。这主要是因为本课题更多关注的是橡胶林、茶园。橡胶的生长对热量和水分的需求都很大，因此其主要分布于下游的西双版纳地区，最北可达临沧市耿马傣族佤族自治县（简称耿马县）和沧源佤族自治县（简称沧源县）境内，但分布面积很少。茶园主要分布于普洱市和临沧市境内，西双版纳地区也有少量分布，最北位于临沧市凤庆县境内。

（3）林地

澜沧江流域现有林地64 936.11km²，占流域面积的39.47%，是流域第一大土地覆被类型，主要包括有林地、灌木林地和其他林地等林地类型（图4-7）。从空间位置来看，林地主要分布于澜沧江流域下游和中游地区。下游地区林地面积为48 350.87km²，约占林地面积的74.46%，林地类型包括热带、亚热带常绿阔叶林和热带雨林以及零星的落叶季雨林；中游地区林地面积为13 638.32km²，约占林地面积的21.0%，既有温带、亚热带高山落叶灌丛，也包括半常绿季节林和湿性常绿阔叶林等；上游地区林地面积较少，类型以温带针叶林（如云杉、冷杉等）、硬叶常绿阔叶林（如高山栎等）、温带落叶阔叶林以及硬叶小叶灌丛（如小叶杜鹃等）为主。从地形来看，澜沧江流域林地主要分布于中低海拔地区，高海拔地区林地分布极少，海拔3500m以上地区的林地面积只有601.96km²，不足流域林地总面积的1%。

图4-7　林地（乔木林地、灌木林地）

（4）草地

澜沧江流域现有草地59 100.59km²，占流域面积的35.92%，是流域第二大土地覆被类型，通过NDVI指数可以粗分为高覆盖、中覆盖和低覆盖3种草地类型（图4-8）。从空间位置来看，草地主要分布于澜沧江上游和中游地区，上游地区（31°N～34°N）草地面积为39 076.56km²，约占流域草地面积的66.12%；中游地区（26°N～31°N）草地面积为16 507.05km²，约占流域草地面积的27.93%。从地形来看，澜沧江流域草地主要分布于中高海拔地区，海拔2000m以下地区草地面积只有2403.02km²，仅占流域草地面积的4%。

图4-8　草地（草原、草甸）

（5）建设用地

澜沧江流域现有建设用地 456.64km²，占流域面积的 0.28%，是流域最少的土地利用类型，主要包括城镇用地、乡村居民点和其他建设用地等（图 4-9）。从空间位置来看，建设用地主要分布于澜沧江下游地区，26.5°N 以南地区的建设用地面积为 412.35km²，占流域建设用地面积的 90.3%。从地形来看，澜沧江流域建设用地主要分布于低海拔地区，海拔 2500m 以下建设用地面积达到 428.31km²，将近流域建设用地的 94%。建设用地的分布与坡度也存在一定的关系，流域建设用地主要分布于坡度较小的地区，坡度小于 15°地区的建设用地面积达到 391.34km²，占流域建设用地面积的 85.7%。由此可见，澜沧江流域建设用地主要分布于流域低纬度、低海拔和较平坦的地区。

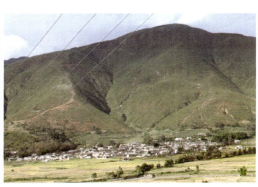

图 4-9　建设用地（城镇、农村居民点）

（6）水域

澜沧江流域现有水域 3032.13km²，占流域面积的 1.84%，是流域最少的土地覆被类型，主要包括河流、湖泊、水库坑塘、冰川及永久积雪、滩地等类型（图 4-10）。澜沧江流域水域的分布并未表现出明显的空间规律性，上游地区水域以永久性冰川积雪为主，青海省杂多县、囊谦县、玉树县（现玉树市）以

图 4-10　水域（河流、湖泊、冰川、永久积雪）

及西藏自治区丁青县、类乌齐县境内均有雪山分布；中游地区水域仍以永久性冰川积雪为主，西藏自治区察雅县、芒康县西部地区，左贡县东北部地区以及云南省德钦县境内均有雪山分布；下游地区水域以湖泊和水库为主，云南省第二大淡水湖洱海即分布于流域下游地区。此外，下游水电开发也有较快发展，在流域规划的"4库22级"水电站中，已建成的小湾、漫湾、大朝山和景洪4座电站以及正在修建的功果桥、糯扎渡两座电站全部位于流域下游地区。水电工程的修建淹没了大量的土地，形成了多个面积较大的水库，增加了下游地区的水域面积。

（7）其他土地

澜沧江流域现有其他土地 14 830.92km²，占流域面积的 9.01%，是流域第三大土地覆被类型，主要是裸岩和裸土（图4-11）。其他土地主要分布于流域高纬度高海拔地区，31°N以北地区其他土地面积 13 163.70km²，占其总面积的 89%；海拔 4500m 以上地区的其他土地面积达到 14 119.04km²，占其总面积的 95.2%。西藏自治区类乌齐县、丁青县以及青海省杂多县、囊谦县境内均有大量的裸岩、裸土分布。

图 4-11　其他土地（裸岩、裸土）

4.3　澜沧江流域土地利用/土地覆被的地域性

澜沧江流域与大香格里拉地区的土地利用与土地覆被受纬度地带性和垂直地带性的影响，从上游到下游表现出明显的地域差异。澜沧江流域土地利用与土地覆被的地域性特征可以透过澜沧江流域上游地区、澜沧江流域中游地区、香格里拉地区和澜沧江流域下游地区的土地利用/土地覆被类型结构特点和地域分布特征加以说明。

4.3.1　澜沧江上游地区的土地利用/土地覆被特征

澜沧江流域上游地区是指澜沧江流域内昌都以北的区域，总面积为 53 760.96km²，涉及杂多县、巴青县、玉树县（现玉树市）、囊谦县、丁青县、类乌齐县和昌都市等地区。

澜沧江上游地区的土地利用/土地覆被以草地为基质，林地和水域相对集中，耕地和城乡居民点用地零星分布。考察研究表明，澜沧江上游地区草地占绝对优势，现有面积 39 076.56km²，占地 72.69%；其次为裸土、裸岩等类草地的其他土地，现有面积 10 207.68km²，占地 18.99%；二者合计，占地超过91%，草地由此构成澜沧江上游地区土地利用的背景基质。林地和水域面积较小，分别为 2946.92km² 和1418.61km²，各占 5.48% 和 2.64%，林地相对集中在西南，而水域湿地相对集中在东北，呈片状分布。耕地和城乡居民点用地面积极小，现有 98.09km² 和 13.09km²，仅占上游地区的 0.18% 和 0.02%，零星点状分布在河谷平原地区（图4-12，表4-2）。

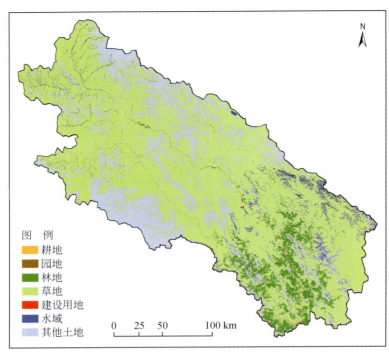

图 4-12 澜沧江流域上游地区土地利用/土地覆被类型图

图　例
- 耕地
- 园地
- 林地
- 草地
- 建设用地
- 水域
- 其他土地

0　25　50　　　100 km

表 4-2　澜沧江流域上、中、下游及香格里拉地区土地利用/土地覆被类型组成及结构特征

	地类	面积/km²	比例/%	平均斑块面积/km²	斑块密度/(个/km²)
上游	耕地	98.09	0.18	0.46	2.19
	林地	2 946.92	5.48	3.13	0.32
	草地	39 076.56	72.69	25.93	0.04
	建设用地	13.09	0.02	0.35	2.83
	水域	1 418.61	2.64	0.42	2.37
	其他土地	10 207.68	18.99	2.01	0.50
	合计	53 760.95	100	4.82	0.21
中游	耕地	1 428.62	3.83	0.83	1.20
	园地	3.02	0.01	0.23	4.35
	林地	13 638.32	36.59	10.00	0.10
	草地	16 507.05	44.29	7.10	0.14
	建设用地	30.36	0.08	0.19	5.17
	水域	1 043.43	2.80	0.79	1.27
	其他土地	4 618.60	12.39	10.46	0.10
	合计	37 269.40	100	5.08	0.20
香格里拉地区	耕地	1 370.61	3.58	0.34	2.95
	林地	22 119.59	57.71	5.42	0.18
	草地	12 183.04	31.79	1.02	0.98
	建设用地	46.82	0.12	0.17	5.89
	水域	13 40.45	3.50	0.57	1.75
	其他土地	1 268.16	3.31	1.63	0.61
	合计	38 328.67	100	1.64	0.61

地类	面积/km²	比例/%	平均斑块面积/km²	斑块密度/（个/km²）
耕地	13 094.67	17.82	1.22	0.82
园地	7 537.84	10.26	1.76	0.57
林地	48 350.87	65.79	17.39	0.06
草地	3 516.98	4.79	1.09	0.91
建设用地	413.19	0.56	0.21	4.77
水域	570.09	0.78	0.87	1.15
其他土地	4.64	0.01	0.14	6.90
合计	73 488.28	100	3.10	0.32

（下游行）

从土地利用/土地覆被类型结构来看，澜沧江上游地区土地利用/土地覆被类型的平均斑块面积为4.82km²，斑块密度为0.21个/km²，土地利用/土地覆被景观结构相对完整。不同土地利用/土地覆被类型相比，草地平均斑块面积最大，高达25.93km²，斑块密度仅为0.04个/km²，表明草地在上游地区以高度聚合的大斑块形式存在。林地和其他用地空间分布的聚合程度次之，平均斑块面积分别为3.13km²和2.01km²，斑块密度分别是0.32个/km²和0.50个/km²。耕地和建设用地等代表人类活动影响的土地利用/土地覆被类型的平均斑块面积极小，不足0.5km²，空间结构十分破碎（表4-2）。

4.3.2 澜沧江中游地区的土地利用/土地覆被特征

澜沧江中游地区介于昌都与功果桥之间，土地利用/土地覆被以草地和林地为基质，耕地和水域相对集中，城乡居民点用地和园地零星分布。考察研究表明，澜沧江中游地区土地利用/土地覆被类型以草地和林地为主，两者面积相当，分别为16 507.05km²和13 638.32km²，各占中游地区的44.29%和36.59%；其次为裸土、裸岩等类草地的其他土地，面积为4618.60km²，占地12.39%；三者合计，占地超过93%，草地和林地由此构成澜沧江中游地区土地利用的背景基质。耕地和水域面积较小，分别为1428.62km²和1043.43km²，各占中游地区的3.83%和2.80%，相对集中在河谷地区。城乡居民点和园地面积极小，所占比例不足中游地区总面积的0.1%，分布极为零散（图4-13，表4-2）。

从土地利用/土地覆被类型结构来看，澜沧江中游地区土地利用/土地覆被类型的平均斑块面积为5.08km²，斑块密度为0.20个/km²，土地利用/土地覆被景观结构相对完整。不同土地利用/土地覆被类型相比，林地和草地的平均斑块面积相对较大，分别为10.00km²和7.10km²，斑块密度小于区域平均水平，在中游地区分布比较集聚。耕地、建设用地等代表人类活动影响的土地利用/土地覆被类型的平均斑块面积仍极小，空间分布十分破碎（表4-2）。

4.3.3 香格里拉地区的土地利用/土地覆被特征

香格里拉地区主要包括乡城县、稻城县、得荣县、德钦县、维西县和香格里拉市，土地利用/土地覆被以林地和草地为基质，耕地和水域相对集中，其他土地和城乡居民点用地零星分布。考察研究表明，香格里拉地区土地利用/土地覆被类型以林地为主，面积为22 119.59km²，占地57.71%；草地为辅，面积为12 183.04km²，占地31.79%；二者合计，占地接近90%，林地和草地由此构成香格里拉地区土地利用的背景基质，草地愈北愈趋集中。耕地和水域分布较少，面积分别为1370.61km²和1340.45km²，各占香格里拉地区的3.58%和3.50%，耕地相对集中分布在河谷平原地带；建设用地面积最小，仅为46.82km²，只占香格里拉地区总面积的0.12%，除城镇外多呈零散分布状态（图4-14，表4-2）。

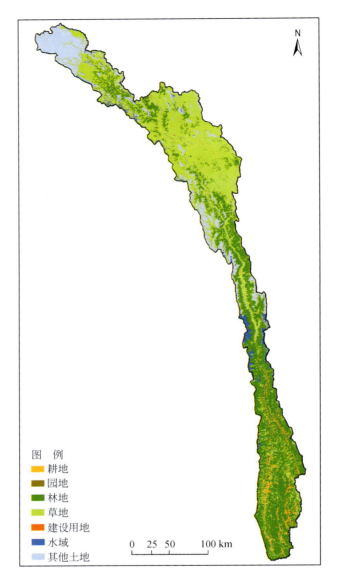

图 4-13 2010 年澜沧江流域中游地区土地利用/土地覆被类型图

从土地利用/土地覆被类型结构来看，香格里拉地区土地利用/土地覆被类型的平均斑块面积为 1.64km²，斑块密度为 0.61 个/km²，景观破碎程度大于澜沧江中游地区平均水平。不同土地利用/土地覆被类型相比，林地的平均斑块面积最大，为 5.42km²，斑块密度最小，为 0.18 个/km²，表明香格里拉地区林地空间分布高度集聚；草地空间分布的集聚程度次之，平均斑块面积分别为 1.02km²，斑块密度为 0.98 个/km²。耕地、建设用地等代表人类活动影响的土地利用/土地覆被类型的平均斑块面积仍然极小，空间分布十分破碎（表 4-2）。

4.3.4 澜沧江下游地区的土地利用/土地覆被特征

澜沧江下游地区是指功果桥以下至国境部分，土地利用/土地覆被以林地为基质，以耕地和园地为主要土地利用类型，草地和城乡居民点用地零星分布。考察研究表明，澜沧江下游地区土地覆被类型以林地占优，现有面积 48 350.87km²，占地 65.79%；草地面积较小，只有 3516.98km²，仅占 4.79%；林地

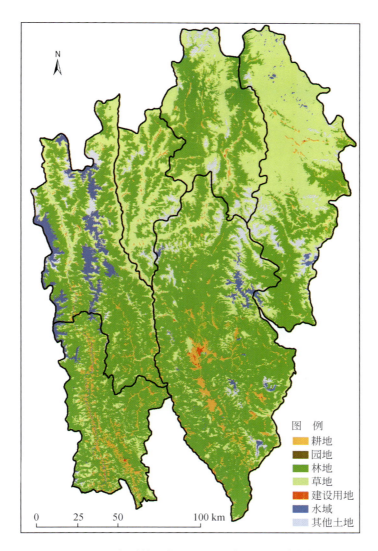

图 4-14　2010 年香格里拉地区土地利用/土地覆被类型图

由此构成澜沧江下游地区土地利用的背景基质。澜沧江下游地区土地利用以耕地和园地为主，面积分别为 13 094.67km² 和 7537.84km²，各占下游地区的 17.82% 和 10.26%，耕地相对集中在河谷平原地区，园地主要集中在西双版纳和普洱地区；水域和其他土地所占面积比例不足下游地区总面积的 1% （图 4-15，表 4-2）。

从土地利用/土地覆被类型结构来看，下游地区土地利用/土地覆被类型的平均斑块面积为 3.10km²，斑块密度为 0.32 个/km²，土地利用/土地覆被景观结构也相对完整。不同土地利用/土地覆被类型相比，林地的平均斑块面积最大，高达 17.39km²，斑块密度最小，仅为 0.06 个/km²，表明林地在下游地区以高度聚合的大斑块形式存在。园地、耕地和草地的平均斑块面积相差不大，分别为 1.76km²、1.22km² 和 1.09km²（表 4-2），表明这 3 种土地利用/土地覆被类型在下游地区具有相似的空间结构。

从上述分析可以看出，2010 年澜沧江流域土地利用/土地覆被景观整体破碎程度不大，但上、中、下游的土地利用/土地覆被在类型组成及空间结构方面均存在很大的差异性，上、中、下游相比，流域下游地区景观的类型组成最为多样，但其破碎程度也最为严重，中游次之，流域上游地区景观保存最为完整。

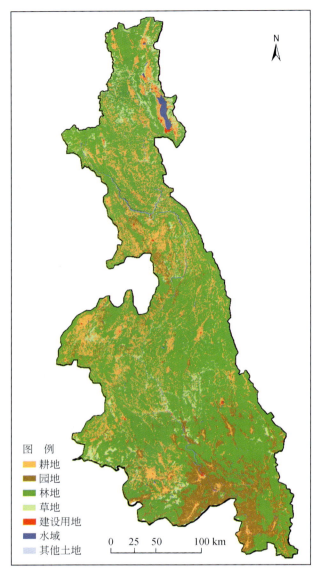

图例
耕地
园地
林地
草地
建设用地
水域
其他土地

0　25　50　　　100 km

图 4-15　2010 年澜沧江流域下游地区土地利用/土地覆被类型图

第5章 澜沧江流域典型地类的遥感识别与动态变化研究

在充分认识澜沧江流域土地利用与土地覆被多样性的基础上，我们选取西双版纳地区和中老缅交界地区日益扩展的橡胶林地、缅老泰交界地区变化多样的刀耕火种农业和三江并流地区的林线等开展典型地类的遥感识别与动态变化研究，试图揭示近20年来澜沧江流域典型地类土地利用/土地覆被变化的时空格局及其变化规律。

5.1 橡胶林地的时空格局变化与地形因素分析

随着经济全球化和区域经济一体化程度的加深，天然橡胶在全球范围内的重要性越来越突出，供需格局也发生了明显变化。国际橡胶研究组织（IRSG）的统计数据显示，随着经济增长对天然橡胶需求的持续上升，从2001年起，中国就成为世界上最大的天然橡胶消费国和进口国，至2010年，我国天然橡胶对外依存度已超过80%，进口国中东南亚国家占到97%以上（IRSG，2011），未来供需形势不容乐观（莫业勇和杨琳，2011）。

西双版纳是我国最适宜的橡胶种植区，近30年来橡胶种植面积呈不断上升趋势（图5-1）。老挝北部和缅甸东北部地区与我国西双版纳境内自然条件基本相同，非常适合种植相同或类似的作物，由此，业已成为我国投资橡胶种植的优选区域。本节以中老缅交界地区为典型案例区，首先利用遥感手段监测橡胶林种植面积，其次探讨橡胶林的林龄划分方法，最后从种植面积、空间分布等方面，探讨中老缅交界地区橡胶林地的时空变化规律及其与地形因素的关系。

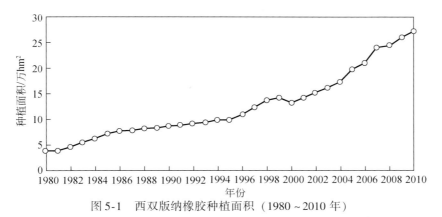

图 5-1 西双版纳橡胶种植面积（1980～2010年）

资料来源：西双版纳傣族自治州国民经济与社会发展统计公报以及西双版纳傣族自治州林业志

5.1.1 橡胶林遥感信息提取

研究对橡胶林进行遥感识别主要分为两个步骤：①在对橡胶林遥感特征进行分析的基础上，构建不同地物遥感特征参数的时间序列曲线，分析不同地类的遥感特征差异，建立橡胶林遥感提取规则，将橡胶林和其他土地利用类型进行区分；②构建橡胶幼林从种植起至生长的NDVI变化曲线，并对比橡胶成林在同一时间段的NDVI变化曲线，得到橡胶不同林龄阶段的NDVI阈值。

（1）橡胶林遥感分类信息提取规则构建

由于橡胶成林与有林地，橡胶幼林与旱地、园地、灌木林地等土地利用/土地覆被类型的遥感光谱特征较为相似（图5-2），因此，橡胶林地的遥感提取主要是将橡胶林与上述土地利用/土地覆被类型区分开来。

图 5-2　橡胶幼林与橡胶成林

基于2010年野外GPS采样点数据，结合Google Earth高清影像以及历史年份土地利用/土地覆被分类图，挑选空间分布较为均衡的遥感样本点数据和验证点数据。每类土地利用/土地覆被类型样本点和验证点均不少于100个。

研究采用归一化植被指数（normalized difference vegetation index，NDVI）、K-T变换的亮度指数（bright index，BI）和湿度指数（wetness index，WI）、近红外波段（NIR）提取橡胶林地空间分布信息。NDVI能够较好地反映植被生长状况，通过近红外波段和可见光红外波段的地表反射率计算（Tucker，1979）。K-T变换将原始高协变的数据转换成绿度指数、亮度指数、湿度指数三个不相关的指数，能较好地反映植被和土壤状况，近年来被广泛运用于农业、森林、生态和景观等研究领域（Li and Fox，2012）。由于绿度指数和NDVI较为相近，研究仅选取亮度指数和湿度指数。此外，已有研究表明，NIR波段区分橡胶林和其他林地效果较好（Dong et al.，2013）。上述指数的计算方法如下：

$$NDVI = (TM4 - TM3) / (TM4 + TM3) \tag{5-1}$$

$$BI = TM1 \times 0.3037 + TM2 \times 0.2793 + TM3 \times 0.4343 + TM4 \times 0.5585 + TM5 \times 0.5082 + TM7 \times 0.1863 \tag{5-2}$$

$$WI = TM1 \times 0.1509 + TM2 \times 0.1793 + TM3 \times 0.3299 + TM4 \times 0.3406 + TM5 \times (-0.7112) + TM7 \times (-0.4572) \tag{5-3}$$

式中，TM1~TM5和TM7分别代表Landsat TM影像第1~5波段和第7波段光谱反射率。

研究基于Landsat TM数据，计算了中老缅交界地区主要植被类型的NDVI、K-T变换的BI、WI和NIR 4种遥感特征参数的时间序列变化曲线（图5-3）。NDVI和NIR对橡胶林地（橡胶成林和橡胶幼林）和其他地物的区分度较好，BI和WI的区分度次之。从NDVI的时序变化曲线来看：橡胶成林在1月上旬~2月上旬为落叶季，NDVI值迅速下降；2月上旬~3月中旬为新叶生长季，NDVI值迅速上升；3月中旬以后，NDVI值又开始下降。橡胶成林与有林地的NDVI值最为接近，在2月上旬NDVI值明显低于有林地，而3月中旬~4月中旬NDVI值明显高于有林地，因此这两个时期橡胶成林与有林地的NDVI区分度最好；橡胶幼林与灌木林、旱地的NDVI最为接近，且变化幅度较小，在2月下旬~3月下旬橡胶幼林与灌木林、旱地的NDVI区分度最好，但仍然较为接近。从NIR的时序变化曲线来看，橡胶成林和其他地物都均有很好的区分度，尤其是3月中旬~4月中旬。但是NIR无法将橡胶幼林与其他地物区分出来。从BI的时序变化曲线来看，橡胶幼林的BI指数仅低于旱地，与橡胶成林的BI指数较为接近，在2月下旬和4月中旬的区分度最好。橡胶成林的BI指数与有林地的区分度较高，但与其他地物的区分度较低。从WI的时序变化曲线来看，橡胶成林在1月上旬、2月下旬和4月中旬与其他地物的区分度较好，而橡胶幼林则在3月中旬~4月中旬与其他地物的区分度较好。

根据上述分析，研究选取3月中旬~4月中旬作为区分橡胶成林、橡胶幼林和其他土地利用/土地覆被类

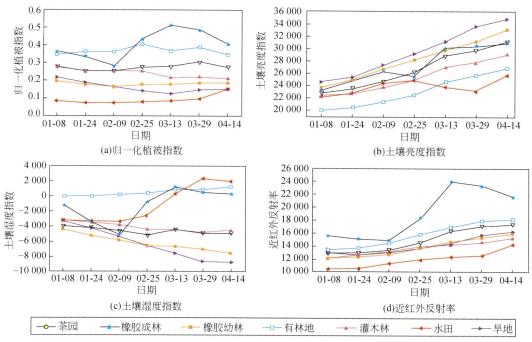

图 5-3　橡胶林和其他植被类型的遥感特征差异

型的时间窗口。基于 NDVI、BI、WI 和 NIR 4 种遥感特征参数，对橡胶成林、橡胶幼林的识别规则判定如下：①橡胶成林，NDVI>0.45 且 NIR>2200；②橡胶幼林，4 月中旬：3200<BI<3400 且 -8000<WI<-6000。之所以没有采用 NDVI 来提取橡胶幼林，是因为橡胶幼林从刚种植到生长为成年橡胶林，中间 NDVI 从负值到正值大小不等，而曲线中计算的为平均值，这在一定程度上忽视了不同年龄橡胶幼林的差异。

（2）橡胶林林龄划分及阈值判断

采用决策树分类法提取中老缅交界地区橡胶成林和橡胶幼林的空间分布信息，并对分类结果进行人工目视解译修正。应用 NDVI≤0 的筛选标准，从橡胶幼林中选取 200 个刚种植的橡胶幼林样本点。从橡胶成林中随机挑选 200 个 NDVI 值较大的点作为橡胶成林样本点。此外，上述样本点必须满足以下条件：①刚种植的橡胶幼林样本点在 2000～2013 年未改变用途（转变为非橡胶林地）；②橡胶成林样本点在 2000～2013 年逐渐转变为橡胶老林，继而老化后重新种植橡胶幼林，由一轮生长过渡到新一轮生长。剔除不符合要求的样本点，最终得到刚种植的橡胶幼林和橡胶成林样本点各 100 个，绘制其 NDVI 平均值在 2000～2013 年的时间序列变化曲线（图 5-4）。

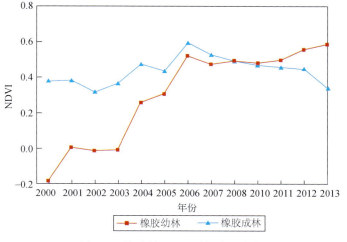

图 5-4　橡胶林 NDVI 时间序列变化

从橡胶幼林的生长轨迹来看，2000 年刚种植的橡胶幼林 NDVI 为负值，这是由于橡胶林种植前期必须彻底清除土地上的所有植被，造成一种完全排他性的生长环境，土地基本为裸地状态。在种植后的 3 年内（2000 ~ 2003 年），橡胶幼林生长缓慢，NDVI 值基本为 0。橡胶幼林生长的第 4 ~ 5 年（2004 ~ 2005 年），NDVI 上升至 0.3 左右，已经较为接近橡胶成林的 NDVI 水平，到第 6 年（2006 年），橡胶幼林 NDVI 继续上升至 0.5 左右。此后 4 年内（2006 ~ 2010）NDVI 值基本稳定在这一水平。到橡胶林生长的第 11 ~ 13 年（2011 ~ 2013 年），橡胶林 NDVI 上升至 0.5 ~ 0.6。从橡胶成林的生长轨迹来看，2000 年的橡胶成林在随后 6 年（2000 ~ 2006 年）NDVI 值仍继续增加。可见 2000 年橡胶成林样本点并未达到成熟的最后阶段（老龄）。2000 ~ 2013 年，橡胶成林 NDVI 值在 2006 年达到最大值（0.6）后开始下降，表明橡胶成林 NDVI 值达到 0.6 即发展到了老龄阶段，之后 NDVI 值下降到 0.3 ~ 0.5。通过橡胶幼林的生长轨迹发现，在橡胶林生长的第 13 年，NDVI 值接近 0.6 左右，因此我们可以推断，橡胶林生长到第 14 年即开始进入老龄阶段。

基于上述分析，本书按照以下规则划分中老缅交界地区橡胶林的年龄范围：①橡胶幼林阶段，NDVI < 0.3，林龄为 0 ~ 5 年。②橡胶成林阶段，这一阶段具体包括两个阶段：一是橡胶林在种植后的第 6 年开始变为成林，0.3 ≤ NDVI < 0.5，并在这一阶段持续 4 年左右，这部分橡胶林的林龄为 6 ~ 10 年；二是橡胶林在种植后的第 11 年左右开始，NDVI 继续上升，0.5 ≤ NDVI < 0.6，这部分橡胶林的林龄为 11 ~ 13 年。这两个阶段的橡胶林分别代表步入成熟阶段和成长至中年阶段。③橡胶老林阶段，0.3 ≤ NDVI < 0.6，林龄为 14 年及以上。可见，橡胶老林的 NDVI 逐渐下降至橡胶成林后期乃至初期的水平，因此仅通过 NDVI 无法区分橡胶老林。因此，本书通过空间叠加分析方法，将某一时期橡胶成林与 14 年前橡胶幼林叠加分析，结果基本为林龄 14 年及以上的橡胶老林。

5.1.2　橡胶林地的时空变化分析

为深入分析中国西南边境开放（1982 年）、老挝（1991 年）和缅甸（1988 年）实施对外开放政策以来，中老缅交界地区橡胶林的时空变化规律，在基于 1980 年、1990 年、2000 年和 2010 年 4 期数据的基础上，将现状橡胶林地按照橡胶幼林和橡胶成林分别进行国别对比分析。

（1）橡胶林分布的国别差异

研究表明，2010 年中老缅交界地区近 83.31% 的橡胶种植面积在中国境内，且近半数是橡胶成林；老挝境内的橡胶种植面积仅占 6.6%，99.50% 都是橡胶幼林；缅甸境内的橡胶种植面积仅占 10.09%，其中橡胶成林仅占 7.3%；橡胶林种植面积及其地域分布的国别差异显著（图 5-5 和表 5-1）。

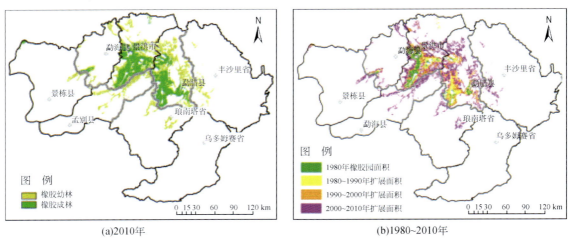

(a)2010年　　　　　　　　　　　　　(b)1980~2010年

图 5-5　中老缅交界地区橡胶林地现状结构及各时期空间扩展图

表 5-1　1980～2010 年中老缅交界地区橡胶林地面积及年际变化　　　（单位：万 hm²）

地区	年内面积				年际变化			
	1980 年	1990 年	2000 年	2010 年	1980～1990 年	1990～2000 年	2000～2010 年	1980～2010 年
中国境内	**7.05**	**12.84**	**25.80**	**50.10**	**5.79**	**12.96**	**24.30**	**43.05**
景洪市	4.57	7.59	13.16	22.88	3.02	5.57	9.72	18.31
勐腊县	2.30	4.89	11.95	23.59	2.59	7.06	11.64	21.29
勐海县	0.18	0.36	0.69	3.63	0.18	0.33	2.94	3.45
缅甸境内		**0.02**	**0.33**	**6.07**	**0.02**	**0.31**	**5.74**	**6.07**
景栋县		0.02	0.29	1.57	0.02	0.27	1.28	1.57
孟别县			0.04	4.50		0.04	4.46	4.50
老挝境内			**0.02**	**3.97**		**0.02**	**3.95**	**3.97**
琅南塔省			0.02	2.23		0.02	2.21	2.23
丰沙里省				1.74			1.74	1.74
总计	**7.05**	**12.86**	**26.15**	**60.14**	**5.81**	**13.29**	**33.99**	**53.09**

2010 年，中国境内橡胶林面积为 50.10 万 hm²，占区域种植面积的 83.31%，主要分布在景洪市和勐腊县，两地橡胶种植面积比重达到 77.27%，勐海县境内橡胶种植面积仅占 6.04%。其中，橡胶成林面积占中国境内总种植面积的 47.65%，集中分布在景洪市和勐腊县，勐海县打洛镇也有小块分布；橡胶幼林面积比重占到西双版纳总种植面积的 52.35%。由此可见，近 10 年来橡胶林扩种迅速，主要扩展地区集中分布在勐腊县东北部、靠近老挝的边境地区以及纬度较高的景洪市北部地区。

2010 年，老挝境内橡胶林面积为 3.97 万 hm²，占区域种植面积的 6.60%，除乌多姆赛省外，其他两省均有分布，且主要分布在近中国边境地区的丰沙里省西部和琅南塔省东北部地区。橡胶成林面积较少，只有 0.02 万 hm²，占老挝境内总种植面积的 0.50%，分布在琅南塔省北部靠近勐腊县西部边境的地区；橡胶幼林比重为 99.50%，集中分布在琅南塔省东北部边境和丰沙里省西部边境，可见老挝边境地区的橡胶种植始于近 10 年之内，且主要发生在近中国边境地区。

2010 年，缅甸境内橡胶林面积为 6.07 万 hm²，占总种植面积的 10.09%，主要分布于景栋县东部和孟别县的北部地区。此外，景栋县靠近掸邦第二特区首府的橡胶林也具有一定规模。孟别县的橡胶种植面积达到 4.50 万 hm²，在中缅边境地区占绝对优势。橡胶成林面积占缅甸境内总种植面积的 7.30%，分布在孟别县与景洪市交界地区和景栋县与勐海县交界地区，以及景栋县西北部地区，其中孟别县境内橡胶老林面积近 2 倍于景栋县；橡胶幼林面积比重为 92.70%，集中分布在孟别县靠近中缅边界的北部地区，以及景栋县靠近勐海县坝区。

（2）橡胶林时空变化国别差异

1980～2010 年，中老缅交界地区橡胶种植面积扩张趋势显著，种植面积由 7.05 万 hm² 增加到 60.14 万 hm²，呈现出由集中至分散、由中国境内向境外、"以景洪市为中心、北上南进、西拓东扩"的空间分布格局及地域扩张特征（图 5-5）。具体而言：

1980～1990 年，中老缅交界地区橡胶林面积由 7.05 万 hm² 增加到 12.86 万 hm²，增加了 5.81 万 hm²，增速为 0.58 万 hm²/a。橡胶林由主要分布在景洪市（面积比重为 64.82%）的景洪坝、勐龙坝、橄榄坝和勐腊县（面积比重为 32.62%）的勐腊坝、勐满坝，呈现出以原始分布区为中心向周围辐射扩展的特征。其中，景洪市橡胶林面积增加 3.02 万 hm²，勐腊县增加 2.59 万 hm²，勐海县增加 0.18 万 hm²。期间，缅甸景栋县橡胶种植面积从无到有，发展到 218 hm²，主要位于与中国勐海县打洛镇交界的地区，橡胶种植在中缅边境地区的扩张趋势初见端倪，另外在靠近掸邦第二特区首府邦康的边界地区也出现橡胶种植。随着 1978 年中国改革开放政策的实施，云南依托边疆优势积极发展边境贸易。1980 年云南省人民政府决定首先在中缅边境恢复小额贸易，并于 1985 年公布《云南省关于边境贸易的暂行规定》，进一步放宽边境贸易政策；而打洛口岸边贸历史悠久，早在明、清时期，就已成为一个重要通道，是滇南"茶叶商道"和东南亚国家"边贸之路"的通道口岸和驿站，从而成为中国橡胶向境外扩展的首要突破口。

1990～2000 年，中老缅交界地区橡胶林面积由 12.86 万 hm² 增加到 26.15 万 hm²，增加了 13.29 万 hm²，增速为 1.33 万 hm²/a。西双版纳境内橡胶林面积进一步扩大，其中景洪市橡胶林面积增加 5.57 万 hm²，勐腊县增加 7.06 万 hm²，勐海县增加 0.33 万 hm²。缅甸境内景栋县橡胶种植面积进一步增加，增加了 2905hm²，且孟别县也已出现橡胶种植，面积达到 406hm²，成为中缅交界地区另一个橡胶扩种区域。此外，老挝境内琅南塔省与勐腊县勐润镇哈尼族乡（现勐捧镇）交界处开始出现橡胶种植，面积达到 200hm²，橡胶种植跨过中老边境，向老挝境内进一步扩展。20 世纪 90 年代初，云南利用自身区位特点，发挥经济技术优势，在老挝北部和缅甸北部"金三角"地区发展境外"替代种植"，鼓励企业和边境农民走出国门发展"替代种植"，极大地促进了中老、中缅边境地区的橡胶种植；伴随着 1993 年中国勐腊县磨憨镇（现尚勇镇）与老挝琅南塔省磨丁镇边境口岸的正式开通以及中老缅泰"黄金四角"合作区的建立，中老、中缅边境地区成为中国发展境外替代种植的首选区域，也成为跨境橡胶种植的先头地区。

2000～2010 年，中老缅交界地区橡胶林面积由 26.15 万 hm² 增加到 60.14 万 hm²，增加了 33.99 万 hm²，增速为 3.40 万 hm²/a，扩张趋势显著。其中，西双版纳扩种面积占总扩种面积的比重下降到 71.49%，老挝和缅甸扩种比重分别增加到 11.62% 和 16.89%。中国境内仍呈现出景洪市和勐腊县扩张占主导的特征，其中勐腊县增加 11.64 万 hm²，景洪市增加 9.72 万 hm²，勐海县增加 2.94 万 hm²，与前 10 年相比，橡胶种植面积大幅度扩张。老挝境内除琅南塔省种植面积扩大外，丰沙里省也出现橡胶种植，2010 年橡胶种植面积达到 1.74 万 hm²，主要分布在靠近勐腊县勐腊镇的本怒县境内以及与中国普洱市江城县相邻的约乌县。目前，中国江城县的勐康-老挝约乌县兰堆口岸已于 2011 年 7 月正式开放为双边性边境口岸，而未来中国勐腊县曼庄-老挝本怒县帕卡口岸也将开放（中华人民共和国外交部，2011），这必将促进中老近边境地区橡胶种植的进一步扩展。缅甸境内橡胶种植也出现较大规模扩张，孟别县扩种速度远超于景栋县，扩种面积为 4.46 万 hm²，占缅甸境内总扩种面积的 77.70%。自 2000 年以来，中国与东盟国家合作更为紧密，"替代种植"合作加强且成效更为显著，特别是 2010 年中国-东盟自贸区的正式建立以及国际橡胶价格的进一步上涨，将成为进一步推动中老缅边境地区橡胶林扩张的重要动力，未来中老缅边境地区橡胶种植扩张，特别是老缅境内的橡胶林扩张势头是可以预见的。

5.1.3　橡胶种植与地形因子关系分析

基于 1980 年、1990 年、2000 年和 2010 年 4 个时期的橡胶林地空间分布图和 DEM 数据，定量分析了橡胶林地扩张与地形因子（海拔、坡度、坡向）的关系，以期把握中老缅交界地区橡胶林地扩张与地形因子的内在关系，为橡胶林地适宜性评价、生态环境影响评估、橡胶林种植规划以及区域可持续发展提供科学依据和决策支持。

（1）橡胶种植与海拔的关系

以 200m 为海拔梯度间隔，统计分析中老缅交界地区 1980 年、1990 年、2000 年和 2010 年 4 个不同时期、不同海拔的橡胶林地分布情况及其种植强度变化［表 5-2 和图 5-6（a）］。结果表明，中老缅交界地区橡胶林地主要分布在海拔 400～1200m，4/5 以上集中在海拔 600～1000m 适宜区间，很少超过海拔 1200m；1980～2010 年，海拔 600～800m 橡胶种植面积比重在下降，海拔 800～1000m 橡胶种植面积比重在上升，橡胶种植在向 600m 以下，特别是海拔 1000m 以上大面积扩展，高海拔地区橡胶种植呈扩张趋势；与此同时，海拔 400～1200m 区间橡胶种植强度在持续增加，尽管 30 年间海拔 800m 以下橡胶种植面积占比呈下降趋势，由 96.27% 下降到 51.29%，但橡胶种植强度却呈上升趋势，由 6.64% 升高到

29.05%。由此，不难看出，中老缅交界地区橡胶林地主要分布在 1200 m 以下，中国境内海拔适宜地区橡胶种植已达到极高强度，橡胶林地更多地在向高海拔地区扩展，向老挝、缅甸适宜地区跨境发展。

表 5-2　橡胶林地不同海拔区间分布面积百分比

海拔/m	1980 年	1990 年		2000 年			2010 年		
	中国境内/%	中国境内/%	缅甸境内/%	中国境内/%	老挝境内/%	缅甸境内/%	中国境内/%	老挝境内/%	缅甸境内/%
400～600	15.08	11.51		7.18	3.84	12.10	3.71	10.51	19.06
600～800	80.18	78.07	80.74	66.04	73.27	84.04	42.86	67.91	54.18
800～1000	4.73	10.30	19.26	25.20	22.90	3.86	37.20	19.00	22.53
1000～1200	0.01	0.13		1.58			13.46	2.58	3.28
1200～1400				0.01			2.20		0.89
1400～1600							0.39		0.06
1600～1800							0.16		
1800～2000							0.03		

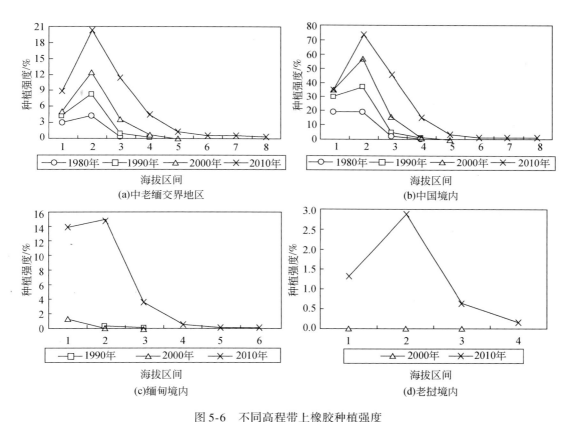

图 5-6　不同高程带上橡胶种植强度

1：400～600m；2：600～800m；3：800～1000m；4：1000～1200m；
5：1200～1400m；6：1400～1600m；7：1600～1800m；8：1800～2000m

1980～2010 年，中国境内橡胶种植向高海拔地区扩展，海拔区间不断扩大，各海拔区间橡胶种植强度在持续增加 [表 5-2 和图 5-6（b）]。中国境内橡胶种植的最高海拔位于景洪市，由海拔 1044m 上升到海拔 1998m，最低海拔 453m 位于勐腊县，海拔区间由 591m 扩展到 1545m。橡胶种植由海拔 600～800m，逐步向海拔 800～1000m 和 1000～1200m，甚至更高的海拔地区扩展。其中，海拔 600～800m 以及海拔

800~1000m橡胶种植强度最高,上升幅度最大,30年间分别由18.36%上升到73.21%和0.78%上升到45.76%,分别增长了54.85%和44.98%,已达到极高的橡胶种植强度。若不计国家自然保护区所占相应土地面积,海拔600~800m和海拔800~1000m橡胶种植强度已经达到80%和60%左右,未来橡胶种植潜力有限,向更低、更高海拔地区扩展,特别是向老挝、缅甸跨境发展已不可避免。

1990~2010年,缅甸境内橡胶种植由海拔600~800m最适高度向上、向下扩展,海拔区间不断拓宽,各海拔区间橡胶种植强度在持续增加[表5-2和图5-6(c)]。缅甸橡胶种植的最高海拔由1990年位于景栋县的海拔843m上升到2010年位于孟别县的海拔1580m,最低海拔由1990年位于景栋县的622m下降到2010年位于孟别县的427m,海拔区间由221m拓宽到1163m,拓展了5倍。缅甸境内橡胶种植主要分布在海拔400~1000m,半数以上集中在海拔600~800m最适区间,很少在海拔1000m以上。其中,海拔400~600m和海拔600~800m的橡胶种植强度显著上升,已达14%~15%水平。与国内相比,仍具有较高的高度适宜区间和较大的橡胶种植潜力。

2000~2010年,老挝境内橡胶种植也由海拔600~800m最适高度向上、向下扩展,海拔区间逐步扩大,各海拔区间橡胶种植强度也在增加[表5-2和图5-6(d)]。老挝橡胶种植最高海拔由琅南塔省的海拔931m上升到丰沙里省的海拔1200m,最低海拔由琅南塔省的海拔573m下降到该省的海拔423m,海拔区间由358m拓宽到777m,拓展2倍以上。老挝橡胶种植与缅甸一样,主要分布在400~1000m,2/3以上集中在海拔600~800m最适区间,极少在海拔1000m以上。其中,海拔600~800m区间扩展强劲,橡胶种植强度接近3%,这与老挝境内本底海拔结构相一致。与国内相比,老挝适宜空间广阔、利用强度极低,橡胶种植具有巨大的发展空间。

(2)橡胶种植与坡度的关系

根据水利部颁发的中华人民共和国行业执行标准《土壤侵蚀分类分级标准》(SL190—96)(中华人民共和国水利部,1997),坡度分为如下6级:微坡(<5°)、较缓坡(5°~8°)、缓坡(8°~15°)、较陡坡(15°~25°)、陡坡(25°~35°)、急陡坡(>35°)。统计分析中老缅交界地区1980年、1990年、2000年和2010年4个不同时期、不同坡度上的橡胶分布情况与种植强度变化[表5-3和图5-7(a)]。结果表明,中老缅交界地区橡胶林地90%分布在小于25°的坡地上,近2/3集中分布在8°~25°的缓坡地上,极少或很少分布在超过35°的急陡坡上。1980~2010年,微坡、较缓坡、缓坡橡胶林地面积比重在下降,而较陡坡、陡坡和急陡坡橡胶林地面积比重在上升,新增橡胶林地主要分布在坡度15°~35°,橡胶林地在不断向陡坡,甚至急陡坡扩展。与此同时,不同坡度带上橡胶种植强度在持续增加,其中微坡种植强度上升了6.83%,急陡坡上升了4.06%。上述分析表明,在宜胶地有限的情况下,中老缅交界地区橡胶种植在不断挤占地势平坦的土地,同时不得不向不利于橡胶种植的高坡度地区扩展。

1980~2010年,中国境内橡胶种植不断向高坡度地区扩展,橡胶种植由主要分布在缓坡上(1980年5°~15°占55.86%)变为主要分布在陡坡上(2010年15°~35°占47.13%)。中国是研究区内橡胶种植强度最高的国家,且橡胶种植强度在各坡度带上均呈显著增加的趋势[表5-3和图5-7(b)]。其中,橡胶种植强度最高的较缓坡和缓坡已接近30%,35°以上的急陡坡橡胶种植面积超过2.1%,橡胶种植强度也达到了15%以上,土地限制性展露无疑。

1990~2010年,缅甸境内橡胶种植在各坡度带内扩张明显,橡胶种植强度在各坡度带上均呈增加趋势,特别是近10年来,橡胶种植强度增速显著[表5-3和图5-7(c)]。目前的橡胶种植主要分布在较缓坡、缓坡和较陡坡上,2010年5°~25°橡胶林地面积超过3/4,橡胶种植强度最高的较缓坡地区也不超过5%,橡胶种植尚有较大的发展潜力。

2000~2010年,老挝境内橡胶种植向微坡、急陡坡地区扩展趋势明显,橡胶种植强度在各坡度带上均呈增加趋势,是研究区内各坡度带内橡胶种植强度最低的国家[表5-3和图5-7(d)]。老挝的橡胶林地3/5分布在8°~25°地区,1/3分布在8°以下地区,极少在25°以上的陡坡种植,橡胶种植强度最高的微坡和较缓坡地区也在2%以下,尚有较高的坡度适宜空间。

表5-3　橡胶林地不同坡度分布面积百分比　　　　　　　　　　　　（单位:%）

类型	1980年	1990年		2000年			2010年		
	中国境内	中国境内	缅甸境内	中国境内	老挝境内	缅甸境内	中国境内	老挝境内	缅甸境内
微坡	19.02	16.17	8.10	12.30	12.50	15.69	9.41	17.25	12.92
较缓坡	18.86	16.90	11.93	13.92	12.50	17.65	11.52	17.10	14.38
缓坡	37.00	36.26	47.36	34.17	37.50	35.29	31.95	35.10	33.65
较陡坡	21.23	24.87	25.60	29.88	25.00	25.49	33.52	24.36	29.27
陡坡	3.57	5.21	7.01	8.46	12.50	5.88	11.51	5.45	8.54
急陡坡	0.31	0.60		1.27			2.10	0.76	1.25

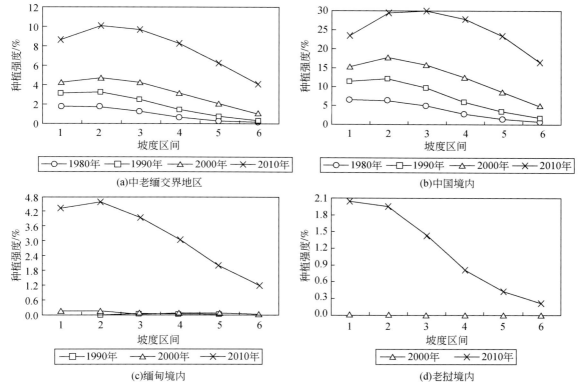

图5-7　各坡度带上橡胶种植强度

1: <5°; 2: 5°~8°; 3: 8°~15°; 4: 15°~25°; 5: 25°~35°; 6: >35°

（3）橡胶种植与坡向的关系

坡向分为五级：0°为平坡；0°~45°和315°~360°为北坡；45°~135°为东坡；135°~225°为南坡；225°~315°为西坡。统计分析中老缅交界地区1980年、1990年、2000年和2010年4个不同时期、不同坡向的橡胶分布情况与种植强度变化〔表5-4和图5-8（a）〕。结果表明，中老缅交界地区橡胶林地极少分布在平坡，其他4个坡向的分布也较为均衡，各坡向橡胶种植强度均呈增加趋势。相对而言，橡胶林地主要分布在南坡和东坡上，北坡和西坡相对较少，橡胶种植强度也呈现相同规律。1980~2010年，平坡和北坡橡胶林地面积比重减少，东坡先减少后增加，南坡则呈逐年增加趋势，西坡则先增加后减少，这说明新增橡胶林地主要分布在南坡，随着种植面积扩大，具有相对优势的东坡被逐渐利用，西坡和北坡利用强度则相对减弱。

表 5-4 橡胶林地不同坡向分布面积百分比   （单位:%）

类型	1980 年	1990 年		2000 年			2010 年		
	中国境内	中国境内	缅甸境内	中国境内	老挝境内	缅甸境内	中国境内	老挝境内	缅甸境内
平坡	1.24	1.16	4.05	1.00	0.97	0.69	0.94	1.51	1.05
北坡	23.45	23.55	11.42	23.01	22.16	21.93	23.08	22.51	22.24
东坡	23.21	23.03	50.83	23.12	23.59	21.18	24.52	24.48	24.05
南坡	26.68	27.22	33.69	28.07	34.97	38.86	27.95	28.80	31.44
西坡	25.42	25.05	0.00	24.79	18.32	17.36	23.51	22.70	21.22

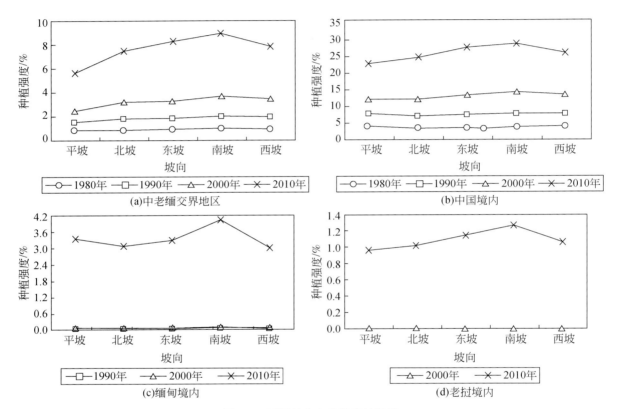

图 5-8 不同坡向上橡胶种植强度

1980~2010 年，中国境内橡胶林地持续向南坡、东坡扩展，各坡向种植强度不断增加［表 5-4 和图 5-8（b）］。其中，南坡橡胶种植强度及其增量最大，但种植比重受土地限制则呈现先升后降的变化特征；东坡种植强度增量仅次于南坡，面积比重一直呈上升趋势；西坡种植强度增量与北坡相近，但面积比重逐年下降，而北坡则先升后降。就橡胶种植而言，南坡、东坡相对北坡、西坡优势明显。

1990~2010 年，缅甸境内橡胶林地各坡向种植强度普遍增加，橡胶林地主要分布在南坡和东坡，并向南坡、西坡扩展［表 5-4 和图 5-8（c）］。其中，南坡种植强度最大，面积比重逐年下降；东坡和北坡种植强度相近，面积比重上升；西坡的种植强度最低，种植面积有限。

2000~2010 年，老挝境内橡胶林地各坡向种植强度也在增加，橡胶林地主要分布在南坡和东坡，并向东坡和西坡扩展［表 5-4 和图 5-8（d）］。除南坡外，其他坡向橡胶种植面积比重均呈上升趋势。可以说，在适宜的高度和坡度范围内，坡向尚不构成橡胶种植的限制。

5.2 刀耕火种农业动态变化及植被恢复过程

刀耕火种农业是热带地区广泛存在的古老的自给农业形式（Brady，1996；Schuck et al.，2002；Inoue et al.，2010；Comte et al.，2012）。据估算，全球有 40~50 个国家 3 亿~5 亿人群直接或间接从事刀耕火种农业，他们主要分布在拉丁美洲、非洲和东南亚的广大山区（Mertz，2009；van Vliet et al.，2012）。东南亚的刀耕火种农业主要分布在 300~3000 m 的山区（Fox et al.，2012），其中又以"中南半岛屋脊"之称的老挝最为普遍和典型。在老挝，刀耕火种农业主要分布在北部，从业人口比重高达 13%~16%（Mertz，2009），且自 20 世纪 90 年代以来，在人口、经济和政策的综合影响下，刀耕火种农业系统已经或正在发生巨大变化。鉴于此，本节以紧邻中国的老挝北部五省为研究区域，基于 1990 年、2002 年和 2011 年 3 期 Landsat TM/ETM+遥感影像，研究老挝北部近 20 年刀耕火种农业时空变化的总体特征，并定量分析 2000 年以后刀耕火种农业不同阶段土地利用动态变化、土地利用强度（利用频率、轮歇周期）及休耕期植被恢复状况。

5.2.1 刀耕火种农业遥感信息提取

刀耕火种农业系统具有复杂性和动态性特点，一般在每年旱季 2~4 月割植被，3~4 月焚烧，4 月底至 6 月播种，表现为地表覆被在林地—新火烧土地—耕作期土地—灌草地之间演变。因此，地表植被状态是监测刀耕火种农业利用阶段的主要依据。在 Landsat OLI 假彩色合成影像（SWIR1、NIR、Red 波段合成）上，刀耕火种农业的光谱特征非常突出。新火烧土地呈深紫色，但易与火烧迹地混淆；耕作期土地呈淡粉色或玫红色，但易与旱地混淆（图 5-9）。

图 5-9 刀耕火种农业（新火烧土地、耕作期土地）

本研究首先分析刀耕火种农业与易混淆地类在 Landsat OLI 影像 2~7 波段（对应 TM1~5，7 波段）的灰度值差异。通过比较新火烧土地与火烧迹地、耕作期土地与旱地的灰度值差异可以发现（图 5-10），旱地与耕作期土地在 OLI6 波段（SWIR1，1.57~1.65 μm）和 OLI7 波段（SWIR2，2.11~2.29 μm）的区分度最好，通过规则"13500<OLI6<20600 且 9800<OLI7<15529"可提取部分耕作期土地。新火烧土地与火烧迹地的区分度极低，基本无法通过 OLI2~7 波段进行区分。

考虑到刀耕火种农业经过植被焚烧和暴晒，土壤亮度、绿度和湿度指数与其他土地利用/土地覆被类型可能存在差别，本研究选取缨帽变换（tasseled cap，T-C）的土壤亮度指数（BI）、绿度指数（GI）和湿度指数（WI）作为刀耕火种农业监测的指标。

不同阶段刀耕火种土地与其易混淆地类的 T-C 变换指数值如图 5-11 所示。结果表明，BI 和 WI 对耕作期土地与旱地的区分度最好，旱地的土壤亮度指数高于刀耕火种的耕作期土地，而土壤湿度指数低于刀耕火种耕作期土地。利用规则"BI<26880 或 BI>33530；WI<-16344 或 WI>-8407"可排除部分旱地。通过 T-C 变换，新火烧土地与火烧迹地仍然无法区分。

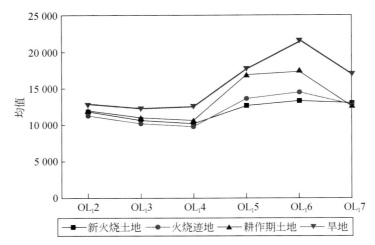

图 5-10　新火烧土地与火烧迹地、耕作期土地与旱地的平均灰度值

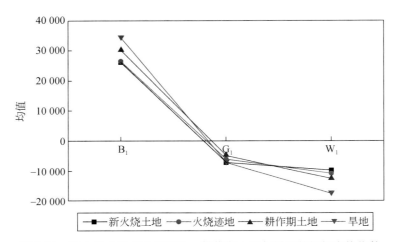

图 5-11　新火烧土地与火烧迹地、耕作期土地与旱地的缨帽变换指数

由于刀耕火种农业系统处于不断变化之中，经历"林木砍伐—播种—植被恢复"一系列过程，其地表覆被的纹理特征可能比旱地或火烧迹地等单一土地利用类型复杂。因此，本研究采用几种被广泛使用且分类效果较好的纹理特征，包括同质性（homogeneity，HOM）、对比度（contrast，CON）、熵（entropy，ENT）、角二阶矩（angular second moment，ASM），来进一步区分新火烧土地和火烧迹地、耕作期土地与旱地。研究表明（图 5-12），ENT 用于区分刀耕火种新火烧土地和火烧迹地效果最好，ASM 也有较好的区分度。刀耕火种新火烧土地的 ENT 明显高于火烧迹地，而其 ASM 明显低于火烧迹地。利用规则"ENT >0.6 且 ASM<0.7"可初步区分部分刀耕火种新火烧土地和火烧迹地。

地物的形状信息作为遥感影像的主要特征之一，也是进行地物信息提取的重要辅助手段。老挝北部刀耕火种农业斑块具有重要的形状特征：一是刀耕火种农业斑块面积较小，而火烧迹地和旱地面积一般比刀耕火种农业斑块面积要大得多；二是刀耕火种农业斑块边界的规整程度介于旱地和火烧迹地之间，比火烧迹地规整，但不如旱地规整。本研究基于刀耕火种农业斑块的面积（A）和周长（P），并在此基础上，构建形状指数（S）和圆形度指数（C），最终利用规则"$A<0.2$，$S<2.0$，$13<C<80$"再次筛选刀耕火种农地。其中，形状指数指数（S）和圆形度指数（C）的表达式如下：

$$S = \frac{P}{4\sqrt{A}}$$

（5-4）

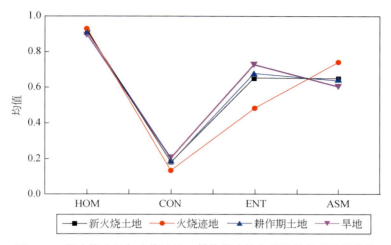

图 5-12　新火烧土地与火烧迹地、耕作期土地与旱地的纹理特征指数

$$C = \frac{P^2}{A} \tag{5-5}$$

刀耕火种农业地表覆被的动态演变是一个渐变的过程，而旱地只能维持不变（继续为旱地）或突变（转变为其他土地利用或土地覆被类型）。此外，刀耕火种农业地表植被状态的变化速度远不如火烧迹地快。在老挝北部这样一个潮湿热带地区，火烧迹地的植被恢复过程往往只需要几个月（图 5-13），而刀耕火种农业的这一过程长达数年。因此，通过人工目视识别地物在多时相影像上的变化，进一步修正被误判入刀耕火种农业的火烧迹地和旱地。

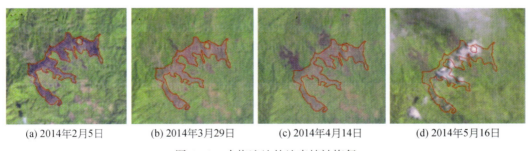

(a) 2014年2月5日　　(b) 2014年3月29日　　(c) 2014年4月14日　　(d) 2014年5月16日

图 5-13　火烧迹地的地表植被恢复

经上述规则逐步提取，最终得到老挝北部刀耕火种农业空间分布图。经检验，1990 年和 2000～2011 年逐年刀耕火种农业分类精度均在 90% 以上（表 5-5），能够满足研究需求。需要说明的是，2008 年遥感数据缺失，不参与精度验证。其刀耕火种农业空间分布和面积数据不完全由影像解译获取，而主要是靠前后年份相互推断得出。

表 5-5　老挝北部刀耕火种农业遥感分类精度　　　　　　　　　　（单位:%）

年份	新火烧土地	耕作期土地	年份	新火烧土地	耕作期土地
1990	95.61	86.73	2006	91.67	81.26
2000	94.49	85.71	2007	95.51	85.61
2001	94.90	85.31	2008	—	—
2002	96.22	87.65	2009	97.65	86.12
2003	97.35	86.94	2010	95.20	84.29
2004	93.88	87.24	2011	94.18	84.49
2005	94.78	85.82			

5.2.2　老挝北部刀耕火种农业的时空变化分析

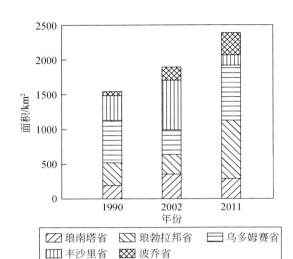

图 5-14　1990～2011 年老挝北部
五省刀耕火种农业面积变化图

1990～2011 年，老挝北部刀耕火种农业面积呈增加趋势（图 5-14），由 1538.57km² 增加到 2384.48km²，增幅为 54.98%。其中，1990～2002 年，老挝北部刀耕火种农业面积增加了 23.94%，占土地总面积的比例由 2.41% 增加到了 2.99%；2002～2011 年，老挝北部刀耕火种农业面积增加了 25.05%，占土地总面积的比例由 2.99% 增加到了 3.73%。

分省来看，1990～2011 年，波乔省是该地区刀耕火种农业面积持续增加的唯一省份，总体增幅近 6 倍，前一时期空间扩张主要在东部与乌多姆塞省和琅南塔省的接壤地区，后期扩张到整个南部，尤其是该省西边的湄公河附近。丰沙里省则是该地区刀耕火种农业面积明显减少的唯一省份，总体减少幅度为 61.60%，减少主要发生在该省南部。琅勃拉邦省刀耕火种农业经历了一个先小幅减少后大幅增加的过程，总体增幅约 1.5 倍，主要原因是前一时期大部分处于火烧迹地状态的土地上次生林没有恢复，无法用于刀耕火种农业，直到 2009 年这一情况才得以转变，因此后期该省刀耕火种农业出现全省性扩张。乌多姆塞省刀耕火种农业经历了一个先减少后增加的过程，总体增幅为 29.12%，前一时期减少的主要原因是该部分土地进入休耕阶段，后一时期增加的主要原因是处于休耕阶段的刀耕火种农业被重新利用了，空间变化主要发生在该省西部与琅南塔省和波乔省交界区附近。琅南塔省刀耕火种农业经历了一个先增加后减少的过程，总体增幅为 52.45%，空间扩张主要分布在该省北部和中部，面积减少在各个区域上均有发生。

5.2.3　老挝北部刀耕火种农业的地类转化分析

基于 1990 年、2002 年和 2011 年 3 个时间节点老挝北部地区的土地利用/土地覆被分类数据，分析该地区刀耕火种农业与其他土地利用/土地覆被类型间的转移变化特征。

1990～2011 年，老挝北部刀耕火种农业的转移方向主要是有林地，其次是灌木林。1990～2011 年，新增的刀耕火种农业中，有林地的贡献约为 4/5，减少的刀耕火种农业则有 84.19% 转变为有林地。此外，刀耕火种农业与灌木林（草）地的相互转变，占刀耕火种农业新增和减少面积的 20.25% 和 14.74%。刀耕火种农业与永久性农地之间的转变很少，只占刀耕火种农业变化面积的 1% 左右。

分时段来看，1990～2002 年，分别有 1614.30 km² 的有林地、180.37 km² 的灌木林地和 12.64 km² 的永久性农业用地转变为刀耕火种农业，依次占转入刀耕火种农业面积的 89.32%、9.98% 和 0.7%；与此同时，刀耕火种农业转变为有林地、灌木林地和永久性农业用地的面积分别为 985.48 km²、413.63 km² 和 40.08 km²，依次占转出刀耕火种农业面积的 68.47%、28.74% 和 2.78%。2002～2011 年，分别有 1461.65 km² 的有林地、698.89 km² 的灌木林地和 54.57 km² 的永久性农业用地转变为刀耕火种农业，依次占转入刀耕火种农业面积的 65.99%、31.55% 和 2.46%。与此同时，刀耕火种农业转变为有林地、灌木林地和永久性农业用地的面积分别为 1415.55 km²、297.20 km² 和 24.73 km²，分别占转出刀耕火种农业面积的 81.47%、17.11% 和 1.42%。

5.2.4　老挝北部刀耕火种农业利用强度分析

基于 2000～2011 年老挝北部地区逐年的刀耕火种农业信息，从利用频率和轮歇周期两个角度分析该地区刀耕火种农业的土地利用强度。

（1）刀耕火种农业的利用频率变化

基于遥感获取 2000 年新火烧土地像元，在 ArcGIS 中依次与随后各年份（2001～2011 年）新火烧像元叠加，得到 2000 年新火烧像元与随后各年份新火烧像元重叠部分，即为 2000 年新火烧土地被 2001～2011 年各年份重新利用的情况。依次以上述各年份和 2000 年新火烧重叠像元为对象，基于 NDVI 数据绘制 2001～2011 年时间序列曲线。一般而言，刀耕火种农业利用初期为土地清理阶段，林木砍伐和焚烧使新火烧像元的 NDVI 值由土地清理前的较高水平骤然下降到在土地清理后的较低水平（0 或负值），因此，可以通过统计 NDVI 从中高水平降低至零或负值的次数，来判断刀耕火种农业在 2000～2011 年的利用频率。

图 5-15 为 2000 年新火烧的刀耕火种农业在随后各年份（2001～2011 年）被再次重新利用时，期间

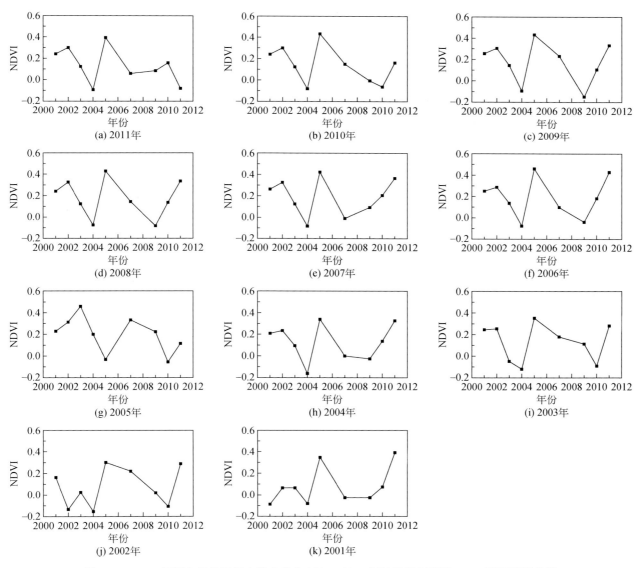

图 5-15　2000 年新火烧的刀耕火种农业在 2001～2011 年被重新利用的 NDVI 时间序列曲线

地表覆被的 NDVI 时间序列变化情况。NDVI 值降至 0 及以下的年份，即刀耕火种农业被重新利用了。结果表明，对于 2000 年新火烧的刀耕火种农业，其在 2001 年被首次重新利用的部分，在 2004 年、2007 年和 2009 年被再次利用了，这部分土地的利用频率为 4 次，周期间隔分别为 1 年、3 年、3 年和 2 年；其在 2002 年被首次重新利用的部分，在 2004 年、2010 年被再次利用了，这部分土地的利用频率为 3 次，周期间隔分别为 2 年、2 年和 6 年；其在 2003 年被首次重新利用的部分，在 2010 年被再次利用了，这部分土地的利用频率为 2 次，周期间隔分别为 3 年和 7 年。同理可分析 2004～2010 年被首次重新利用的刀耕火种农业在其后时段内被利用的情况。结合图 5-15 和以上分析可知，2000～2011 年刀耕火种农业的利用频率一般为 2～3 次，时间间隔为 1～7 年。

（2）刀耕火种农业的轮歇周期变化

由于轮歇周期计算需要一定的时长作为分析前提，而本研究的数据为 2000～2011 年，时长最多为 11 年，因此，对于 2000 年新火烧的刀耕火种农业，计算到 2011 年可以得到轮歇周期为 1～11 年的土地面积，剩余部分为轮歇周期 12 年及以上的土地；对于 2003 年新火烧的刀耕火种农业，计算到 2011 年可以得到轮歇周期为 1～8 年的土地面积，剩余部分为轮歇周期 9 年及以上的土地；同理，对于 2007 年新火烧的刀耕火种农业，计算到 2011 年可以得到轮歇周期为 1～4 年的土地面积，剩余部分为轮歇周期 5 年及以上的土地。据此，研究分析了 2000 年、2003 年和 2007 年新火烧轮歇农业的利用周期以及相应的土地面积比例，结果如图 5-16 所示。

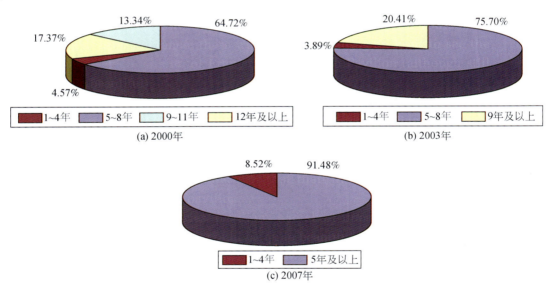

图 5-16　2000 年、2003 年、2007 年老挝北部五省刀耕火种农业的轮歇周期及相应的土地面积比例

研究表明，2000 年新火烧的刀耕火种农业中，有 4.57% 的土地具有 1～4 年的轮歇周期，这部分土地在未来 4 年内会进入下一轮利用；有 17.37% 的土地具有 5～8 年的轮歇周期，这部分土地在未来 5～8 年会进入下一轮利用；有 13.34% 的土地具有 9～11 年的轮歇周期，这部分土地在未来 9～11 年会进入下一轮利用；有 64.72% 的土地轮歇周期达到 12 年及以上，这部分土地在未来 12 年以上才会进入下一轮利用。由此可见，2000 年刀耕火种农业的利用强度还不算高，有一半以上的土地休耕期较长。2003 年新火烧的刀耕火种农业中，轮歇周期为 1～4 年的土地面积比例为 3.89%，与 2000 年相差不大，略有减少；轮歇周期为 5～8 年的土地面积比例增加至 20.41%，相比 2000 年增加了 3.04%；轮歇周期为 9 年及以上的土地面积比例为 75.70%，相比 2000 年减少了 2.36%。可见，2003 年刀耕火种农业的利用周期相比 2000 年有所缩短，有 1/4 的土地轮歇周期在 9 年以下。2007 年新火烧的刀耕火种农业中，轮歇周期为 1～4 年的土地比例增加至 8.52%，相比 2003 年增加了 4.63%。可见，2000 年以后，老挝北部五省的刀耕火种农业利用周期有所缩短，尽管变化幅度不大。

5.2.5 轮歇周期对次生林自然恢复过程的影响

基于上述分析得到的刀耕火种农业利用周期和植被 NDVI 时间序列数据，分析不同轮歇周期下的次生林自然恢复的过程，并建立两者之间的数量关系，定量研究刀耕火种农业利用强度对次生林自然恢复的影响。

表 5-6 显示了 2000 年新火烧的刀耕火种农业在不同轮歇周期下的 NDVI 值。方框中的数值表示轮歇周期为 N 年的土地，在第 $N-1$ 年的次生林自然恢复的 NDVI 值。椭圆中的数值表示轮歇周期为 N 年的土地被重新利用（火烧清理后）的 NDVI 值。将次生林自然恢复的 NDVI 值与轮歇周期的关系用曲线表达，结果如图 5-17 所示。研究表明，老挝北部五省刀耕火种农业的轮歇周期与休耕期次生林自然恢复状况的相关关系显著。轮歇周期越长，次生林自然恢复状况越好，NDVI 值越大，两者的相关性的线性表达为：$y = 0.0476x + 0.1769$，相关系数高达 0.9698。此外，通过计算研究区有林地的 NDVI 平均值，发现有林地 NDVI 均值为 0.56，将这一数值与表 5-6 中的次生林自然恢复 NDVI 数值相比较，发现当轮歇农业的轮歇周期长达 10 年时，次生林能够恢复到该区域有林地的平均 NDVI 水平。

表 5-6　老挝北部五省不同轮歇周期下的休耕期次生林自然恢复过程

轮歇周期	休耕期地表覆被的 NDVI										
	2001 年	2002 年	2003 年	2004 年	2005 年	2006 年	2007 年	2008 年	2009 年	2010 年	2011 年
11 年	0.2453	0.3042	0.3252	0.3561	0.3903	***	0.4734	***	0.5482	0.6257	0.0604
10 年	0.2495	0.3228	0.3241	0.3786	0.4176	***	0.5216	***	0.5913	−0.6381	
9 年	0.2539	0.3030	0.3332	0.3807	0.4322	***	0.5326	***	−0.5542		
8 年	0.2499	0.3319	0.3285	0.3734	0.4386	***	0.5546	***			
7 年	0.2567	0.3210	0.3463	0.3612	0.4165	***	−0.2751				
6 年	0.2479	0.2845	0.3247	0.3766	0.4484	***					
5 年	0.2470	0.2816	0.3202	0.3603	−0.0726						
4 年	0.2380	0.2484	0.3045	−0.1569							
3 年	0.2745	0.2863	−0.0445								
2 年	0.1968	−0.1268									
1 年	−0.0905										

＊＊＊代表没有数据

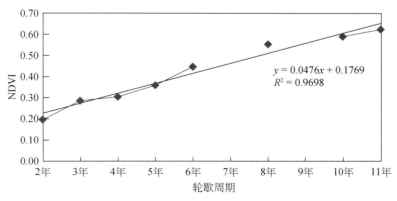

图 5-17　老挝北部五省刀耕火种农业休耕期的次生林自然恢复状况（NDVI）与轮歇周期的关系

5.3 三江并流区高山林线的遥感识别及其空间格局分析

高山林线（alpine timberline）（简称林线）存在于亚高山森林和高山草甸、灌丛或者高山冻原之间，是划分高山景观类型的一条重要生态界限，也是长时间气候变化和多因素综合作用的结果。由于林线本身的复杂性，不同研究者对林线的定义不尽相同，目前主要有两种观点：广义来看，在自然状况下，所有类型的植被界限往往表现为一个过渡区，林线应该是从山地郁闭森林到高山树线之间的整个区域，又被称为高山树线群落交错带（Armand，1992）。狭义来看，林线是指山体达到一定高度时出现的森林分布的上限（Tranquillini，1979）。归根结底，林线是一条低温界限，反映植被对气候的适应情况，而区域的高山林线是被当地环境胁迫因素（例如，强风、干旱、雪、冻寒等）干扰与调节后的结果（王襄平等，2004）。一般纬度越低，林线越高，一些研究发现从沿海到内陆林线高度有逐渐升高的现象（Malyshev，1993）。戴君虎和崔海亭（1999）将其认定为两种表现形式，即过渡性林线和郁闭性林线。本书所指林线是指狭义概念，即郁闭森林分布的上限。

我国林线研究关注的区域主要集中在青藏高原、东北长白山、华北五台山和秦岭太白山等地。青藏高原东南部垂直自然带的上部，林线和雪线是两条最鲜明的标志线。Hermes 在 1955 年即提出世界上最高的林线分布在中国藏东南山地。"三江并流区"位于青藏高原东南部、云南省西北部，作为中国境内迄今为止面积最大的世界遗产地，森林覆盖率达 80% 以上，植被垂直带谱完整，立体气候以及小区域气候特征明显，是研究林线地理分布规律较佳地区。

本研究选择三江并流地区林地上边界较为清晰的 2009 年冬季的 TM 遥感影像（图 5-18），采用面向对象分类方法获取研究区土地利用/土地覆被分类图，同时结合 DEM 数据提取山顶点，筛选山顶点各个方向上距林地边界点最近距离的林线点集，利用类相关特征并结合地形图提取林线，进而对该地区林线分布的地理空间格局（海拔、坡度、坡向、纬度、经度）进行系统研究，以期探索林线的遥感提取方法，摸清研究区内林地分布与地理因子的相关规律性，为气候变化下的区域生态保育提供科学依据。

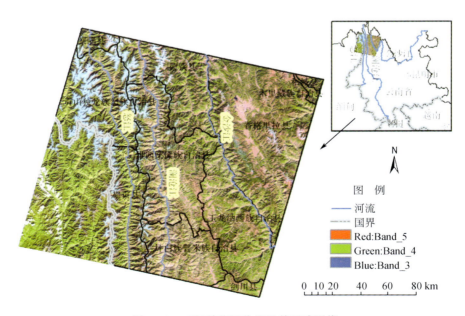

图 5-18　三江并流区位置及其遥感影像

5.3.1 林线的提取

(1) 山顶点的提取

山顶点是最重要的地形特征点，是对地表形态最具控制性的特征点位，它的分布与密度反映地貌的发育特征，同时也制约着地貌发育。因此，如何基于 DEM 数据正确有效地提取山顶点，在数字地形分析中具有重要意义。目前，山顶点提取主要有局部高差比较法和断面高程极值法，此外还有根据反地形 DEM 的概念，利用 DEM 水文分析和窗口分析相结合，实现山顶点的提取（仲腾等，2009）。本研究采用形态学方法，利用 GIS 栅格邻域分析和矢量数据拓扑分析功能提取山顶点（陈盼盼等，2006）。

基于 DEM 的山顶点提取的基本原理是，首先通过 GIS 栅格数据邻域分析功能，提取局部范围内的最高点。需要说明的是，邻域分析中，在地势平坦地区会出现连片最高点，这时仅留下邻域中心点作为潜在山顶点。其次，以判定山顶点的高差阈值为等高距，提取对应的等高线图，进而将其转为面状高程图，山顶点只能存在于独立的自封闭高程带内。最后，将提取的局部范围最高点与独立封闭高程带交集运算，得到最终的山顶点分布图。

邻域分析的窗口与山顶点高差阈值具有一定的正相关性，较大的高差阈值需要使用较大的邻域分析窗口（陈盼盼等，2006）。因此，应根据研究区内的实际地貌形态特征，选用适当大小的分析窗口和高差阈值。三江并流区多为高山峡谷地貌，山顶点高差起伏较大，高差阈值的确定主要依靠反复试验，尽量保证不漏提、多提，最终确定邻域分析窗口为 11×11 个栅格，高差阈值为 200m，进一步经过目视修正得到山顶点分布图（图 5-19）。根据林线的定义，林线实际上是林地与高山草甸或未利用土地等景观的分界线，通过空间叠置分析，将山顶点进一步限定在非林地覆盖区。

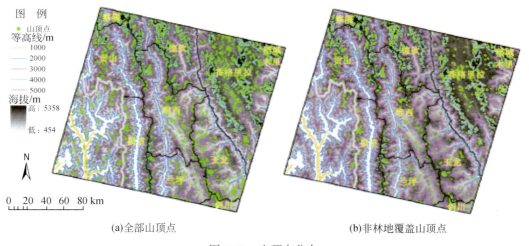

(a) 全部山顶点   (b) 非林地覆盖山顶点

图 5-19 山顶点分布

(2) 林线的提取

林线的提取主要是通过寻找与山顶点最近距离的林地边界点获取。首先利用面向对象分类中的类相关特征（class-related features），提取包围或与草地和未利用地相邻的林地；其次借助 GIS 的面转线工具（feature to line）将林地面要素转为线要素，进一步通过线转点工具（feature vertices to points）将林地线要素转为点要素；再次，基于 GIS 的空间分析功能，利用点距离（point distance）命令计算每个山顶点与林地边界点的最近距离，找到山顶点周围不同方位最近的森林边界点的集合；最后，通过叠加 DEM（30m×30m）以及土地利用/土地覆被分类图，结合已有研究成果及先验知识和目视判读，进一步筛选林线要素，并对遥感提取结果进行分析检验。个别偏高的林线点可能具有重要的生态学意义，需通过逐一目视进行核实；而对于个别偏低于周围的林线点可按小概率事件予以删除，得到三江并流区的林线点分布数据。

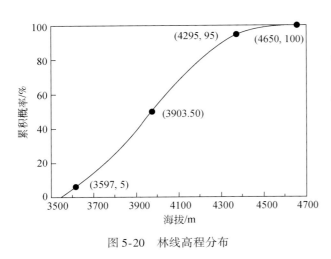

图 5-20　林线高程分布

对三江并流区林线点分布海拔出现的频率进行累积统计（图 5-20），分析发现林线在海拔 3521～4650m 范围内，平均海拔为 3908m，这与前人对青藏高原东南部的林线高程研究结果（海拔 3700～4400m）接近，但表现出低值偏低和高值略高，主要原因可能是遥感影像对地类边界的扩大效应以及个别高值（低值）点的错误统计，但总体提取精度满足分析要求。借助遥感手段提取林线，确实存在一定的优越性，但也不排除非林线边界被误提。林线高程低于 3700m 的个数比重占到 19.35%，主要分布在贡山独龙族怒族自治县、福贡县、剑川县等地；林线高程高于海拔 4400m 的个数比重占到 0.74%，主要分布在香格里拉县、德钦县、察隅县，多为雪山分布区。

5.3.2　林线分布与坡度的关系

坡度不同，山坡所获得的太阳辐射各有差异，从而致使气温、地温及其他生态因子也随着发生变化，进而导致林线分布也表现出差异性。坡度是指坡面的倾斜程度，本研究按照国际地理学会地貌调查与制图委员会的提议使用 7 级划分方案，对各坡度范围内的林线进行统计汇总，具体如表 5-7 所示。

表 5-7　不同坡度林线分布

类型	坡度范围	最大值/m	平均值/m	比重/%
平原至微倾平原	0°～2°	4508	3936	0.41
缓斜坡	2°～5°	4552	3941	2.13
斜坡	5°～15°	4577	3945	17.54
陡坡	15°～25°	4622	3928	28.38
急坡	25°～35°	4649	3891	30.58
急陡坡	35°～55°	4650	3871	20.28
垂直坡	>55°	4622	3838	0.68

三江并流区不同坡度范围内的林线分布统计表明（表 5-7），林线主要分布在 15°～35° 的急坡和陡坡上，平原至微倾平原以及垂直坡上林线分布最少。急坡是林线分布集中坡度，最高林线分布在急陡坡上，各坡度范围内林线分布平均最高和最低值分别位于斜坡和垂直坡上，说明坡度太低或太高都不适于林线的存在。坡度在 15° 以内，随着坡度升高，林线分布越来越多，林线点累积比重为 20.08%，林线高度也越来越高，林线分布的平均值均高于海拔 3800m，说明该坡度范围内林线点高差较小，林线分布高程一致性较好；坡度在 15° 以上，随着坡度的升高，林线分布总体呈下降趋势，林线分布的最大值均超过海拔 4600m，林线分布的平均值除陡坡为海拔 3928m，其他坡度均低于海拔 3900m，说明在高坡度范围内林线点的高差不断扩大，林线分布表现出明显的差异性。具体来看，在 15°～35° 坡度范围内，随着坡度的升高，林线分布不断增多，林线点累积比重为 58.96%，林线高度的最大值仍不断升高，但平均值不断下降，说明该坡度范围是林线分布的主要地区，且坡度越高，林线分布的高差越大。坡度超过 35° 时，林线分布不断减少，林线点累积比重为 20.96%，随着坡度的继续升高，林线分布的高度不断下降，林线分布的高差进一步扩大。

5.3.3　林线分布与坡向的关系

坡向不同，则辐射强度和日照时数不同，使得不同坡向的光、热、水和土壤条件有较大的差异，从而导致植被表现出较大的坡向差异，林线分布也表现出不同的坡向特征。一般北坡植被优于南坡植被，在林线上表现为北坡林线高于南坡林线。本研究分别对 8 个坡向上林线分布的最大值和平均值进行统计，最大值表示林线分布的最高位置可能出现的坡向，平均值表示林线分布的一般特征所对应的坡向。

三江并流区不同坡向林线分布表明（图 5-21），各坡向上林线分布差异显著，林线分布明显表现为西坡高于东坡，北坡高于南坡的特征，林线分布的最大值出现在西北方向，最小值出现在东南方向，说明林线分布呈现出明显的坡向趋向性。具体来看，4 个正方向中，林线分布最大值和平均值最高均为正西，分别是海拔 4642m 和海拔 3930m，最大值和平均值最低均为正南方向，分别为海拔 4564m 和海拔 3881m；正西和正北方向上林线高度最大值均超过海拔 4600m，平均值均超过海拔 3900m，林线高度分布排序均为正西>正北>正东>正南；4 个偏方向中，除东南方向外，其他 3 个方向上林线高度最大值均大于海拔 4600m，平均值均大于海拔 3900m，东南方向最大值为海拔 4545m，平均值为海拔 3882m；林线分布最大值和平均值最高均为西北方向，分别是海拔 4650m 和海拔 3954m，最大值和平均值最低均为东南方向，分别是海拔 4545m 和海拔 3882m，林线高度排序为西北>西南>东北>东南。

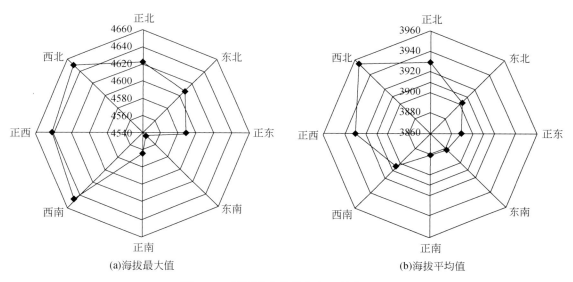

图 5-21　不同坡向林线分布（单位：m）

5.3.4　林线分布与经度的关系

经度差异主要体现在由于水分条件变化所致的气候、水文、生物和土壤等自然要素以及自然带差异。三江并流区植被的垂直带谱的经向变化主要受水分条件和地形的影响，向东西两侧逐渐变复杂。地处"四山夹三江"的特殊地貌，巨大的海拔差异导致该地区水热差异显著。本研究以 3′为经度划分间隔提取林线点，并取其平均值作为评价指标，探寻三江并流区林线分布与经度存在的关系。

三江并流区林线分布与经度统计规律表明（图 5-22），该地区的林线分布与经度之间相关关系不明显（二项式拟合方程 $R^2 = 0.1563$，$P<0.01$）。总体来看，林线高度由西向东表现出先上升后下降再上升的波动性上升的特征，林线高度分布的最大值并不出现在经度最高的地区，100.10°E~100.15°E 为研究区内林线分布最高的经度带，林线高度分布的最小值也不出现在经度最低的地区，99.40°E~99.45°E 为研究

区内林线分布最低的经度带。这种变化与该地区西低东高的地势差异以及东西部的干湿差异有关，但热量因素也同等重要（方精云，1995）。具体来看，98.40°E~98.75°E 范围内，怒江流域内林线高度呈现先升后降再升又降的波动性上升的特征，最高林线点出现在察隅县境内，林线高差为 267m；98.75°E~99.05°E 范围内，澜沧江流域内林线高度波动性上升，林线高差为 152m；99.05°E~100.30°E 范围内，林线高差变化最为剧烈，林线高差达 405m。

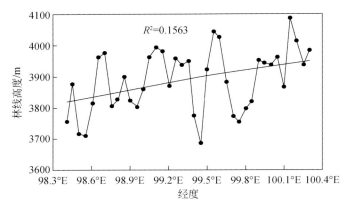

图 5-22　林线高度沿经度的变化

5.3.5　林线分布与纬度的关系

纬度地带性是地域分异规律的重要方面，形成原因主要是地球球形体导致到达地面的太阳辐射在各纬度分布不均，进而使受其影响的自然地理现象也按纬度分布（伍光和等，2000）。纬度地带性是以热量变化为基础的，水分条件的差异也起了一定的作用。同样借助 GIS 的空间数据管理功能，提取各林线点的纬度坐标，通过研究林线分布高度沿纬度变化的格局，揭示三江并流区林线的纬度地带性的变化规律。本研究以 3′ 为纬度划分间隔，提取各纬度带内的林线点，并取其平均值作为评价指标，探寻三江并流区林线分布与纬度存在的关系。

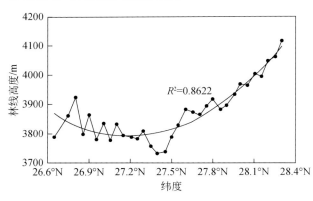

图 5-23　林线高度沿纬度的变化

三江并流区林线分布与纬度统计规律表明（图 5-23），林线分布与纬度之间存在高度的相关关系（二项式拟合方程 $R^2=0.8622$，$P<0.01$），林线高度表现出随纬度升高而不断上升的特征，与经度的关系对比表明，三江并流区的林线分布主要取决于热量条件。林线分布的最大值出现在 28.25°N~28.30°N，达到海拔 4113m，最小值出现在 27.35°N~27.40°N，为海拔 3733m。具体来看，在 26.65°N~27.40°N，林线高度随纬度升高表现出先上升后下降的波动性特征，呈现出缓慢的下降趋势，其中又以 26.65°N~26.85°N 波动性最大；27.40°N 之后，随着纬度的升高，林线高度几乎呈线性上升趋势，变化速率为每增加 1 个纬度，林线高度上升 422m（$R^2=0.9236$，$P<0.01$）。三江并流区内受青藏高原和横断山区巨大的山体以及复杂的地形影响，从而导致在相近纬度、相邻山体上林线高度表现出较大的差异性。

第6章 澜沧江流域典型地区 土地利用/土地覆被变化研究

在基本摸清澜沧江流域土地利用与土地覆被地域性变化的基础上，我们选取香格里拉地区、西双版纳地区、中老缅交界地区、缅老泰交界地区4个典型区域，以1990年、2000年和2010年为时间节点，研究近20年来澜沧江流域典型地区土地利用/土地覆被变化的时空格局、转换规律及其驱动因素。

6.1 香格里拉地区土地利用/土地覆被变化研究

香格里拉地处青藏高原东南缘、横断山脉南段北端，"三江并流"之腹地，形成了独特的融雪山、峡谷、草原、高山湖泊、原始森林和民族风情为一体的景观，为多功能的旅游风景名胜区。香格里拉地区生态旅游资源价值与品位极高，是区域、国家乃至世界重要的自然、文化与非物质遗产，在中国生态安全格局和全球政治形象中起着举足轻重的作用。本课题所指香格里拉地区，包括云南省迪庆藏族自治州的香格里拉县及其外围的德钦县、维西傈僳族自治县和四川省甘孜藏族自治州的得荣县、乡城县与稻城县（图6-1），土地面积约3.9万 km²，2010年年末总人口为49.34万人。

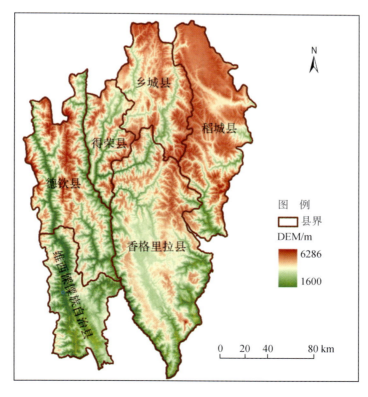

图6-1　香格里拉地区位置与范围示意图（2010年）

6.1.1 数据与方法

（1）数据来源

本研究主要采用 1990 年、2000 年、2010 年 三个时间节点的 Landsat TM/ETM 数据。Landsat TM/ETM 遥感影像，来源于中国科学院对地观测与数字地球科学中心（http：//ids. ceode. ac. cn/）和美国地质调查局地球资源观测系统数据中心（USGS/EROS Data Center，http：//glovis. usgs. gov/），香格里拉地区共涉及 4 景遥感影像，为了满足土地利用/土地覆被动态监测的需要，所选的遥感影像时间窗口相对一致，具体影像类型、轨道号、日期及分辨率见表 6-1。

表 6-1 香格里拉地区 Landsat TM/ETM 遥感影像数据列表

数据集	轨道号		日期	影像类型	分辨率/m
	条带号	行号			
1990 年	131	40	1990-12-15	TM	30
	131	41	1990-12-15	TM	30
	132	40	1990-11-04	TM	30
	132	41	1990-11-04	TM	30
2000 年	131	40	2002-02-23	ETM	15
	131	41	2002-02-23	ETM	15
	132	40	2002-12-15	ETM	15
	132	41	2002-12-15	ETM	15
2010 年	131	40	2010-02-05	TM	30
	131	41	2010-12-22	TM	30
	132	40	2010-02-12	TM	30
	132	41	2010-12-19	TM	15

（2）土地利用/土地覆被分类

参照《土地利用现状分类》（GB/T 21010—2007）标准，结合研究区土地利用/土地覆被野外调查数据，将香格里拉地区土地利用/土地覆被划分为耕地、林地、草地、建设用地、水域、未利用地 6 个一级类和水田、旱地、有林地、灌木林地、草地、城镇用地、农村居民点、其他建设用地、河流、湖泊、水库坑塘、未利用地 12 个二级类。香格里拉地区 1990 年、2000 年和 2010 年土地利用/土地覆被类型图如图 6-2所示，经检验，3 期影像解译精度分别为 83.6%、85.6% 和 85.2%，解译精度均满足土地利用/土地覆被监测的要求。

6.1.2 香格里拉地区土地利用/土地覆被数量变化特征

林地和草地在香格里拉地区占绝对优势，分别约占香格里拉地区总面积的 58% 和 32%；其次为耕地、水域和未利用地；建设用地面积最小，约占香格里拉地区总面积的 0.1%（表6-2）。

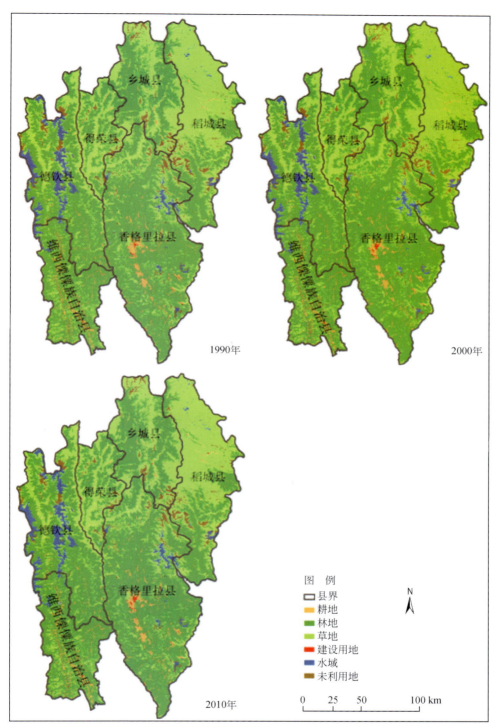

图 6-2　1990 年、2000 年和 2010 年香格里拉地区土地利用/土地覆被类型图

表 6-2　香格里拉地区不同时期土地利用类型面积统计

地类名称	1990 年		2000 年		2010 年	
	面积/km²	比例/%	面积/km²	比例/%	面积/km²	比例/%
耕地	1 365.31	3.56	1 383.18	3.61	1 368.68	3.57
林地	22 147.97	57.81	22 061.57	57.58	22 076.36	57.62

地类名称	1990 年		2000 年		2010 年	
	面积/km²	比例/%	面积/km²	比例/%	面积/km²	比例/%
草地	12 131.62	31.66	12 183.92	31.80	12 170.98	31.77
建设用地	26.13	0.07	38.50	0.10	53.37	0.14
水域	1 334.89	3.48	1 338.74	3.49	1 336.52	3.49
未利用地	1 307.12	3.41	1 307.12	3.41	1 307.12	3.41

1990~2000 年，香格里拉地区林地面积由 22 147.97km² 减小到 22 061.57km²，减少了 86.4km²。除林地外，其他土地利用类型的面积均增大。其中，草地面积增加最多，为 52.3km²；其次为耕地和建设用地，分别增加了 17.87km² 和 12.37km²，水域面积变化最小，仅增加 3.85km²。各土地利用/土地覆被类型相比，建设用地的变化幅度最大，增加了 47.34%；其次为耕地、草地、林地和水域，变化幅度分别为 1.31%、0.43%、−0.39% 和 0.29%。由各土地利用/土地覆被类型的变化幅度可以看出，1990~2000 年，香格里拉地区除建设用地外，其他土地利用/土地覆被类型变化不大。

2000~2010 年，香格里拉地区耕地、草地和水域面积减小，减少的面积分别为 14.50km²、12.94km² 和 2.22km²；林地和建设用地面积增大，增大的面积分别为 14.79km² 和 14.87km²。各土地利用/土地覆被类型相比，建设用地的变化幅度仍为最大，为 38.62%，其他土地覆被类型的变化幅度均较小，表明 2000~2010 年，香格里拉地区除建设用地外，各土地利用/土地覆被类型变化缓慢。

6.1.3 香格里拉地区土地利用/土地覆被转移变化特征

香格里拉地区土地利用/土地覆被转移变化矩阵见表 6-3。

表 6-3　香格里拉地区土地利用/土地覆被转移变化矩阵　　　　　　　（单位：km²）

	项目	耕地	林地	草地	建设用地	水域	未利用地
1990~2000 年	耕地	1 289.12	50.29	16.66	6.94	2.31	—
	林地	63.55	21 739.80	331.14	1.88	11.59	—
	草地	28.41	261.87	11 819.03	3.47	18.84	—
	建设用地	—	—	—	26.13	—	—
	水域	2.10	9.61	17.09	0.09	1 305.99	—
	未利用地	—	—	—	—	—	1 307.12
2000~2010 年	耕地	1 309.06	46.35	14.94	10.76	2.07	—
	林地	43.33	21 824.30	184.83	1.11	8.00	—
	草地	14.24	194.53	11 955.31	2.94	16.90	—
	建设用地	—	—	—	38.50	—	—
	水域	2.04	11.19	15.90	0.06	1 309.55	—
	未利用地	—	—	—	—	—	1 307.12

由表 6-3 可知：

1990~2000 年，有 76.20km² 的耕地转化为其他土地利用/土地覆被类型（转出），减少的耕地主要转化为林地和草地，分别占耕地转出面积的 66.00% 和 21.86%；林地的转出面积为 408.16km²，减少的林地主要转化为草地，占林地转出面积的 81.13%，其次为耕地，约占林地转出面积的 15.57%；草地的转出面积为312.59km²，减少的草地主要转化为林地，占草地转出面积的83.77%，其次为耕地，约占草地转出面积的9.09%。

2000~2010年，耕地的转出面积为74.12km²，减少的耕地主要转化为林地、草地和建设用地，分别占耕地转出面积的62.53%、20.16%和14.52%；林地的转出面积为237.27km²，减少的林地主要转化为草地和耕地，分别占林地转出面积的77.90%和18.26%；草地的转出面积为228.61km²，减少的草地主要转化为林地，占草地转出面积的85.09%。

1990~2000年，有94.06km²的其他地类转化为耕地（转入），新增耕地主要由林地和草地转化而来，分别占耕地转入面积的67.56%和30.20%；林地转入面积为321.77km²，新增林地主要由草地转化而来，占新增林地面积的81.38%；草地的转入面积为364.89km²，新增草地主要由林地转化而来，占草地转入面积的90.75%；建设用地的转入面积为12.38km²，新增建设用地主要由耕地、草地和林地转化而来，分别占建设用地转入面积的56.09%、28.03%和15.19%。

2000~2010年，耕地的转入面积为59.61km²，新增耕地主要由林地转化而来，占新增耕地面积的72.69%；林地的转入面积为252.07km²，新增林地主要由草地和耕地转化而来，分别占林地转入面积的77.17%和18.39%；草地的转入面积为215.67km²，新增草地主要由林地转化而来，占新增草地面积的85.70%；建设用地的转入面积为14.87km²，新增建设用地主要由耕地转化而来，占建设用地转入面积的72.36%。

由上述分析可以看出，就整个香格里拉地区而言，1990~2000年共有1829.02km²的土地利用类型发生转移变化，2000~2010年共有1280.73km²的土地利用类型发生转移变化，分别仅占香格里拉地区总面积的4.7%和3.3%，说明1990~2010年香格里拉地区土地利用/土地覆被变化不明显。

6.2 西双版纳地区土地利用/土地覆被变化研究

西双版纳傣族自治州位于云南省南部，99°56′E~101°50′E，21°08′N~22°36′N，下辖景洪市和勐海县、勐腊县（图6-3），全州总面积约为19 120km²，2010年年底人口总数112.5万人，其中农业人口约占70%。

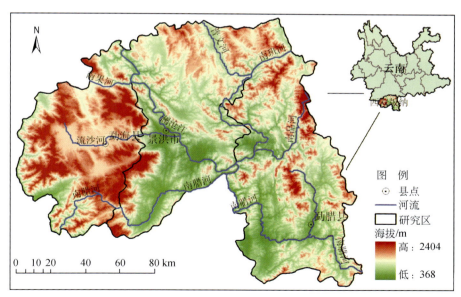

图6-3 西双版纳位置示意图

西双版纳境内地势起伏较大，最高海拔2404m，最低海拔368m，相对高差约2000m。该地区属热带湿润区，一年分为雨季（5月下旬至10月下旬）和旱季（10月下旬至次年5月下旬），年均温20℃以上，年均降水量 1500~2000mm，年空气相对湿度达 80% 以上。温暖、潮湿、静风的气候有利于热带植物的生长，使得西双版纳成为"我国第二大天然橡胶基地"和"普洱茶原产地"。

西双版纳是热带雨林国家级自然保护区，也是国际公认的重要的生物多样性保护的热点地区，但其作为我国最主要的橡胶和茶叶生产基地，经济种植园发展迅速。西双版纳土地利用/土地覆被变化表现为天然林破坏严重、次生林或灌木林地增加、经济种植园不断扩张等典型特征（宋国宝等，2007；李增加等，2008）。特别是进入 20 世纪 90 年代后，国际橡胶价格的不断上涨，西双版纳全力发展橡胶产业，人类活动干扰强度日趋剧烈，导致西双版纳土地利用/土地覆被发生剧烈变化，由此造成的影响也日趋显著（李红梅等，2007；李增加等，2008；Li et al.，2008；何承刚等，2008）。

本节以 1990 年、2000 年和 2010 年 3 期遥感数据为基础，从数量变化、类型变化、空间变化 3 个角度系统分析 1990~2010 年西双版纳地区土地利用/土地覆被的时空变化特征，以期为该地区生态环境保护与土地资源合理利用提供科学依据与决策支持。

6.2.1 数据与方法

（1）数据来源

本研究主要采用两种遥感数据源，1990 年、2000 年、2010 年三个时间节点的 Landsat TM/ETM 遥感影像和 2010 年经过波段合成与计算得到的 8 天合成的 250m 分辨率的 MODIS-NDVI 数据。Landsat TM/ETM 遥感影像来源于中国科学院对地观测与数字地球科学中心（http：//ids. ceode. ac. cn/）和美国地质调查局地球资源观测系统数据中心（USGS/EROS Data Center，http：//glovis. usgs. gov/），西双版纳傣族自治州共涉及 4 景遥感影像，为了满足土地利用/土地覆被动态监测的需要，所选的遥感影像时间窗口相对一致，具体影像类型、轨道号、日期及分辨率见表 6-4。

表 6-4　西双版纳地区 Landsat TM/ETM 遥感影像数据列表

数据集	轨道号		日期	影像类型	分辨率/m
	条带号	行号			
1990 年	129	45	1989-03-25	TM	30
	130	44	1989-01-11	TM	30
	130	45	1989-01-27	TM	30
	131	45	1989-02-03	TM	30
2000 年	129	45	2000-03-23	ETM	15
	130	44	2000-03-14	ETM	15
	130	45	2000-03-14	ETM	15
	131	45	2000-03-21	ETM	15
2010 年	129	45	2009-03-08	TM	30
	130	44	2009-04-16	TM	30
	130	45	2010-02-14	TM	30
	131	45	2010-03-01	ETM	15

（2）土地利用/土地覆被分类

基于原始光谱特征、归一化植被指数、K-T 变化指数、纹理特征、形状特征、地形特征以及类相关特征等，采用决策树分类与面向对象分类相结合的方法，构建西双版纳地区土地利用/土地覆被决策树分类模型，将西双版纳地区土地利用/土地覆被划分为耕地、园地、林地、草地、建设用地、水域 6 个一级类和水田、旱地、轮歇地、茶园、橡胶林、有林地、灌木林地、草地、城镇用地、农村居民点、其他建设用地、河流、湖泊、水库坑塘、滩地 15 个二级类。

西双版纳地区 1990 年、2000 年和 2010 年 3 期土地利用/土地覆被类型图如图 6-4 所示，分类总精度分别为 86.72%、87.56% 和 87.04%，满足研究需求。

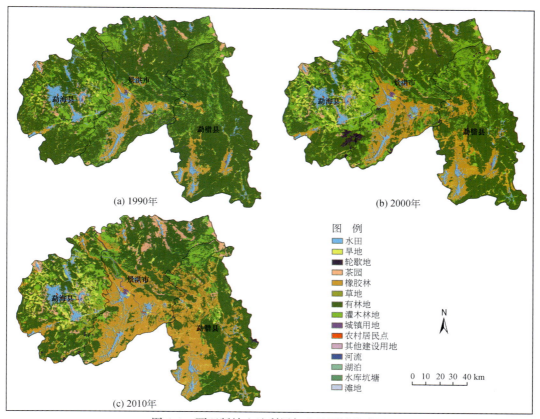

图 6-4　西双版纳土地利用与土地覆被分类图

6.2.2　西双版纳地区土地利用/土地覆被数量变化特征

西双版纳土地利用/土地覆被呈现出"林地-园地-耕地"主导的地域结构特征，其中，林地占绝对主导，是土地利用的基质和最为主要的土地覆被类型；园地居其次，是第一大土地利用类型（表 6-5）。

表 6-5　西双版纳地区土地利用/土地覆被类型面积及比例

地类名称	1990 年		2000 年		2010 年	
	面积/km²	比例/%	面积/km²	比例/%	面积/km²	比例/%
耕地	**1 501.05**	**7.86**	**2 056.70**	**10.77**	**2 083.06**	**10.90**
水田	904.78	4.74	901.00	4.72	946.11	4.95
旱地	589.56	3.09	948.82	4.97	1 088.96	5.70
轮歇地	6.72	0.04	206.87	1.08	48.00	0.25
园地	**1 652.99**	**8.66**	**3 065.81**	**16.05**	**5 745.13**	**30.08**
茶园	370.06	1.94	486.22	2.55	792.43	4.15
橡胶林	1 282.93	6.72	2 579.59	13.50	4 952.70	25.93

地类名称	1990 年		2000 年		2010 年	
	面积/km²	比例/%	面积/km²	比例/%	面积/km²	比例/%
林地	**15 623.73**	**81.78**	**13 621.63**	**71.30**	**10 719.33**	**56.11**
有林地	13 103.51	68.59	10 385.39	54.36	9 004.38	47.13
灌木林地	2520.22	13.19	3236.24	16.94	1714.95	8.98
草地	**147.34**	**0.77**	**152.99**	**0.80**	**325.13**	**1.70**
建设用地	**64.07**	**0.34**	**96.57**	**0.51**	**114.92**	**0.60**
城镇用地	11.38	0.06	20.09	0.11	19.23	0.10
农村居民点	51.51	0.27	74.81	0.39	91.36	0.48
其他建设用地	1.18	0.01	1.68	0.01	4.33	0.02
水域	**114.20**	**0.59**	**109.68**	**0.57**	**115.81**	**0.61**
河流	73.14	0.38	65.30	0.34	75.60	0.40
湖泊	8.16	0.04	8.42	0.04	10.11	0.05
水库坑塘	26.98	0.14	34.44	0.18	29.18	0.15
滩地	5.92	0.03	1.52	0.01	0.91	0.01

1990~2010 年，西双版纳地区林地急剧减少，由 1990 年的 15 623.73km² 减少到 2010 年的 10 719.33km²，比重下降了 25.67%；相应地，耕地比重由 7.86% 增至 10.90%，园地比重则呈几何倍数增长，由 8.66% 上升至 30.08%，说明该地区人类活动对土地利用/土地覆被的干扰强度在不断增强。具体而言（表 6-5）：

1990~2000 年，除水田、有林地、河流和滩地外，其他地类面积均呈增加趋势。其中，有林地为面积减少最多的地类，减少了 2718.12km²；橡胶林为面积增加最多的地类，增加了 1296.66km²。轮歇地为增速最快的地类，年增长率为 297.84%；滩地为减速最快的地类，年减少率为 7.43%。

2000~2010 年，除轮歇地、有林地、灌木林地、水库坑塘和滩地外，其他地类面积均呈增加趋势。其中，灌木林地为面积减少最多的地类，减少了 1521.29km²；橡胶林仍为面积增加最多的地类，增加了 2373.11km²。其他建设用地为增速最快的地类，年增长率为 15.77%，说明近 10 年来工业建设较多，人类活动对土地资源的利用强度增加；轮歇地为减速最快的地类，年减少率为 7.68%，说明轮歇种植方式逐渐减少，"刀耕火种"农业逐渐被摒弃。

综上所述，1990~2010 年，除有林地、灌木林地、滩地外，其他地类面积均呈增加趋势。其中，有林地为面积减少最多的地类，减少了 4099.13km²；橡胶林为面积增加最多的地类，增加了 3669.77km²。轮歇地为增速最快的地类，年增长率为 61.43%；灌木林地为减速最快的地类，年减少率为 3.20%。上述分析表明，1990~2010 年，西双版纳地区天然林面积不断减少，人工林面积不断增加。

6.2.3 西双版纳地区土地利用/土地覆被转移变化特征

表 6-6 显示了西双版纳地区 1990~2000 年、2000~2010 年 15 种土地利用/土地覆被类型之间的相互转化。

表 6-6　西双版纳地区土地利用/土地覆被转移变化矩阵　　　　　　　（单位：km²）

	项目	11	12	13	21	22	30	41	42	51	52	53	61	62	63	64
1990 ~ 2000 年	11	765.76	8.92	0.03	10.62	61.97	0.64	10.86	8.88	3.38	23.06	0.33	2.84	0.10	7.38	0.00
	12	2.65	482.82	1.01	4.02	31.70	2.41	33.87	24.97	1.95	1.58	0.00	1.51	0.05	1.01	0.00
	13	0.00	0.21	0.16	0.00	1.63	0.10	1.81	2.80	0.00	0.00	0.00	0.00	0.00	0.01	0.00
	21	7.90	6.86	0.31	327.88	0.29	0.15	14.40	8.46	0.03	2.22	0.02	0.39	0.01	1.16	0.00
	22	47.35	10.81	0.02	0.17	1189.81	0.11	18.86	3.37	1.89	2.63	0.03	2.85	0.00	5.02	0.00
	30	1.66	3.05	4.44	0.14	35.92	18.95	37.54	44.53	0.17	0.00	0.00	0.21	0.47	0.25	0.00
	41	50.42	325.46	111.39	118.12	983.03	95.30	9774.18	1627.30	2.05	5.31	0.14	6.56	0.34	3.81	0.10
	42	6.58	103.11	89.33	22.38	267.08	35.06	479.97	1511.69	0.01	1.86	0.00	1.69	0.76	0.68	0.00
	51	0.61	0.07	0.00	0.02	0.10	0.00	0.01	0.00	10.38	0.00	0.00	0.10	0.00	0.10	0.00
	52	7.46	1.55	0.00	0.86	1.26	0.04	1.45	0.94	0.00	37.23	0.04	0.13	0.00	0.24	0.00
	53	0.05	0.00	0.00	0.00	0.00	0.00	0.00	0.00	0.00	0.00	1.13	0.00	0.00	0.00	0.00
	61	4.56	2.69	0.18	0.46	4.44	0.18	10.39	2.20	0.02	0.14	0.00	47.57	0.00	0.04	0.26
	62	0.06	0.04	0.00	0.04	0.01	0.00	0.61	0.71	0.00	0.00	0.00	0.00	6.69	0.00	0.00
	63	5.56	0.49	0.00	1.50	2.29	0.05	1.37	0.37	0.00	0.00	0.00	0.00	0.00	14.68	0.00
	64	0.38	2.75	0.00	0.00	0.05	0.00	0.07	0.00	0.00	0.00	0.00	1.44	0.00	0.06	1.16
2000 ~ 2010 年	11	829.38	9.18	0.00	7.86	28.20	0.08	4.62	0.53	1.66	15.83	0.05	0.18		3.46	
	12	13.23	744.82	0.74	24.61	79.34	8.41	41.17	29.79	0.59	2.28	0.17	2.27	0.94	0.41	0.03
	13	0.05	4.58	10.77	7.84	33.10	44.35	60.50	45.46	0.00	0.00	0.00	0.16	0.00	0.00	0.00
	21	4.33	5.08	0.00	461.56	0.73	0.51	8.49	3.41	0.12	1.01	0.27	0.07	0.01	0.63	0.00
	22	52.45	17.39	0.00	8.06	2472.87	0.05	15.91	1.12	0.86	2.54	1.95	5.33	0.28	0.77	0.00
	30	0.78	27.91	1.56	3.20	57.02	5.48	41.44	15.02	0.00	0.47	0.00	0.08	0.01	0.02	0.00
	41	19.19	149.09	24.30	190.34	1247.32	45.23	8057.20	639.21	0.00	2.95	0.24	8.78	0.75	0.76	0.03
	42	10.88	124.71	10.62	85.36	1026.93	220.87	769.76	979.14	0.00	2.06	0.11	4.95	0.11	0.75	0.00
	51	0.57	0.11	0.00	0.01	1.00	0.00	0.01	0.00	15.85	2.45	0.01	0.04	0.00	0.04	0.00
	52	7.70	2.71	0.00	1.36	1.24	0.04	0.00	0.17	0.00	60.94	0.00	0.03	0.00	0.11	0.00
	53	0.10	0.05	0.00	0.01	0.00	0.00	0.00	0.00	0.00	0.00	1.51	0.00	0.00	0.00	0.00
	61	2.55	2.32	0.00	0.88	1.72	0.00	2.94	0.98	0.16	0.03		53.60			0.08
	62	0.01	0.22	0.00	0.08	0.03	0.05	0.42	0.03				0.00	7.50	0.07	
	63	4.85	0.70	0.00	1.25	3.20	0.01	1.24	0.08	0.11	0.32	0.00	0.02	0.51	22.16	0.00
	64	0.00	0.10	0.00	0.00	0.01	0.00	0.18	0.02	0.00	0.30	0.00	0.11	0.00	0.00	0.76

注：11. 水田，12. 旱地，13. 轮歇地，21. 茶园，22. 橡胶林，30. 草地，41. 有林地，42. 灌木林地，51. 城镇用地，52. 农村居民点，53. 其他建设用地，61. 河流，62. 湖泊，63. 水库坑塘，64. 滩地

由表 6-6 可以看出：

1990 ~ 2000 年，西双版纳地区共有 139.02km² 的水田转化为其他土地利用/土地覆被类型，转出的水田主要转化为橡胶林和农村居民点；共有 106.74km² 的旱地转化为其他用地类型，转出的旱地主要转化为有林地、橡胶林和灌木林地，分别占旱地转出面积的 31.73%、29.70% 和 23.40%；轮歇地虽然面积较小，但转移率很高，主要向有林地、灌木林地和橡胶林转化；茶园、橡胶林转化为其他用地类型的比例较小。转出的 128.39km² 的草地主要转化为灌木林地、有林地和橡胶林，分别占草地转出面积的 34.69%、29.24% 和 27.98%；转出的 3329.33km² 的有林地主要转化为灌木林地和橡胶林，分别占有林地转出面积的 48.88% 和 29.53%；转出的 1008.52km² 的灌木林地主要转化为有林地和橡胶林，分别占灌木林地转出

面积的 47.59% 和 26.48%。

2000~2010 年，西双版纳地区共有 71.62km² 的水田转化为其他土地利用/土地覆被类型，转出的水田主要转化为橡胶林和农村居民点，分别占水田转出面积的 39.37% 和 22.10%；共有 106.74km² 的旱地转化为其他用地类型，转出的旱地主要转化为园地和林地，分别占旱地转出面积的 50.95% 和 34.78%；轮歇地的转移率仍然很高，主要向有林地、灌木林地、草地和橡胶林转化；茶园、橡胶林的转移比例仍然较小。转出的 147.51km² 的草地主要转化为橡胶林、有林地和旱地，分别占草地转出面积的 38.66%、28.09% 和 18.92%；转出的 2328.19km² 的有林地主要转化为橡胶林和灌木林地，分别占有林地转出面积的 53.57% 和 27.46%；转出的 2257.10km² 的灌木林地主要转化为橡胶林和有林地，分别占灌木林地转出面积的 45.50% 和 34.10%。

土地利用/土地覆被的转移变化，既包括某种地类转出为其他土地利用/土地覆被类型，也包括其他土地利用/土地覆被类型转入为本类，由表 6-6 可以看出：

1990~2000 年，西双版纳地区共有 135.25km² 的其他用地类型转化为水田，新增水田主要来源于有林地和橡胶林，分别占新增水田面积的 37.28% 和 35.01%；共有 466.01km² 的其他用地类型转化为旱地，新增旱地主要来源于有林地和灌木林地，分别占新增旱地面积的 69.84% 和 22.13%；新增轮歇地主要来源于有林地和灌木林地，分别占新增轮歇地面积的 53.88% 和 43.21%；新增 158.34km² 的茶园主要来源于有林地和灌木林地，分别占新增茶园面积的 74.60% 和 14.14%；新增 1389.78km² 的橡胶林主要来源于有林地和灌木林地，分别占新增橡胶林面积的 70.73% 和 19.22%；新增草地主要来源于有林地和灌木林地，分别占新增草地面积的 71.10% 和 26.16%；新增有林地主要来源于灌木林地，占新增有林地面积的 78.53%；新增灌木林地主要来源于有林地，占新增灌木林地面积的 94.36%；共有 37.58km² 的其他用地类型转化为农村居民点，新增农村居民点主要由水田转化而来，占新增农村居民点面积的 61.37%。

2000~2010 年，西双版纳地区共有 116.72km² 的其他用地类型转化为水田，新增水田主要来源于橡胶林、有林地、旱地和灌木林地，分别占新增水田面积的 44.94%、16.44%、11.34% 和 9.32%；新增 344.14km² 的旱地主要来源于有林地和灌木林地，分别占新增旱地面积的 43.32% 和 36.24%；新增轮歇地、茶园和橡胶林仍主要来源于有林地和灌木林地；新增草地主要来源于灌木林地，占新增草地面积的 69.10%；新增有林地仍主要来源于灌木林地，占新增有林地面积的 81.27%；新增灌木林地仍主要来源于有林地，占新增灌木林地面积的 86.87%；新增的 30.41km² 的农村居民点主要由水田转化而来，占新增农村居民点面积的 52.04%。

由上述分析可以看出，1990~2010 年，西双版纳地区土地利用/土地覆被类型的转移变化主要表现为耕地、园地和林地类型间的相互转化以及林地内部各子类型间的相互转化。

6.2.4　西双版纳地区土地利用/土地覆被空间变化特征

（1）耕地空间变化特征

西双版纳地区水田主要分布在地势平坦的坝区，位置和面积均具有相对的固定性，勐海县水田分布面积最广；旱地主要分布在勐海县低山丘陵地区；轮歇地主要分布在景洪市，且空间变化频繁。

1990~2000 年，增加的水田、旱地和轮歇地均主要分布在勐海县，减少的水田和旱地主要分布在景洪市和勐腊县，而减少的轮歇地主要分布在勐海县。

2000~2010 年，增加的水田主要分布在景洪市，增加的旱地和轮歇地主要分布在勐海县，而减少的水田主要分布在勐海县，减少的旱地主要在景洪市和勐腊县，减少的轮歇地主要分布在勐海县。

（2）园地空间变化特征

茶园主要分布在勐海县坝区周边、景洪市的东北部和勐腊县西北部；橡胶林主要分布在景洪市、勐腊县，以及勐海县西南部坝区。

1990~2000 年，增加的茶园主要分布在勐海县和景洪市，但增加面积较小，减少的茶园主要分布在勐海县和景洪市；增加的橡胶林主要分布在景洪市和勐腊县，呈现围绕初期橡胶林不断向外圈层扩展的特征，此时橡胶林仅在景洪市辖区周边以及南部地区略有减少。

2000~2010 年，茶园面积扩张显著，增加的茶园主要分布在景洪市东北部和勐海县南部地区，减少的茶园主要分布在勐海县和景洪市；橡胶林扩张特征显著，呈现出"以景洪市区为中心，北上南进、西拓东扩"的扩展特征，橡胶种植开始不断向中国与老挝、缅甸交界地区扩展，减少的橡胶林主要分布在景洪市境内。

（3）林地空间变化特征

有林地主要分布在景洪市北部、勐腊县东南部以及勐海县西南部地区，空间变化以减少为主，呈现"南退北进"的空间变化特征；灌木林地主要分布在勐腊县西北部和勐海县境内，空间变化频繁，呈现"西退东进、南退北进"的空间变化特征。

1990~2000 年，有林地以减少为主要特征，勐腊县、景洪市和勐海县均发生大面积的有林地减少，增加的有林地主要分布在景洪市北部和勐腊县西北部地区；增加的灌木林地主要分布在勐腊县西北部和勐海县境内，减少的灌木林地主要分布在勐腊县西北部、勐海县与景洪市交界山区。

2000~2010 年，有林地仍以减少为主要变化特征，减少的有林地主要分布在勐腊县西北部、景洪市境内各坝区周边以及与勐海县交界地区、勐海县的西南部地区，增加的有林地主要分布在勐海县境内和勐腊县的西北部地区；增加的灌木林地主要分布在景洪市的北部地区，减少的灌木林地主要分布在勐腊县西北部和勐海县境内。

6.3 中老缅交界地区土地利用/土地覆被变化研究

中老缅交界地区，是指中国、老挝、缅甸三国紧邻的交界地区，位居 19°48′N~22°36′N，98°56′E~103°00′E，地处澜沧江–湄公河中上游地区，全境属大湄公河流域范围内；中老边境线长为 714km，中缅边境线长 542km，老缅以湄公河为界，边境线长 238km。从国家政区范围看，中老缅交界地区包括中国西南部西双版纳傣族自治州三市县（景洪市、勐海县、勐腊县）、老挝北部的上寮地区三省（琅南塔省、乌多姆赛省、丰沙里省）、缅甸东北部的东掸邦两县（景栋县、孟别县，为缅甸官方行政区划）（图 6-5），土地面积约 7.4 万 km²，2010 年年初人口接近 200 万人，生活着傣族、克钦族、掸族、佤族、苗族、瑶族、哈尼族、傈僳族、拉祜族、克木族等 20 多个跨国界而居的民族（陈社明等，2000），是一个多民族聚居的发展中地缘经济合作区。

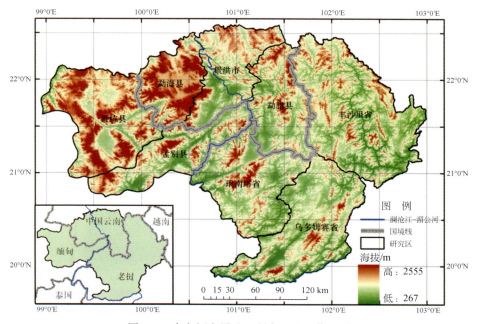

图 6-5 中老缅交界地区研究区地理位置图

中老缅交界地区整体位于北回归线以南，属热带、亚热带季风气候；海拔 267～2555m，地貌类型以高山或高原、丘陵为主，地势表现为西高东低、北高南低；主要分布着亚高山植被、中低山植被、季雨林植被 3 种植被类型，是世界上生物多样性最丰富和热带雨林重点分布地区之一。

西双版纳是一个以农业生产为主的地区，橡胶种植业是全州的重要支柱产业。紧邻中国的老挝北部三省（丰沙里省、乌多姆赛省、琅南塔省）是传统的罂粟种植区，是"金三角"毒源地之一，也是中国"替代种植"的主要投资区。缅甸东掸邦被认为是世界上公认的最优质的罂粟种植区，罂粟为该地区特殊的经济作物，2010 年种植面积达到 1.21 万 hm²，占缅甸总种植面积的 32.0%，禁毒形势仍不容乐观。中老缅交界地区是国际重点合作的"替代种植"区域。

6.3.1 数据与方法

（1）数据来源

本研究主要采用两种遥感数据源，1990 年、2000 年、2010 年三个时间节点的 Landsat TM/ETM 数据和 2010 年经过波段合成与计算得到的 8 天合成的 250m 分辨率的 MODIS-NDVI 数据。Landsat TM/ETM 遥感影像来源于中国科学院对地观测与数字地球科学中心（http：//ids. ceode. ac. cn/）和美国地质调查局地球资源观测系统数据中心（USGS/EROS Data Center, http：//glovis. usgs. gov/），中老缅交界地区共涉及 6 景遥感影像，为了满足土地利用/土地覆被动态监测的需要，所选的遥感影像时间窗口相对一致，具体影像类型、轨道号、日期及分辨率见表6-7。

表 6-7 中老缅交界地区 Landsat TM/ETM 遥感影像数据列表

数据集	轨道号		日期	影像类型	分辨率/m
	条带号	行号			
1990 年	129	45	1989-03-25	TM	30
	129	46	1989-03-25	TM	30
	130	44	1989-01-11	TM	30
	130	45	1989-01-27	TM	30
	130	46	1989-02-03	TM	30
	131	45	1989-02-03	TM	30
2000 年	129	45	2000-03-23	ETM	15
	129	46	2000-03-07	ETM	15
	130	44	2000-03-14	ETM	15
	130	45	2000-03-14	ETM	15
	130	46	2000-03-14	ETM	15
	131	45	2000-03-21	ETM	15
2010 年	129	45	2009-03-08	TM	30
	129	46	2011-04-15	TM	30
	130	44	2010-05-05	TM	30
	130	45	2010-02-14	TM	30
	130	46	2011-04-22	TM	30
	131	45	2011-02-16	TM	30

（2）土地利用/土地覆被分类

基于原始光谱特征、归一化植被指数、K-T 变化指数、纹理特征、形状特征、地形特征以及类相关特征等，采用决策树分类与面向对象分类相结合的方法，构建中老缅交界地区土地利用/土地覆被决策树分类模型，将中老缅交界地区土地利用/土地覆被划分为耕地、园地、林地、草地、建设用地、水域 6 个一级类和水田、旱地、轮歇地、茶园、橡胶林、有林地、灌木林地、草地、城镇用地、农村居民点、其他建设用地、河流、湖泊、水库坑塘、滩地 15 个二级类。

中老缅交界地区 1990 年、2000 年和 2010 年 3 期土地利用与土地覆被类型图如图 6-6 所示，分类总精度分别为 83.72%、87.56% 和 85.04%，满足研究需求。

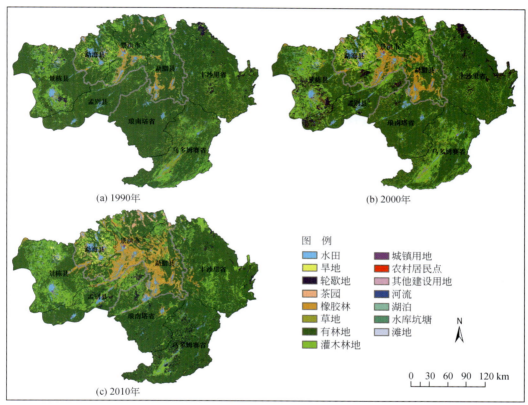

图 6-6   中老缅交界地区土地利用与土地覆被分类图

6.3.2   中老缅交界地区土地利用/土地覆被数量变化特征

中老缅交界地区林地占绝对主导，是土地利用的基质和最为主要的土地覆被类型；耕地为第一大土地利用类型，但随着园地面积的增加，耕地由主导的土地利用类型逐渐让位于园地（表6-8）。

表 6-8   中老缅交界地区土地利用/土地覆被类型面积及其结构

地类名称	1990 年		2000 年		2010 年	
	面积/km²	比例/%	面积/km²	比例/%	面积/km²	比例/%
耕地	**3 535.40**	**4.81**	**5 646.67**	**7.67**	**5 104.54**	**6.94**
水田	1 797.90	2.44	1 944.47	2.64	1 978.75	2.69
旱地	843.09	1.15	1 306.91	1.78	1 529.59	2.08
轮歇地	894.41	1.22	2 395.29	3.25	1 596.21	2.17

续表

地类名称	1990 年		2000 年		2010 年	
	面积/km²	比例/%	面积/km²	比例/%	面积/km²	比例/%
园地	**1 656.75**	**2.25**	**3 104.92**	**4.22**	**6 843.53**	**9.30**
茶园	370.95	0.50	489.78	0.67	887.73	1.21
橡胶林	1 285.80	1.75	2 615.15	3.55	5 955.79	8.09
林地	**65 871.87**	**89.52**	**62 076.52**	**84.36**	**60 566.71**	**82.31**
有林地	57 416.46	78.03	50 805.74	69.04	49 718.71	67.57
灌木林地	8455.41	11.49	11 270.78	15.32	10 848.01	14.74
草地	**2 026.17**	**2.75**	**2 220.81**	**3.02**	**499.21**	**0.68**
建设用地	**117.86**	**0.16**	**176.61**	**0.24**	**226.83**	**0.31**
城镇用地	21.42	0.03	34.97	0.05	40.84	0.06
农村居民点	93.94	0.13	138.33	0.19	176.45	0.24
其他建设用地	2.50	0.00	3.31	0.00	9.54	0.01
水域	**376.31**	**0.51**	**358.82**	**0.49**	**343.54**	**0.46**
河流	322.93	0.44	300.99	0.41	294.70	0.40
湖泊	8.16	0.01	9.24	0.01	12.44	0.02
水库坑塘	33.99	0.05	44.05	0.06	32.93	0.04
滩地	11.23	0.01	4.55	0.01	3.47	0.00

1990～2010 年，中老缅交界地区林地、水域面积持续减小，其中，林地面积由 1990 年的 65 871.87km² 减至 2010 年的 60 566.71km²，比重下降了 7.21%，年均减少率为 0.40%；相应地，园地、建设用地面积不断增加，其中，园地面积增加 5186.78km²，是研究区内增幅最大的土地利用类型，年增长率达到 15.65%；建设用地面积增加 108.97km²，是研究区内增幅第二大的土地利用类型，年增长率为 4.62%。上述分析表明中老缅交界地区人类活动对土地利用/土地覆被的干扰强度在不断增强。具体而言（表 6-8）：

1990～2000 年，除有林地、河流和滩地外，其他地类面积均呈增加趋势。其中，有林地为面积减少最多的地类，减少了 6610.72km²；轮歇地和橡胶林为面积增加最多的地类，分别增加了 1500.88km² 和 1329.35km²。轮歇地为增速最快的地类，年增长率为 16.78%；滩地为减速最快的地类，年减少率为 5.95%。

2000～2010 年，轮歇地、有林地、灌木林地、草地、河流、水库坑塘和滩地面积减小，其他地类面积呈增加趋势。其中，草地为面积减少最多的地类，减少了 1721.60km²；橡胶林为面积增加最多的地类，增加了 3340.64km²。橡胶林同时为增速最快的地类，年增长率高达 25.98%；其他建设用地的增速次之，年增长率为 24.91%，说明近 10 年来工业建设较多，人类活动对土地资源的利用强度增加；轮歇地为减速最快的地类，年减少率为 8.93%，说明轮歇种植方式逐渐减少，"刀耕火种"农业逐渐被摒弃；草地的减少速度次之，年减少率为 8.50%。

综上所述，1990～2010 年，中老缅交界地区有林地为面积减少最多的地类，减少了 7697.75km²；橡胶林为面积增加最多的地类，增加了 4669.99km²。橡胶林同时为增速最快的地类，年增长率为 18.16%；草地为减速最快的地类，年减少率为 3.77%。上述分析表明，1990～2010 年，中老缅交界地区天然林和草地面积不断减少，人工林面积不断增加。

6.3.3 中老缅交界地区土地利用/土地覆被转移变化特征

表6-9显示了中老缅交界地区 1990~2000 年、2000~2010 年 15 种土地利用/土地覆被类型之间的相互转化。

表 6-9 中老缅交界地区土地利用/土地覆被转移变化矩阵 （单位：km²）

	项目	11	12	13	21	22	30	41	42	51	52	53	61	62	63	64
1990~2000年	11	1 551.68	10.91	1.97	10.64	62.11	31.00	33.43	41.29	7.08	30.25	0.47	7.41	0.36	9.30	0.00
	12	3.95	680.07	3.74	4.02	31.85	6.82	58.96	44.58	1.97	2.52	0.00	3.35	0.05	1.21	0.00
	13	4.69	2.02	335.66	0.00	2.40	92.18	232.53	224.09	0.00	0.17	0.00	0.50	0.16	0.01	0.00
	21	7.90	6.87	0.32	328.57	0.29	0.15	14.52	8.51	0.03	2.22	0.02	0.39	0.01	1.16	0.00
	22	47.35	10.84	0.02	0.17	1 192.54	0.11	18.92	3.38	1.89	2.63	0.03	2.88	0.00	5.03	0.00
	30	18.37	8.73	33.30	0.14	36.36	404.43	957.93	560.60	0.74	1.89	0.40	2.16	0.55	0.58	0.00
	41	229.84	449.95	1 311.80	120.57	1 010.75	1 145.41	46 843.13	6 217.54	2.72	21.22	0.18	55.99	0.60	6.46	0.30
	42	49.96	126.72	707.12	22.76	270.42	537.61	2 573.76	4 153.41	0.42	6.41	0.02	5.18	0.81	0.80	0.03
	51	1.14	0.09	0.00	0.02	0.10	0.09	0.08	0.03	19.62	0.00	0.00	0.15	0.00	0.11	0.00
	52	10.38	2.17	0.11	0.86	1.26	0.48	5.61	2.34	0.30	69.80	0.04	0.30	0.00	0.29	0.00
	53	0.19	0.01	0.00	0.00	0.00	0.04	0.03	0.01	0.06	0.00	2.16	0.00	0.00	0.00	0.00
	61	11.49	5.24	1.20	0.47	4.71	2.27	63.44	13.58	0.07	0.51	0.00	219.26	0.00	0.06	0.62
	62	0.06	0.04	0.00	0.04	0.01	0.00	0.61	0.71	0.00	0.00	0.00	0.00	6.69	0.00	0.00
	63	6.74	0.51	0.02	1.50	2.29	0.21	2.44	0.51	0.09	0.70	0.00	0.01	0.00	18.97	0.00
	64	0.73	2.75	0.02	0.00	0.05	0.01	0.36	0.20	0.00	0.01	0.00	3.42	0.00	0.08	3.60
2000~2010年	11	1 694.03	17.22	0.51	20.28	50.66	2.39	64.95	52.93	5.87	26.96	0.45	4.27	0.00	3.90	0.02
	12	19.63	1 005.59	2.03	25.76	96.81	9.04	83.71	53.84	0.61	4.76	0.17	3.55	0.94	0.43	0.03
	13	1.93	9.41	223.22	8.77	37.33	50.90	991.99	1 070.46	0.00	0.55	0.00	0.66	0.00	0.04	0.04
	21	4.72	5.17	0.00	464.32	0.73	0.51	8.64	3.52	0.12	1.04	0.27	0.08	0.00	0.63	0.00
	22	52.96	17.95	0.00	8.06	2 505.69	0.05	17.01	1.50	0.86	2.55	1.95	5.41	0.28	0.78	0.09
	30	20.44	33.87	96.59	3.38	73.27	25.80	1 077.91	873.30	1.74	9.33	0.21	4.00	0.53	0.40	0.04
	41	95.84	253.00	855.31	247.09	1 831.88	167.09	42 511.16	4 780.21	0.74	15.51	2.68	42.67	0.91	1.12	0.55
	42	51.39	177.18	417.79	105.83	1 350.13	242.61	4 898.50	3 989.80	0.04	12.95	1.00	20.32	1.30	1.33	0.60
	51	0.95	0.11	0.00	0.02	1.00	0.05	0.14	0.09	29.94	2.45	0.01	0.17	0.00	0.06	0.00
	52	13.18	3.85	0.41	1.51	1.79	0.21	11.68	6.18	0.47	98.65	0.00	0.27	0.00	0.11	0.00
	53	0.36	0.05	0.00	0.01	0.00	0.00	0.02	0.05	0.07	0.00	2.75	0.00	0.00	0.00	0.00
	61	12.32	4.95	0.34	1.29	2.87	0.40	50.07	14.41	0.19	0.86	0.03	212.80	0.00	0.01	0.44
	62	0.08	0.27	0.00	0.08	0.03	0.00	0.49	0.21	0.00	0.00	0.00	0.00	7.96	0.07	0.00
	63	10.68	0.85	0.00	1.33	3.46	0.07	1.51	0.85	0.00	0.54	0.00	0.02	0.51	24.05	0.00
	64	0.24	0.10	0.00	0.00	0.13	0.05	0.92	0.66	0.00	0.32	0.00	0.48	0.00	0.00	1.66

注：11. 水田，12. 旱地，13. 轮歇地，21. 茶园，22. 橡胶林，30. 草地，41. 有林地，42. 灌木林地，51. 城镇用地，52. 农村居民点，53. 其他建设用地，61. 河流，62. 湖泊，63. 水库坑塘，64. 滩地

由表6-9可以看出：

1990~2000 年，水田有 13.69% 发生转化，主要转为橡胶林、灌木林地和有林地，分别占转移量的

25.22%、16.77%和13.58%；旱地的转化率为19.34%，主要转为有林地和灌木林地，二者占总转化量的63.51%；轮歇地转移率仅次于草地、滩地，达到了62.47%，主要转为灌木林地和有林地，二者占总转化量的81.72%，说明大多数轮歇地已经恢复到自然状态下的植被覆盖，轮歇周期大体在10年左右；茶园有11.42%发生转化，主要转为有林地、灌木林地和水田；橡胶林有92.75%保持不变，转出的部分主要转化为水田，说明部分橡胶林受人口增长对粮食需求的压力而发生转化；草地是转移率最大的地类，转移率达到80.04%，主要转为有林地和灌木林地；有林地有18.42%发生转移，主要转为灌木林地，而灌木林地中有50.88%发生转移，且主要转为有林地，说明此时的毁林开荒活动较为盛行，灌木林地与有林地之间的转换较为频繁（表6-9）。

2000~2010年，水田转移率为12.88%，较上一时期减少，仍主要转为有林地、灌木林地和橡胶林；旱地的转移率较前期增大，为23.06%，主要转为橡胶林、有林地和灌木林地，分别占旱地转移总量的32.13%、27.78%和17.87%；轮歇地仍为高转化地类，转移率进一步增大，达到90.68%，主要转为灌木林地和有林地；茶园和橡胶林变化不大，转移率分别仅为5.20%和4.19%；草地仍为转移率最大的地类，转移率增大至98.84%，其中分别有49.11%和39.79%转为有林地和灌木林地，这与前期规律相同；有林地转移率较前期减少，仅为16.33%，主要转为灌木林地；灌木林地的转移率仅次于草地和轮歇地，达到64.60%，主要转为有林地和橡胶林，其中转为橡胶林的灌木林地占总转移量的18.54%（表6-9）。

土地利用/土地覆被的转移变化，既包括某种地类转出为其他土地利用/土地覆被类型，也包括其他土地利用/土地覆被类型转入为本类，由表6-9可以看出：

1990~2000年，水田、旱地和轮歇地主要由有林地转化而来，分别占3种地类转入量的58.51%、71.78%和63.69%，说明森林被大量砍伐为开垦农业用地；新增161.20 km²的茶园主要来源于有林地，占茶园转入量的74.80%；共有1422.61 km²的其他地类转化为橡胶林，主要来源为有林地和灌木林地，分别占新增橡胶林总量的71.05%和19.01%；草地主要由有林地和灌木林地转化而来，两者共占草地总转入量的92.66%；有林地中其他地类对其贡献率仅为7.80%，其中64.95%来源于灌木林地；灌木林地中其他地类对其贡献率高达63.15%，其中87.36%来源于有林地的转化；城镇建设用地和农村居民点主要来源于水田的转化，分别占其转入量的46.08%和44.15%，此外，农村居民点还来源于有林地的转入，占其转入总量的30.96%（表6-9）。

2000~2010年，水田主要由有林地、橡胶林和灌木林地转化而来，其中有林地的贡献率为33.66%，橡胶林和灌木林地的贡献率相当，分别为18.60%和18.05%；旱地和轮歇地主要由有林地和灌木林地转化而来，其中有林地的贡献率分别为48.28%和62.30%，灌木林地的贡献率分别为33.81%和30.43%；茶园中有林地的转入量占绝对主导，达到新增茶园总量的58.36%，其次是灌木林地，占新增茶园总量的24.99%；橡胶林主要来自有林地和灌木林地的转化，其中有林地占转入量的53.10%，灌木林地占转入量的39.13%，表明中老缅交界地区"毁林植胶"现象普遍；草地主要由有林地和灌木林地转化而来，二者占新增草地总量的86.54%；有林地转入的来源主要是灌木林地，占总转入量的67.96%；新增灌木林地主要来源于有林地，占总转入量的69.70%；城镇建设用地和农村居民点主要来源于水田的转化，分别占其转入量的53.86%和34.66%，此外，农村居民点还来源于有林地和灌木林地的转入，分别占新增农村居民点的19.94%和16.64%（表6-9）。

6.3.4 中老缅交界地区土地利用/土地覆被空间变化特征

（1）耕地空间变化特征

水田主要分布在地势平坦的坝区，空间特征显著，位置和面积均具有相对的固定性，西双版纳的勐海县和景洪市、缅甸的景栋县和老挝的琅南塔省分布面积最广。1990~2000年，增加的水田主要分布在琅南塔省、乌多姆赛省、缅甸的孟别县和中国的勐海县，减少的水田主要分布在景洪市和勐腊县。2000~2010年，增加的水田主要分布在琅南塔省和孟别县，而减少的水田主要分布在景洪市、勐海县和景栋县。

旱地主要分布在中国的勐海县低山丘陵地区，其次是缅甸的景栋县和老挝的丰沙里省。1990~2000年，增加的旱地主要分布在勐海县，占增量的 70% 以上，其次是勐腊县和丰沙里省；减少的旱地主要分布在景洪市和勐腊县；2000~2010 年，增加的旱地主要分布在勐海县、丰沙里省和景栋县，而减少的旱地仍主要分布在景洪市和勐腊县。

轮歇地的空间变化，反映研究区内"刀耕火种"轮歇种植方式的空间变化特征，主要分布在缅甸和老挝境内，其中又以景栋县和乌多姆赛省分布最广。1990~2000 年，轮歇地主要变化地区是景栋县、丰沙里省和乌多姆赛省，是主要的增加或减少地区；2000~2010 年，增加的轮歇地主要分布在乌多姆赛省，而减少的轮歇地主要分布在景栋县和丰沙里省。

（2）园地空间变化特征

茶园主要分布在西双版纳傣族自治州的勐海县坝区周边、景洪市的东北部和勐腊县西北部，后不断扩张至老挝丰沙里省北部和琅南塔省西北部地区以及缅甸的孟别县。1990~2000 年，增加的茶园也主要分布在勐海县和景洪市，但增加面积较小，减少的茶园也主要分布在勐海县和景洪市；2000~2010 年，茶园面积扩张显著，增加的茶园主要分布在景洪市东北部和勐海县南部地区，其中老挝的琅南塔省空间扩展最显著，减少的茶园主要分布在勐海县和景洪市。

橡胶林主要分布在中国的景洪市、勐腊县境内，另外缅甸的孟别县、景栋县和老挝的琅南塔省、丰沙里省靠近中国边境地区均有分布。1990~2000 年，橡胶林以面积增加为主，主要分布在景洪市和勐腊县，并呈围绕着初期橡胶林不断向外圈层扩展的特征，同时缅甸景栋县也开始出现橡胶种植，此时橡胶林仅在景洪市区周边以及南部地区略有减少；2000~2010 年，橡胶林扩张特征显著，除仍呈圈层扩展之外，橡胶种植开始不断向老挝丰沙里省、琅南塔省，缅甸景栋县和孟别县扩展，减少的橡胶林主要分布在景洪市境内。

（3）林地空间变化特征

有林地以老挝境内面积最大，其中又以琅南塔省和丰沙里省面积居高，缅甸的孟别县分布也较广。1990~2000 年，增加的有林地主要分布在乌多姆赛省和丰沙里省，减少的有林地主要分布在景栋县；2000~2010 年，景栋县和乌多姆赛省有林地面积增加最为显著，减少的有林地主要分布在勐腊县、丰沙里省和孟别县。

灌木林地在各地均有分布，其中以缅甸的景栋县以及老挝的丰沙里省面积最广。1990~2000 年，扩张的灌木林地主要分布在景栋县、乌多姆赛省、勐腊县和孟别县，减少的灌木林地主要分布在乌多姆赛省和丰沙里省；2000~2010 年，增加的灌木林地主要分布在景栋县、孟别县和丰沙里省，减少的灌木林地主要分布在乌多姆赛省。

（4）草地空间变化特征

草地主要分布在缅甸的景栋县，老挝境内各省分布面积也较广，其中又以乌多姆赛省分布最广，而西双版纳境内分布较少。1990~2000 年，增加的草地主要分布在景栋县和乌多姆赛省，减少的草地主要分布在乌多姆赛省和丰沙里省；2000~2010 年，草地以减少为主导特征，减少的草地主要分布在景栋县、乌多姆赛省和丰沙里省，增加的草地主要出现在中国的勐海县。

6.4 缅老泰交界地区土地利用/土地覆被变化研究

缅老泰交界地区是金三角地区的重要组成部分，其行政范围主要包括缅甸东北部的大其力县、老挝北部的波乔省和泰国北部的清莱府（图6-7）。该区位于 18°59′53″N ~ 21°1′46″N，99°15′36″E ~ 101°14′36″E，地处澜沧江–湄公河的中上游地带，属于热带季风气候。全区土地面积为 21 933km²，海拔在 229 ~ 1996m，地势北高南低，地貌类型主要是山地、平原和丘陵。缅老泰交界地区属于多民族聚居的发展中地区，也是土地利用/土地覆被已经或正在发生急剧变化的热点地区之一。

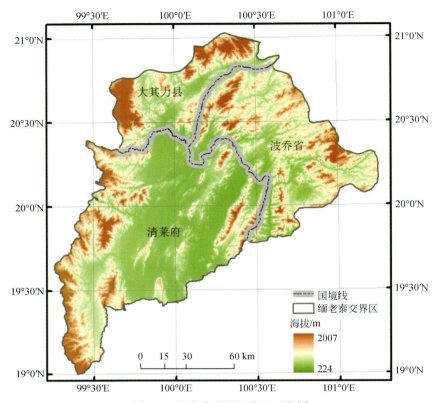

图 6-7　缅老泰交界区位置示意图

6.4.1　数据与方法

（1）数据来源

本研究采用 1990 年、2000 年、2010 年三个时间节点的 Landsat TM/ETM 数据和 2010 年经过波段合成与计算得到的 8 天合成的 250m 分辨率的 MODIS-NDVI 数据。Landsat TM/ETM 遥感影像来源于美国地质调查局地球资源观测系统数据中心（USGS/EROS Data Center, http：//glovis. usgs. gov/），缅老泰交界地区共涉及 3 景遥感影像，为了满足土地利用/土地覆被动态监测的需要，所选的遥感影像时间窗口相对一致，具体影像类型、轨道号、日期及分辨率见表 6-10。

表 6-10　缅老泰交界地区 Landsat TM/ETM 遥感影像数据列表

数据集	轨道号		日期	影像类型	分辨率/m
	条带号	行号			
1990 年	130	46	1989-01-11	TM	30
	131	46	1989-02-03	TM	30
	131	47	1989-02-03	TM	30
2000 年	130	46	2000-03-14	ETM	15
	131	46	2000-03-05	ETM	15
	131	47	2000-03-05	ETM	15
2010 年	130	46	2011-04-22	TM	30
	131	46	2010-02-13	ETM+ [*]	15
	131	46	2010-03-01	ETM+ [*]	15
	131	47	2009-01-17	TM	30

*表示为 SLC-OFF 影像，拟进行条带修复处理

（2）土地利用/土地覆被分类

参照《土地利用现状分类》（GB/T 21010—2007）标准，结合研究区土地利用/土地覆被野外调查数据，将缅老泰交界地区土地利用/土地覆被划分为耕地、园地、林地、建设用地、水域5个一级类和水田、旱地、轮歇地、橡胶林、有林地、灌木林地、城镇用地、农村居民点、河流、湖泊、水库坑塘11个二级类。缅老泰交界地区1990年、2000年和2010年3期土地利用/土地覆被类型图如图6-8所示，分类精度分别达到了91.8%、90.6%和93.2%，满足研究需求。

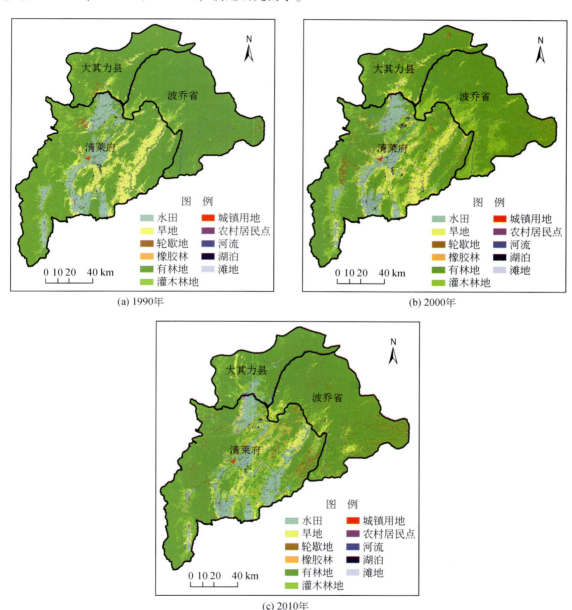

图6-8　缅老泰交界地区土地利用与土地覆被分类图

6.4.2　缅老泰交界地区土地利用/土地覆被数量变化特征

缅老泰交界地区林地占绝对主导，是土地利用的基质和最为主要的土地覆被类型；耕地居其次，是第一大土地利用类型（表6-11）。

表 6-11　缅老泰交界地区土地利用/土地覆被类型面积及比例

地类名称	1990 年		2000 年		2010 年	
	面积/km²	比例/%	面积/km²	比例/%	面积/km²	比例/%
耕地	**3 297.27**	**15.04**	**3 364.62**	**15.35**	**3 513.97**	**16.03**
水田	1 425.38	6.50	1 257.35	5.74	1 589.07	7.25
旱地	1 749.13	7.98	1 745.95	7.96	1 279.27	5.84
轮歇地	122.76	0.56	361.32	1.65	645.63	2.94
园地	**0.03**	**0.00**	**2.30**	**0.01**	**136.42**	**0.62**
橡胶林	0.03	0.00	2.30	0.01	136.42	0.62
林地	**18 253.08**	**83.26**	**18 093.08**	**82.53**	**17 860.95**	**81.47**
有林地	16 274.05	74.23	13 824.98	63.06	14 598.56	66.59
灌木林地	1 979.03	9.03	4 268.10	19.47	3 262.39	14.88
建设用地	**159.53**	**0.73**	**208.90**	**0.96**	**193.09**	**0.88**
城镇用地	10.48	0.05	9.91	0.05	9.49	0.04
农村居民点	149.05	0.68	198.99	0.91	183.60	0.84
水域	**213.39**	**0.97**	**254.41**	**1.16**	**218.89**	**1.00**
河流	174.14	0.79	184.18	0.84	176.26	0.80
湖泊	38.84	0.18	66.12	0.30	39.13	0.18
水库坑塘	0.41	0.00	4.11	0.02	3.50	0.02

1990～2010 年，林地面积持续减少，由 1990 年的 18 253.08km² 下降至 2010 年的 17 860.95km²，比重下降了 1.79%；相应地，耕地和园地面积持续增大，面积分别增加了 216.70km² 和 136.39km²，比重分别增大了 0.99% 和 0.62%；建设用地和水域的面积先增大后减小。具体而言（表 6-11）：

1990～2000 年，林地面积减小 160.00km²，表现为有林地面积的减小和灌木林地面积的增大，其中，有林地减小 2449.07km²，灌木林地增加 2289.07km²；耕地面积增大 67.35km²，表现为水田面积减小 168.03km²，旱地面积减小 3.18km²，轮歇地面积增大 238.56km²；橡胶林面积增大 2.27km²；建设用地面积增加 49.37km²，其中，城镇用地减少 0.57km²，农村居民点增加 49.94km²；水域面积增大 41.02km²，其中，河流、湖泊和水库坑塘分别增加 10.04km²、27.28km² 和 3.70km²。

2000～2010 年，林地面积减小 232.13km²，表现为有林地面积的增加和灌木林地面积的减小，其中，有林地增加 773.58km²，灌木林地减小 1005.71km²；耕地面积增大 149.35km²，表现为水田面积增加 331.72km²，旱地面积减小 466.68km²，轮歇地面积增加 284.31km²；橡胶林面积增大 134.12km²；建设用地面积减小 15.81km²，其中，城镇用地减少 0.42km²，农村居民点减小 15.39km²；水域面积减小 35.52km²，其中，河流、湖泊和水库坑塘分别减小 7.92km²、26.99km² 和 0.61km²。

6.4.3　缅老泰交界地区土地利用/土地覆被转移变化特征

土地利用/土地覆被的转移变化，既包括某种地类转出为其他用地类型，也包括其他用地类型转入为本类，表 6-12 显示了缅老泰交界地区 1990～2000 年、2000～2010 年 11 种土地利用/土地覆被类型之间的相互转化。

表 6-12　缅老泰交界地区土地利用/土地覆被转移变化矩阵　　　　　（单位：km²）

时段	土地类型	水田	旱地	轮歇地	橡胶林地	有林地	灌木林地	城镇用地	农村居民点	河流	湖泊	水库坑塘
1990~2000年	水田	942.61	202.98	0.32	0.00	107.50	137.61	1.06	21.44	1.66	9.45	0.76
	旱地	144.40	1 091.48	5.33	1.90	107.10	365.99	0.00	20.09	4.30	7.15	1.39
	轮歇地	1.17	8.65	11.17	0.00	62.87	38.01	0.00	0.08	0.15	0.66	0.00
	橡胶林地	0.00	0.00	0.00	0.00	0.00	0.03	0.00	0.00	0.00	0.00	0.00
	有林地	90.24	201.43	290.61	0.01	13 001.94	2 636.87	0.03	15.90	22.22	14.03	0.78
	灌木林地	54.38	231.31	53.68	0.39	526.24	1 081.14	0.24	13.54	5.35	12.38	0.39
	城镇用地	0.53	0.08	0.00	0.00	0.22	0.00	8.54	1.11	0.00	0.00	0.00
	农村居民点	10.87	4.88	0.03	0.00	3.91	2.56	0.05	126.55	0.12	0.08	0.00
	河流	4.27	3.43	0.17	0.01	12.08	3.54	0.00	0.18	149.73	0.72	0.00
	湖泊	8.75	1.70	0.00	0.00	3.04	2.32	0.00	0.10	0.62	21.57	0.73
	水库坑塘	0.12	0.01	0.00	0.00	0.08	0.02	0.00	0.00	0.04	0.09	0.05
2000~2010年	水田	782.89	131.16	1.74	1.32	167.21	153.27	0.70	10.78	5.93	1.96	0.40
	旱地	472.16	580.34	10.31	11.48	188.75	457.44	0.00	17.58	5.18	2.28	0.43
	轮歇地	1.70	5.24	44.95	2.75	242.74	63.69	0.00	0.04	0.20	0.01	0.00
	橡胶林地	1.35	0.53	0.08	0.00	0.21	0.12	0.00	0.00	0.01	0.00	0.00
	有林地	143.15	135.46	379.32	41.23	12 184.45	918.42	0.08	8.03	10.65	3.83	0.34
	灌木林地	153.24	410.64	207.95	78.48	1 771.36	1 628.98	0.00	5.83	6.03	5.18	0.40
	城镇用地	0.01	0.14	0.00	0.00	0.70	0.36	8.71	0.00	0.00	0.00	0.00
	农村居民点	9.18	9.65	0.40	0.04	16.78	21.92	0.00	140.66	0.24	0.12	0.02
	河流	9.33	1.85	0.64	0.15	14.27	7.70	0.00	0.53	147.09	2.46	0.17
	湖泊	15.17	4.04	0.24	0.95	11.59	9.64	0.00	0.14	0.88	22.59	0.89
	水库坑塘	0.90	0.24	0.00	0.01	0.51	0.84	0.00	0.00	0.04	0.70	0.86

由表 6-12 可以看出：

1990~2000 年，共有 482.78km² 的水田转化为其他用地类型，转出的水田主要转化为旱地、灌木林地和有林地，分别占水田转出面积的 42.04%、28.50% 和 22.27%；共有 657.65km² 的旱地转化为其他用地类型，转出的旱地主要转化为灌木林地、水田和有林地，分别占旱地转出面积的 55.65%、21.96% 和 16.29%；轮歇地主要转化为有林地和灌木林地，分别占轮歇地转出面积的 56.34% 和 34.06%；共有 3272.12km² 的有林地转化为其他用地类型，有林地主要转化为灌木林地，占有林地转出面积的 80.59%；灌木林地主要转化为有林地和旱地，分别占灌木林地转出面积的 58.61% 和 25.76%。

2000~2010 年，共有 474.47km² 的水田转化为其他用地类型，转出的水田主要转化为有林地、灌木林地和旱地，分别占水田转出面积的 35.24%、32.30% 和 27.64%；共有 1165.61km² 的旱地转化为其他用地类型，转出的旱地主要转化为水田、灌木林地和有林地，分别占旱地转出面积的 40.51%、39.24% 和 16.19%；轮歇地主要转化为有林地和灌木林地，分别占轮歇地转出面积的 76.73% 和 20.13%；共有 1640.51km² 的有林地转化为其他用地类型，有林地主要转化为灌木林地和轮歇地，分别占有林地转出面积的 55.98% 和 23.12%；灌木林地主要转化为有林地和旱地，分别占灌木林地转出面积的 67.12% 和 15.56%。这一时期，分别有 15.17km² 和 11.59km² 的湖泊转化为水田和有林地，占湖泊转出面积的 34.84% 和 26.62%。

1990~2000 年，共有 314.73km² 的其他用地类型转化为水田，新增水田主要由旱地、有林地和灌木林地转化而来，分别占新增水田面积的 45.88%、28.67% 和 17.28%；共有 654.47km² 的其他用地类型转化为旱地，新增旱地主要由灌木林地、水田和有林地转化而来，分别占新增旱地面积的 35.34%、31.01% 和 30.78%；新增 350.14km² 的轮歇地主要由有林地和灌木林地转化而来，分别占新增轮歇地面积的 83.00% 和 15.33%；新增 823.04km² 的有林地主要由灌木林地转化而来，占新增有林地面积的 63.94%；新增 3186.95km² 的灌木林地主要由有林地转化而来，占新增灌木林地面积的 82.74%；新增 72.44km² 的农村居民点主要由耕地和林地转化而来，分别占新增农村居民点面积的 57.43% 和 40.64%。

2000~2010 年，共有 806.19km² 的其他用地类型转化为水田，新增水田主要由旱地、灌木林地和有林地转化而来，分别占新增水田面积的 58.57%、19.01% 和 17.76%；共有 698.95km² 的其他用地类型转化为旱地，新增旱地主要由灌木林地、有林地和水田转化而来，分别占新增旱地面积的 58.75%、19.38% 和 18.77%；新增 600.68km² 的轮歇地主要由有林地和灌木林地转化而来，分别占新增轮歇地面积的 63.15% 和 34.62%；新增 136.41km² 的橡胶林主要由灌木林地和有林地转化而来，分别占新增橡胶林面积的 57.53% 和 30.23%；新增 2414.12km² 的有林地主要由灌木林地转化而来，占新增有林地面积的 73.38%；新增 1633.40km² 的灌木林地主要由有林地和旱地转化而来，分别占新增灌木林地面积的 56.23% 和 28.01%；新增 42.93km² 的农村居民点主要由耕地和林地转化而来，分别占新增农村居民点面积的 66.15% 和 32.29%。

由上述分析可以看出，1990~2010 年，缅老泰交界地区土地利用/土地覆被类型的相互转化主要表现为耕地和林地间的相互转化以及耕地、林地内部各子类型间的相互转化。

第7章 澜沧江流域土地利用/土地覆被变化的影响与响应

在基本摸清澜沧江流域土地利用/土地覆被的多样性和地域性的基础上（第4章），我们从典型地类和典型地区两个层面认识了澜沧江流域土地利用/土地覆被变化的基本特征（第5、6章）。更进一步，我们试图从居民点分布及其影响因素、交通建设及其景观干扰、水利设施及其对土地利用/土地覆被的影响等不同角度来探讨澜沧江流域土地利用/土地覆被变化的影响问题。

7.1 澜沧江流域居民点空间分布格局及其影响因素

居民点是人们居住、从事生产和其他活动的场所。居民点的空间分布状况是在一定自然、经济、社会发展环境下，人类居住活动在其分布地区的反映，是人地关系的核心。本节讨论其与地形、河流水系、交通道路等多种环境要素的关系，对综合区域环境因素影响下的居民点的分布特征进行整体分析和探讨。

7.1.1 澜沧江流域居民点空间分布特征

澜沧江流域居民点空间分布密度总体较为稀疏，远低于全国0.78个/km²的水平，且又存在显著的空间分布差异性，总体上呈现"北疏南密"的空间分布格局。居民点分布密度最大的区域位于流域中下游，以云县为中心的区域，分布密度大于0.1个/km²，但仍低于我国东部平原的居民点分布密度。这是因为该区域地势较为开阔，平均海拔在1500~2500m，地处云南省中部，是云南省人口及居民点分布较为集中之处。由云县向北，随着纬度的增高，居民点密度逐渐下降，与流域海拔增高的方向一致。在流域北段出现居民点密度少于0.01个/km²的县域，如巴青县、丁青县、治多县、杂多县，且出现大面积的无居民点区域。由云县向南，居民点密度大体上由北向南逐渐降低，但降幅要低于向北的降幅，其最低密度为0.035个/km²。

流域内上游和中游居民点分布表现出点状和带状集群的特征。这主要是因为上游和中游居民点沿河分布的比例较大，居民点沿河谷集中分布造成。

7.1.2 地形对居民点空间分布的影响

（1）海拔对居民点空间分布的影响

海拔影响当地的气候、植被以及人类的生活和生产活动，从而影响居民点的分布。通常，随着海拔的升高，土地资源开发的难度增加，农业生产受到的限制也增多，居民点分布的密度和人口规模都在降低。澜沧江流域地势北高南低，海拔在386~6349m，差异悬殊。

表7-1给出了澜沧江流域不同海拔上的居民点分布情况。由表可知，澜沧江流域74.05%的居民点分布在海拔2500m以下，而海拔2500m以下的土地面积仅为流域面积的44.46%。因此，海拔2500m以下是澜沧江流域居民点分布的主要区域。另外，在海拔3500~4500m，居民点比例出现小高峰，且居民点分布密度较大。这是因为，海拔3500~4500m的区域大部分位于澜沧江流域上游的河谷地带，地势相对平

缓，草原广阔，适于放牧，居民点数量略有增加。而海拔 2500～3500m 的区域主要位于澜沧江的高山峡谷地带。这一区域，山高谷深，河流深切，呈"V"形峡谷，地面十分破碎。该区域面积比例较小，仅占流域面积的 8.30%，且居住环境恶劣，居民点数量显著下降，居民点分布比例仅为 7.93%。海拔 4500～5000m 仅有极少数居民点分布，海拔 5000m 以上则没有行政村，更没有乡镇级的居民点。因此，海拔 5000m 可视为澜沧江流域居民点分布的海拔上限。

表 7-1　澜沧江流域居民点分布与海拔的关系

分级序号	海拔分级/m	面积/km²	面积比例/%	居民点个数/个	居民点比例/%	居民点密度/(个/km²)
1	<500	1.62	0	0	0	0
2	500～1000	10 260.49	6.19	664	6.25	0.064 7
3	1000～1500	28 538.20	17.22	2 483	23.37	0.087 0
4	1500～2000	21 060.38	12.71	2 947	27.73	0.139 9
5	2000～2500	13 820.56	8.34	1 775	16.70	0.128 4
6	2500～3000	8 262.78	4.99	550	5.18	0.066 6
7	3000～3500	5 492.16	3.31	292	2.75	0.053 2
8	3500～4000	8 783.47	5.30	1 012	9.52	0.115 2
9	4000～4500	27 959.48	16.87	863	8.12	0.030 9
10	4500～5000	34 118.71	20.58	40	0.38	0.001 2
11	>5000	7 448.61	4.49	0	0	0

分行政级别来看（图 7-1），在全流域范围内，县城在海拔 1000～2000m 分布最为集中，流域一半的县城分布在该海拔区间。乡镇级居民点和村级居民点在海拔 1000～2000m 和 3500～4500m 出现两个波峰。海拔 1000～2000m 主要分布在澜沧江流域的下游，这个区域土地面积占全流域的 29.93%，集中了乡镇级居民点和村级居民点的 51%，并且下游居民点总数的 77.52% 分布在这个区域。通过研究发现，流域内海拔最高的县城是杂多县，海拔 4067m，海拔最高的乡镇是查旦乡，海拔 4750m。从居民点分布密度来看，总体上低海拔地区的密度大于高海拔的地区。因此，澜沧江流域居民点分布受海拔因素影响明显。

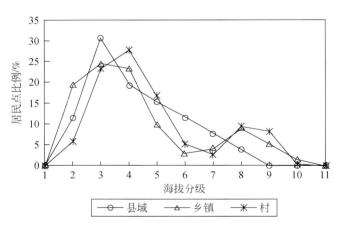

图 7-1　澜沧江流域不同等级居民点分布与海拔的关系

（2）坡度对居民点空间分布的影响

坡度是地表单元陡缓的程度，通常把坡面的垂直高度和水平宽度的比叫做坡度。坡度对于农业耕作和人类居住的影响十分明显。随着坡度的增加，土壤侵蚀、水土流失程度会加重，土地利用方式也会受到一定限制，而且坡度越大越容易出现滑坡泥石流等自然灾害，从而对陡坡地上及坡脚下居民的生产生活乃至生命安全构成严重威胁。实地考察发现，澜沧江流域大量居民点分布在坡度较大的区域，导致该区域陡坡耕作现象严重。

表 7-2 给出了澜沧江流域不同坡度上的居民点分布情况。由于流域地形原因，具有较小坡度的区域面积比重较低，从表 7-2 可知，低于 5° 的土地面积仅占流域土地面积的 6.44%，而居民点分布比例达 9.70%。澜沧江流域居民点分布比例最大的区域位于坡度 10°~15°。坡度 25° 以下分布着流域 85.00% 的居民点。此外，居民点分布密度随着坡度的增大而逐渐减小，表明在较低比例的低坡度土地上，相对分布着更多的居民点。

表 7-2 澜沧江流域居民点分布与坡度的关系

分级序号	坡度分级/(°)	面积/km²	面积比例/%	居民点个数/个	居民点比例/%	居民点密度/(个/km²)
1	<5	10 679.38	6.44	1031	9.70	0.096 5
2	5~10	20 622.86	12.44	1911	17.98	0.092 7
3	10~15	27 159.57	16.39	2368	22.29	0.087 2
4	15~20	29 603.73	17.86	2142	20.16	0.072 4
5	20~25	26 936.11	16.25	1580	14.87	0.058 7
6	25~30	21 032.63	12.69	864	8.13	0.041 1
7	30~35	14 457.95	8.72	401	3.77	0.027 7
8	35~40	8 590.04	5.18	194	1.83	0.022 6
9	40~45	4 118.19	2.49	96	0.90	0.023 3
10	>45	2 545.99	1.54	39	0.37	0.015 3

坡度对不同等级的居民点的影响有所不同（图 7-2）。92.31% 的县城分布在坡度小于 10° 的区域，该坡度区间的土地主要分布在较大的湖泊周围、谷底水域附近以及山间盆地。这里自然条件优良，耕地集中，适于农业生产和工商业布局，形成了规模较大的居民点。乡镇级居民点的分布比例随着坡度的增大而逐渐减小，83.88% 的乡镇级居民点分布在坡度小于 15° 的区域。村级居民点的分布比例在坡度 15° 以下随着坡度的增大而增大，在坡度 15° 以上随着坡度的增大而减少，坡度 25° 以下的土地集中了流域 83.46% 的农村居民点。在坡度 5° 以下，居民点分布比例最大的是县城，最小的是农村。这一现象表明，区域内坡度较小的土地面积有限，更倾向于形成较高级别的居民点。

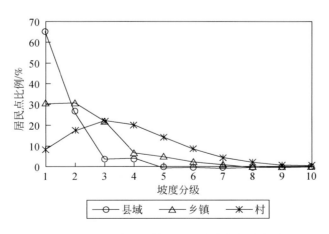

图 7-2 澜沧江流域不同等级居民点分布与坡度的关系

（3）坡向对居民点空间分布的影响

坡向即坡面法线在水平面上的投影方向，是影响山区土地资源特征及其利用的重要因素之一，制约着光、热、水等条件的局部差异性（Prentice et al.，1985）。坡向影响着日照时数和太阳辐射强度。通常，向光坡（阳坡或南坡）和背光坡（阴坡或北坡）之间温度或植被的差异显著。坡向对降水的影响也很明显，由于一山之隔，降水量可相差几倍。不同坡向上光、热、水等条件的差异决定了坡向对居民点可能产生的影响。

表7-3给出了澜沧江流域不同坡向上的居民点分布情况。从全流域来看，东南、正南、西南方向的居民点分布比例较高，分布比例分别是13.93%、13.89%和13.72%；正北、西北、正西方向的居民点分布比例较低，分布比例分别是9.94%、10.09%和12.49%。因此，从流域角度来看，居民点分布倾向于南半弧。

表7-3　澜沧江流域居民点分布与坡向的关系

坡向	面积/km²	面积比例/%	居民点个数/个	居民点比例/%	居民点密度/（个/km²）
平坡	262.03	0.16	3	0.03	0.011 4
正北	21 117.82	12.74	1056	9.94	0.050 0
东北	22 449.46	13.54	1371	12.90	0.061 1
正东	20 425.76	12.32	1383	13.01	0.067 7
东南	19 427.99	11.72	1480	13.93	0.076 2
正南	20 430.76	12.33	1476	13.89	0.072 2
西南	21 925.86	13.23	1458	13.72	0.066 5
正西	20 132.58	12.15	1327	12.49	0.065 9
西北	19 574.19	11.81	1072	10.09	0.054 8

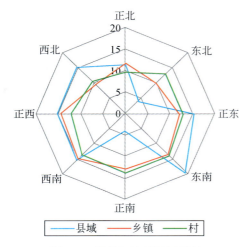

图7-3　澜沧江流域不同等级
居民点分布与坡向的关系

不同行政级别的居民点的分布与坡向的关系有明显的差别（图7-3）。澜沧江流域县级居民点分布比例最大的方向是东南，分布比例为19.23%；乡镇级居民点分布比例较大的方向是西南、正西和东南，分布比例依次为15.13%、14.80%和13.82%；村级居民点分布比例较大的方向是西南、东南和正南，分布比例依次为13.94%、13.87%和13.79%。流域县级居民点分布比例最小的方向是东北，分布比例为3.85%；乡镇级居民点分布比例最小的方向是东北和西北，分布比例均为9.54%；而村级居民点分布比例最小的方向是正北，分布比例为9.75%。由上述分析可以看出，流域不同级别的居民点，也均倾向分布于南半弧，但这种倾向性并不十分明显。

（4）地形起伏度对居民点空间分布的影响

地形起伏度是指在某一确定面积内所有栅格中最大高程与最小高程之差，它是定量描述地貌形态、划分地貌类型的重要指标，在宏观区域内反映地面的起伏特征。地形起伏度对道路线路的选择以及工程造价的影响较大，所以起伏度较大的地区对交通的发展有较大的限制，对当地居民的出行会造成很大的影响。起伏度较大的地区往往也是生态环境脆弱的地区，因此，分布在起伏度较大区域的居民点往往人地矛盾突出，生态环境更易遭受破坏，从而对居民点的分布形成限制。

表7-4给出了澜沧江流域不同地形起伏度上的居民点分布情况。从表中可以看出，地形起伏度100～500m集中了居民点和土地面积的大多数，居民点分布比例达到了79.61%，土地面积占流域面积的76.53%。居民点分布比例最大的区间是300～400m，达到了26.61%。居民点的分布密度随着起伏度的增大而逐渐减小。因此，地形起伏度对居民点分布有显著的影响。

表 7-4 澜沧江流域居民点分布与地形起伏度的关系

分级序号	地形起伏度/m	面积/km²	面积比例/%	居民点个数/个	居民点比例/%	居民点密度/(个/km²)
1	<100	5 648.94	3.41	575	5.41	0.101 8
2	100~200	18 133.43	10.94	1397	13.15	0.077 0
3	200~300	34 572.71	20.86	2339	22.01	0.067 7
4	300~400	41 909.56	25.29	2828	26.61	0.067 5
5	400~500	32 226.02	19.44	1896	17.84	0.058 8
6	500~600	17 207.80	10.38	875	8.23	0.050 8
7	600~700	8 220.47	4.96	450	4.24	0.054 7
8	700~800	4 145.57	2.50	189	1.78	0.045 6
9	800~900	2 137.36	1.29	59	0.56	0.027 6
10	900~1000	978.83	0.59	11	0.10	0.011 2
11	>1000	565.75	0.34	7	0.07	0.0124

澜沧江流域县城均分布在地形起伏度 300m 以下的区域，其中，53.85% 的县城分布在地形起伏度小于 100m 的区域。流域乡镇级居民点全部分布在地形起伏度 400m 以下的区域，其中，起伏度 100~200m 是乡镇级居民点分布的主要区间，占流域乡镇居民点的 48.03%。流域村级居民点全部位于地形起伏度 500m 以下的区域，100~200m 同样是村级居民点分布的主要区间，占流域村级居民点的 58.77%（图 7-4）。

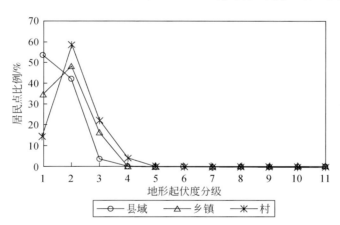

图 7-4 澜沧江流域不同等级居民点分布与地形起伏度的关系

7.1.3 河流对居民点空间分布的影响

河流对居民点分布的影响一方面体现在生产生活用水、排水的便利程度上，另一方面则是因为河谷中的地形、土壤、交通等条件较好，更适合居民点的分布。澜沧江流域许多区域受地形和经济条件的制约，供水等基础设施无法满足居民的需要，导致不少农村居民生产生活用水依赖于河流、湖泊或水库。同时，居民点分布与河流之间通常保持一定的距离，以避免汛期洪水产生的危害。因此，距离河流的远近是居民点分布的重要影响因素。

表 7-5 给出了澜沧江流域距河流不同距离上居民点的分布情况。从表中可以看出，居民点分布比例随着距河流距离的增加而逐渐增大，在距河流 200~300m 时，居民点分布比例达到最大，此后，随着距河流距离的增加而逐渐减小。因此，最佳居民点分布是带状分布在河流两侧一定距离内。流域内距河流 400m 范围内集中了流域居民点的 55.97%，可以说这一范围是居民点分布的主要地带。同时可以看出，

在距离河流小于100m的地带，居民点分布较少，比例仅为5.97%。

表7-5 澜沧江流域居民点分布与其距河流距离的关系

分级序号	距河流距离/m	居民点个数/个	居民点比例/%	分级序号	距河流距离/m	居民点个数/个	居民点比例/%
1	<100	634	5.97	9	800~900	422	3.97
2	100~200	1646	15.49	10	900~1000	299	2.81
3	200~300	2258	21.25	11	1000~1100	245	2.30
4	300~400	1409	13.26	12	1100~1200	181	1.71
5	400~500	995	9.36	13	1200~1300	138	1.30
6	500~600	843	7.94	14	1300~1400	109	1.03
7	600~700	588	5.53	15	1400~1500	88	0.83
8	700~800	531	4.99	16	>1500	240	2.26

距河流400m的范围对高级别的居民点的吸引力要高于低级别的居民点。88.46%的县城、69.74%的乡镇级居民点和55.48%的村级居民点分布在距河流距离400m的范围内（图7-5）。乡镇级居民点和村级居民点在距河流300m以内随着距离的增加分布比例逐渐增大，300m以外乡镇居民点和村级居民点大体上呈现出随着距河流距离的增加分布比例逐渐减小的规律，表明居民点分布并非距河流越近越好，原因是如果居民点距河流太近，在汛期易受暴涨的洪水危害。

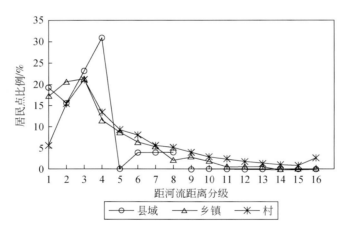

图7-5 澜沧江流域不同等级居民点分布与距河流距离的关系

7.1.4 道路对居民点空间分布的影响

道路与居民点的关系密切，道路以其与外界连通的便利性吸引着人口和产业的聚集，对居民点的形成和发展有巨大的推动作用。它通过改变居民点的交通区位对其空间分布产生较大影响。由于地形的影响，澜沧江流域内公路沿河、盘山修建现象十分普遍，而且高等级公路较少，宽度较窄，迂回距离长而直线距离短，公路质量差，运输效率低，交通条件已经成为影响澜沧江流域尤其是中上游地区资源开发、区域合作以及城市化进程的主要障碍。道路对澜沧江流域居民点分布的影响十分明显。

表7-6给出了澜沧江流域距道路不同距离上居民点的分布情况。由表中可以看出，随着距道路距离的增大流域居民点的分布比例逐渐降低。流域内71.17%的居民点分布在道路两侧200m范围内。

表7-6　澜沧江流域居民点分布与其距道路的距离的关系

分级序号	距道路距离/m	居民点个数/个	居民点比例/%	分级序号	距道路距离/m	居民点个数/个	居民点比例/%
1	<200	7562	71.17	7	1200～1400	195	1.84
2	200～400	995	9.36	8	1400～1600	158	1.49
3	400～600	487	4.58	9	1600～1800	113	1.06
4	600～800	336	3.16	10	1800～2000	81	0.76
5	800～1000	281	2.65	11	>2000	181	1.70
6	1000～1200	237	2.23				

由图7-6可知，澜沧江流域县城均分布在距道路1000m范围内。其中，73.08%的县城分布在距道路200m范围内。距道路距离200m范围内分布有88.16%的乡镇级居民点和70.66%的村级居民点。

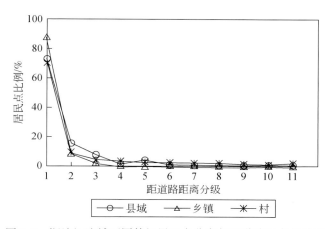

图7-6　澜沧江流域不同等级居民点分布与距道路距离的关系

7.2　道路干扰对澜沧江流域景观格局的影响

澜沧江流域作为我国与东南亚各国交流的必经之路，是连接东盟和我国的陆地桥梁，流域道路交通基础设施建设对区域国际合作具有重要意义。澜沧江流域以公路运输为主，公路运输占社会总运量的90%以上。经过多年开发建设，流域公路交通有了很大发展，214国道贯穿南北，317国道、318国道、320国道、323国道等多条国道横贯东西，昆曼国际大通道、杭瑞高速等也相继建成通车。近年来，随着西部大开发战略的实施，流域道路建设更是突飞猛进。云南公路网规划表明，在实施西部大开发战略期间，至2020年，将继续投入巨资，建设未来干线公路网。道路的发展给流域带来巨大经济效益的同时，也对流域生态环境产生了巨大影响（刘世梁等，2007；Fu et al.，2010）。由此，全面了解澜沧江流域道路干扰现状，分析道路干扰的环境影响，对合理制定流域道路规划，保护流域复杂、多样和脆弱的生态系统，构建和谐的"自然-经济-社会"复合系统意义重大。

7.2.1　澜沧江流域道路干扰强度及其分布特征

道路的影响程度要受到道路等级、道路宽度、交通流量、周围环境等多种因素的影响（李俊生等，2009）。参考现有研究成果（Liu et al.，2008），本研究综合考虑道路自身属性、道路周围地形条件等多

种因素，构建道路干扰指数，衡量道路对周围景观的影响，具体计算公式为

$$I_{d} = L \times D \tag{7-1}$$

式中，I_d 为道路干扰指数；L 为道路等级。由于道路的宽度、交通流量等属性与道路的等级存在一定的相关关系，一般来说，道路的等级越高，其宽度越大，交通流量也越大。因此，本研究以道路等级代表道路自身的所有属性。其中，高速或国道为 1 级，$L=1$；省道为 2 级，$L=2$；县乡道路为 3 级，$L=3$；乡级以下道路为 4 级，$L=4$。D 为考察点与道路间的距离。澜沧江流域地形起伏剧烈，考察点与道路间的距离不仅与其与道路间的水平距离有关，而且与考察点与道路间的高程差异有关。因此，式（7-1）中 $D = \sqrt{E^2 + H^2}$，其中，E 为考察点与道路间的最小直线距离，H 为考察点与道路间的高程差异。这里，考察点与道路间的距离均指考察点距道路中心线的距离。

由上述分析可以看出，本研究中道路干扰指数（I_d）的取值范围为 $0 \sim +\infty$，干扰指数值越小，表明道路等级越高或考察点距道路越近，则道路干扰程度越强。为了便于理解和比较道路对流域景观的干扰程度，将道路干扰指数值进行归一化处理，归一化处理方法如式（7-2）所示：

$$nI_{d} = \frac{I_{di} - I_{dmin}}{I_{dmax} - I_{dmin}} \tag{7-2}$$

式中，nI_d 为归一化道路干扰指数；I_{di} 为原始道路干扰指数；I_{dmax}、I_{dmin} 分别为原始道路干扰指数的最大值和最小值。归一化道路干扰指数在 $0 \sim 1$。

澜沧江流域归一化道路干扰指数平均值为 0.27。流域将近一半地区的归一化道路干扰指数小于 0.2，85% 的地区的归一化道路干扰指数小于 0.5，表明澜沧江流域整体受道路干扰的程度较为严重（图 7-7）。

从流域尺度看，澜沧江流域下游地区受道路干扰的程度最大，中游地区次之，而上游地区受道路干扰的程度最小（图 7-8）。流域道路干扰程度的区域差异主要是由澜沧江流域特殊的地形地貌特征导致的。流域北部高山峡谷相切的主体地貌，使得道路修建难度远大于中部中山宽谷区和南部的中低山宽谷盆地，其道路密度也远小于中部和南部地区，从而导致相对较小的道路干扰。

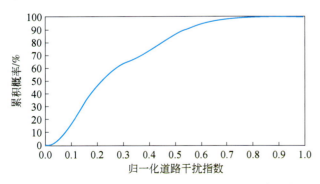

图 7-7　澜沧江流域归一化道路干扰指数累积概率分布图

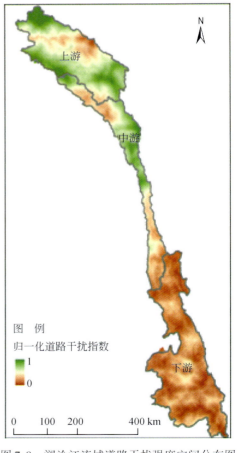

图 7-8　澜沧江流域道路干扰强度空间分布图

从县域尺度看，流域上游地区受道路影响最大的区域位于青海省玉树县（现为玉树市），西藏自治区昌都县西南部受道路影响的程度也较大。这主要是因为玉树县和昌都县均是当地政治、经济、文化和交通的中心。中游地区以大理白族自治州境内各县道路干扰程度最强，这也是由于大理白族自治州是滇西、

滇西北的交通枢纽和物资集散地。而下游地区几乎所有的县域均受到较强的道路干扰。

将流域道路干扰空间分布图与道路交通图叠加分析发现，流域内道路强干扰中心主要位于高速、国道、省道等高等级公路交汇处，如西双版纳傣族自治州境内昆磨高速与省道交汇处，普洱市、临沧市境内214国道与省道交汇处，大理白族自治州境内杭瑞高速、320国道与省道交汇处以及玉树县境内214国道与省道交汇处等。这一方面是由高等级公路对景观的干扰较低等级公路更强所致，另一方面也是因为高等级公路交汇处的道路密度较其他区域更高。

从空间分布上看，澜沧江流域道路干扰呈现出以离散的强干扰区域为中心，干扰强度向外围逐渐减弱的格局（图7-9）。从空间形态上看，流域道路的各等级干扰域为面积不等、边界形状复杂的不规则多边形。

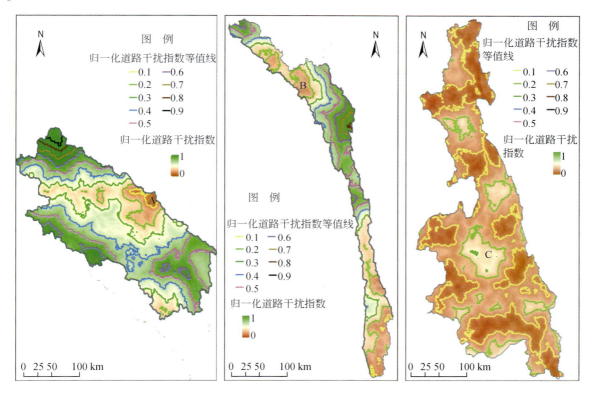

图 7-9　澜沧江流域上、中、下游道路干扰等值线图

7.2.2　澜沧江流域不同道路干扰等级的景观格局特征

考虑到澜沧江流域归一化道路干扰指数的平均值为0.27，且95%的地区的归一化道路干扰指数小于0.6，研究依据归一化道路干扰指数将澜沧江流域道路干扰程度由高到低划分为Ⅰ~Ⅳ四个等级（表7-7），以2005年流域景观分布特征为例，利用ArcView的斑块分析模块，分析流域不同道路干扰等级内景观的组成和结构特征。

表 7-7　澜沧江流域道路干扰等级

干扰等级	归一化道路干扰指数	道路干扰指数	干扰程度
Ⅰ	≤0.2	7.9 ~ 11 566.8	强干扰
Ⅱ	0.2 ~ 0.4	11 566.8 ~ 23 125.7	中度干扰

续表

干扰等级	归一化道路干扰指数	道路干扰指数	干扰程度
Ⅲ	0.4~0.6	23 125.7~34 684.7	弱干扰
Ⅳ	>0.6	34 684.7~57 802.5	无干扰

由图7-10可以看出，随着道路干扰强度逐渐减弱，各道路干扰等级内草地的面积比例不断增大，由第Ⅰ干扰等级的22.5%增加到第Ⅲ干扰等级的63.7%；林地、耕地和建设用地的面积比例不断减小，分别由第Ⅰ干扰等级的60.3%、15.7%和0.35%减小到第Ⅲ干扰等级的20.5%、0.37%和0.01%，表明澜沧江流域道路影响较小区域内的景观类型以草地为主，而道路干扰较强区域内的景观类型以林地为主，代表人类活动影响的耕地和建设用地也主要分布于道路干扰较强的区域内。林地和草地在不同道路干扰等级内的分布格局主要是由澜沧江流域的植被分布特征决定的，澜沧江流域道路干扰较小的区域主要分布于流域上游地区，而上游地区的景观类型以草地为主，约占上游地区总面积的71%，而林地仅占16%。流域内耕地和建设用地等代表人类活动的景观主要分布于道路影响较大的区域内，呈现出向道路集中的趋势，这表明道路网络加剧了人类土地利用活动的强度。

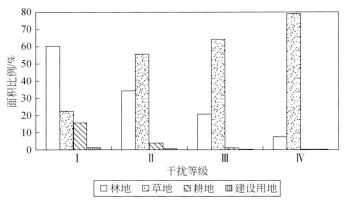

图7-10 澜沧江流域不同道路干扰等级内的景观组分

对不同道路干扰等级内各景观类型的结构分析表明，随着道路干扰强度逐渐减弱，林地和耕地的斑块密度不断增大，平均斑块面积不断减小，表明林地和耕地越来越破碎，说明流域林地和耕地在低等级道路干扰区内以离散分布的小斑块形式存在，而在高等级道路干扰区内以聚合的大斑块形式存在。而随着道路干扰强度逐渐减弱，草地的斑块密度逐渐减小，平均斑块面积不断增大，表明与林地和耕地相反，流域草地在低等级道路干扰区内为聚合的大斑块，而在高等级干扰区内比较破碎（图7-11）。

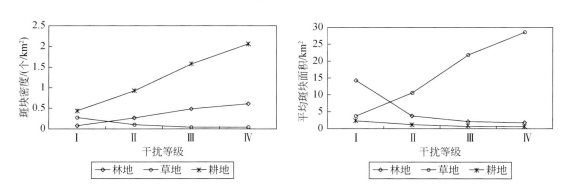

图7-11 澜沧江流域不同道路干扰等级内的景观结构

7.2.3 澜沧江流域不同道路干扰等级的景观演变特征

为了分析道路干扰对流域景观变化的影响,研究选取代表自然景观的林地和草地,以及代表人类活动影响的耕地和建设用地为例,分析西部大开发前后两个时段(1995～2000 年和 2000～2005 年)流域不同道路干扰等级内各景观类型面积和结构的变化特征。

(1)林地

1995～2000 年,澜沧江流域林地面积减小,破碎程度加剧,流域林地处于退化过程(图 7-12)。流域道路干扰较强的区域内林地景观的变化以数量变化为主,表现为林地转化为其他景观类型;低干扰等级内林地景观的变化以结构变化为主,表现为林地景观内部空间格局的重构。

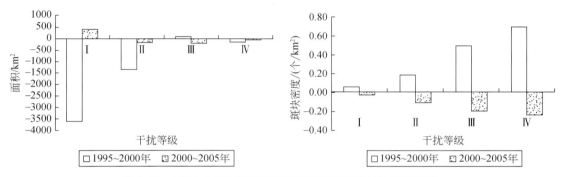

图 7-12 1995～2005 年澜沧江流域林地面积和结构变化特征

2000～2005 年,澜沧江流域林地面积略有增加,破碎程度减弱,流域林地处于恢复过程。高干扰等级内林地景观的变化仍以数量变化为主,表现为其他景观类型向林地的转化;低干扰等级内林地景观的变化以结构变化为主,同时伴随着林地向其他景观类型的转化。

(2)草地

1995～2000 年,澜沧江流域草地面积整体略有增加,但破碎程度明显增大,流域草地处于退化过程(图 7-13)。流域草地在高干扰等级内表现为其他土地利用类型向草地的转化,在低干扰等级内表现为草地转化为其他土地利用类型。

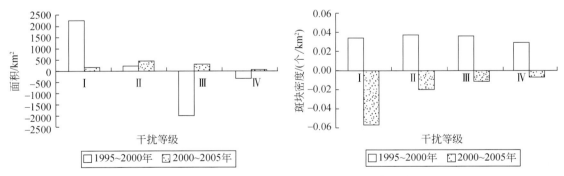

图 7-13 1995～2005 年澜沧江流域草地面积和结构变化特征

2000～2005 年,流域草地面积继续增大,破碎程度明显减弱,流域草地处于恢复过程,且高干扰等级内草地的恢复更明显。

(3)耕地

1995～2000 年,澜沧江流域耕地面积增加,破碎程度加剧。流域高道路干扰等级内耕地的变化以原有耕地的扩张为主,低干扰等级内耕地的变化以耕地地块的增多为主(图 7-14)。

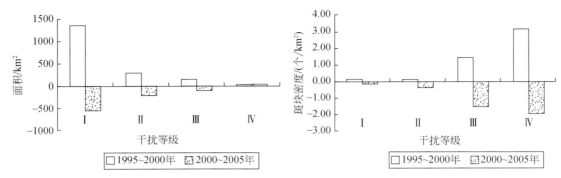

图 7-14　1995～2005 年澜沧江流域耕地面积和结构变化特征

2000～2005 年，澜沧江流域耕地面积和破碎程度均有不同程度的减小。流域高干扰等级内耕地面积的减小以原有耕地的萎缩为主，而低干扰等级内耕地面积的减小以耕地斑块的消失为主。

（4）建设用地

1995～2000 年和 2000～2005 年两个时间段内，澜沧江流域各道路干扰等级内建设用地面积均有不同程度的增加，且高干扰等级内新增建设用地的面积远大于低干扰等级（图 7-15）。流域建设用地的开发在道路影响域内以在原有建设用地周围的扩张为主；在无道路影响区域内以建设用地斑块数目的增多为主。

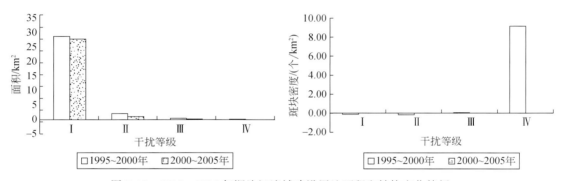

图 7-15　1995～2005 年澜沧江流域建设用地面积和结构变化特征

综上所述，1995～2000 年，澜沧江流域景观类型的变化主要是林地转换为其他景观类型，流域景观处于退化状态；2000～2005 年，澜沧江流域景观类型的变化主要是耕地转换为其他景观类型，流域景观处于恢复过程。各道路干扰等级相比，高干扰等级内景观组分转换幅度更大，这主要是由于道路交通增加了人类土地利用活动的广度和深度，从而引起土地覆被类型间的相互转换，而低干扰等级内景观类型间的转化较少，主要表现为同一景观类型内部空间结构的重构。

7.3　水利设施对库区土地利用的干扰与影响

水电是重要的可再生能源，其开发利用对社会经济的可持续发展有着十分重要的作用。大型水电工程在发电、防洪、农业灌溉、航运及生活用水等方面均可发挥重要作用。水电开发在给社会带来巨大经济利益和社会效益的同时，也对人类赖以生存的生态环境产生了不同程度的影响（刘兰芬，2002；谭奇林，2007；钟华平等，2007）。

澜沧江干流全长约 2179km，流域面积约 16.48 万 km²，天然落差约 4583m，地形条件优越，水量丰沛稳定，是我国十三大水电基地之一。澜沧江干流不仅水能资源十分丰富，而且具有地形地质条件优越、水量丰沛稳定、水库淹没损失小、综合利用效益好等特点，特别是中下游河段最为优越，被列为近期重点开发河段。澜沧江干流水电开发模式为梯级水电开发，共规划有 4 库 22 级水电站，总装机容量约

31 890MW（崔文佳等，2011）。

澜沧江干流分上、中、下游三个河段，上游西藏河段规划有1库7级水电站，自上而下分别为侧格、约龙、卡贡、班达、如美、邦多和古学，总装机容量约5850MW。中下游云南段又分为上游段、中游段和下游段，上游段长约489km，天然落差1036m，开发条件较好，规划有1库7级水电站，自上而下依次为古水、乌弄龙、里底、托巴、黄登、大华桥及苗尾，总装机容量9580MW。中游段有1库4级水电站，自上而下分别为功果桥、小湾、漫湾和大朝山，总装机容量8110MW。目前，中游段4座水电站均已投产发电（图7-16）。下游段按照1库4级规划，自上而下分别为糯扎渡、景洪、橄榄坝和勐松。勐松电站目前开发条件不太确定，糯扎渡、景洪及橄榄坝合计装机容量8360MW（崔文佳等，2011）。其中景洪水电站已建成发电，糯扎渡水电站正在建设中（图7-16）。

在已建成的5座电站中，功果桥水电站位于云南省云龙县大栗树西侧，是澜沧江中下游河段"2库8级"的最上游一级电站。功果桥电站正常蓄水位1307m，相应库容3.16亿m³，为日调节水库。电站以发电为主，总装机容量为900MW（胡华，2010）。小湾电站位于云南省大理白族自治州南涧县与临沧地区凤庆县交界的澜沧江中游河段，是目前澜沧江流域梯级电站的龙头电站，具有多年调节能力。电站正常蓄水位1240m，相应库容151.3亿m³。小湾电站以发电为主，总装机容量4200MW，同时兼有防洪、灌溉、拦沙及航运等综合能力。漫湾水电站位

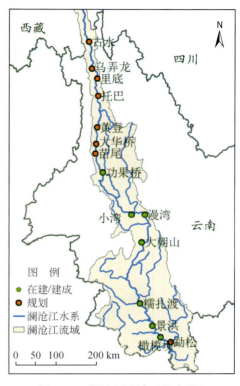

图7-16 澜沧江流域（云南段）水电资源分布图

于云南省临沧市云县与普洱市景东彝族自治县（简称景东县）交界处的漫湾镇上游附近，是澜沧江干流水电梯级开发的第一个大型电站，正常蓄水位994m，相应库容10.6亿m³，以发电为单一开发目标，总装机容量1550MW，具有不完全季调节能力。大朝山电站同样位于云县与景东县交界处，上距漫湾电站约131km，具有季调节能力。景洪电站位于云南省西双版纳傣族自治州景洪市，正常蓄水位602m，相应库容11.4亿m³。景洪电站以发电为主，总装机容量1750MW，同时兼有航运、防洪、灌溉等综合利用效益。各电站的基本参数见表7-8。

表7-8 澜沧江干流已建成梯级电站基本参数

电站	开工年份	建成年份	坝高/m	总库容/亿 m³	总装机容量/MW
功果桥	2007	2012	105	3.16	900
小湾	2002	2010	292	151.3	4200
漫湾	1985	1993	132	10.6	1550
大朝山	1993	2003	115	9.4	1350
景洪	2003	2009	110	11.4	1750

7.3.1 典型案例区

本节以漫湾电站和小湾电站（图7-17）组成的梯级水电站库区范围为典型案例区，研究水电开发对库区土地利用/土地覆被的影响。水电站库区界定以王忠泽等（2000）所定义的库区范围为参考，即电站

所涉及的澜沧江河段两岸分水岭以内的区域，上游到小湾电站迴水处，下游至漫湾电站坝址所在子流域（图7-18）。

图7-17　漫湾电站和小湾电站

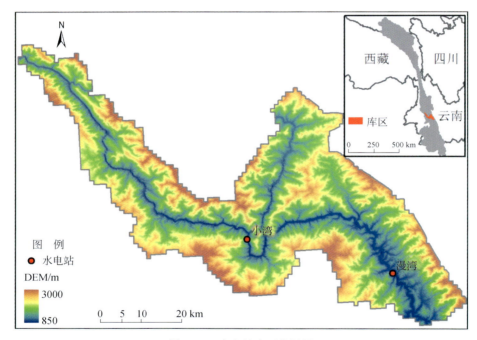

图7-18　水电站库区位置图

案例区位于99°31′E～100°37′E，24°30′N～25°09′N，总面积为2845.73km²。海拔为850～3000m，地形起伏较大，总体地势为四周高中间低。库区气候为亚热带低纬度山地季风气候，干湿分明，立体气候明显。库区多年平均气温为11～21℃，各地冷暖差异主要由地势起伏造成；库区多年平均降水量为1000～1200mm。

该地区经济以农业为主，主要农作物为水稻、玉米、小麦、豆类等粮食作物，以及油菜、甘蔗、茶叶、烤烟等经济作物（周庆等，2010）。

7.3.2　水电开发前后库区土地利用/土地覆被组成及其变化特征

1974～2010年漫湾和小湾水电站库区土地利用/土地覆被类型空间分布如图7-19所示。基于库区土地利用/土地覆被类型图统计发现，库区土地利用/土地覆被类型始终以林地为主，4个时期库区林地面积均达到库区总面积的3/5以上；耕地面积次之，4个时期均超过库区总面积的1/5；其他土地利用/土地覆被类型面积均较小（表7-9）。

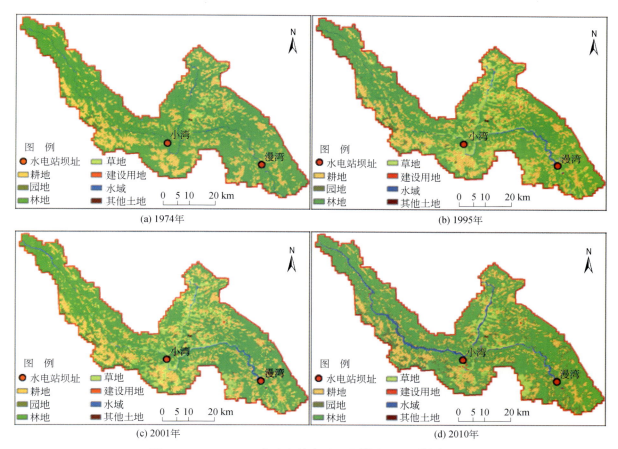

图 7-19　1974～2010 年水电站库区土地利用/土地覆被类型图

表 7-9　1974～2010 年水电站库区各土地利用/土地覆被类型面积及比例

地类名称	1974 年		1995 年		2001 年		2010 年	
	面积/km²	比例/%	面积/km²	比例/%	面积/km²	比例/%	面积/km²	比例/%
耕地	651.42	22.89	742.77	26.10	718.02	25.23	691.42	24.30
园地	10.95	0.38	32.80	1.15	51.57	1.81	90.94	3.20
林地	2103.07	73.91	1761.47	61.90	1749.65	61.49	1811.54	63.66
草地	43.07	1.51	255.17	8.97	265.61	9.34	126.19	4.44
建设用地	4.70	0.17	7.42	0.26	10.61	0.37	24.23	0.84
水域	31.44	1.11	44.89	1.58	48.77	1.71	99.61	3.50
其他土地	0.84	0.03	0.97	0.04	1.26	0.05	1.56	0.05
合计	2845.49	100	2845.49	100	2845.49	100	2845.49	100

　　对比水电站库区 4 个时期各土地利用/土地覆被类型的面积和构成比例可以看出，1974～2010 年，库区各土地利用/土地覆被类型的面积均发生了不同程度的波动变化。

　　1974～1995 年，库区林地面积减少 341.60km²，占原有林地面积的 16.24%。除林地外，其他土地利用/土地覆被类型的面积均增大。其中，草地的面积增加最多，为 212.10km²，将近原有草地面积的 5 倍；耕地次之，面积增加 91.35km²，占原有耕地面积的 14.02%；园地和水域面积也有较多增加，分别增加了 21.85km² 和 13.45km²，园地增长幅度较大，将近原有面积的两倍，水域增长幅度为 42.78%；建设用地面积增加不大，仅增加了 2.72km²，但增加幅度高达 57.87%。这一时期，水域面积的增加主要是由漫湾电站开发过程中筑坝截流形成大面积的水库导致的。而库区建设用地面积的增加，一方面是由于库区移民安置导致的,另一方面则是由库区人口的自然增长导致的。由于库区涉及的云县、景东县、南涧县、凤庆县和昌宁县工业不发达,农业是其主要的经济来源(周庆等,2010;李松志等,2005;刘成林,2012),因此,随着库区人口增多,库区内耕地和园地的面积大幅增加。

1995~2001年,库区林地和耕地面积减小,其他土地利用/土地覆被类型面积均增大。其中,耕地面积减少24.75km²,林地面积减少11.82km²,减少幅度分别为3.33%和0.67%。园地面积增加最多,为18.77km²,占原有园地面积的57.23%;草地次之,面积增加10.44km²,增加幅度为4.09%;建设用地面积仅增加3.19km²,但变化幅度高达42.99%。水域增加的面积和比例均较小。这一时期,库区水域面积相对稳定,主要是因为小湾水电站尚未开工建设,而漫湾水电站库容也相对稳定。库区内其他土地利用/土地覆被类型的变化幅度均较小,主要是因为这一时期时间跨度较小,库区内人口数量、经济发展水平变化不大,相应地,其对库区土地利用/土地覆被的影响也较小。

2001~2010年,库区草地和耕地面积减小,其中草地面积减少139.42km²,耕地面积减少26.60km²,减少幅度分别为52.49%和3.70%。除耕地和草地外,其他土地利用/土地覆被类型面积均增大。其中,水域面积增加50.84km²,比原有水域面积增加1倍多;园地面积增加39.37km²,增加幅度为76.34%;建设用地面积增加13.62km²,为原有建设用地面积的1.3倍。这一时期,水域面积的增加主要是由小湾电站开发过程中筑坝截流形成大面积的水库导致的。耕地面积减小,林地和园地面积增加则主要是由于该地区自2002年起实施退耕还林政策,许多坡耕地被退还为林地和园地导致的。

综上所述,1974~2010年,由于人口增加、水电开发、退耕还林还草政策等多种因素的共同作用,漫湾和小湾水电站库区园地、水域和建设用地的面积持续增加,耕地和草地的面积先增大后减小,而林地的面积先减小后增大。

7.3.3 水电开发前后库区土地利用/土地覆被转移变化特征

1974~2010年,水电站库区土地利用/土地覆被空间转移变化明显,表7-10为1974~1995年和2001~2010年两个时期库区土地利用/土地覆被类型的面积转移矩阵。通过面积转移矩阵可以得出各土地利用/土地覆被类型在不同时期的转化方向及其转移数量。

表7-10 1974~2010年水电站库区土地利用/土地覆被变化转移矩阵 (单位:km²)

时段	项目	耕地	园地	林地	草地	建设用地	水域	其他土地
1974~1995年	耕地	609.95	7.30	21.99	8.34	1.67	2.17	0.00
	园地	0.05	10.72	0.09	0.05	0.03	0.00	0.00
	林地	117.69	13.92	1719.05	232.88	0.80	18.69	0.04
	草地	13.37	0.85	16.67	11.92	0.13	0.06	0.08
	建设用地	0.00	0.00	0.00	0.00	4.70	0.00	0.00
	水域	1.71	0.00	3.67	1.99	0.10	23.97	0.00
	其他土地	0.00	0.00	0.00	0.00	0.00	0.00	0.85
2001~2010年	耕地	616.08	19.91	61.21	2.98	4.23	13.57	0.05
	园地	0.62	48.36	2.51	0.04	0.04	0.00	0.00
	林地	53.45	13.91	1637.42	14.63	4.46	25.69	0.09
	草地	20.08	8.60	108.39	107.37	4.82	16.26	0.08
	建设用地	0.00	0.00	0.00	0.00	10.61	0.00	0.00
	水域	1.19	0.16	2.00	1.17	0.08	44.09	0.07
	其他土地	0.00	0.00	0.00	0.00	0.00	0.00	1.26

（1）库区水域面积持续增加

1974～2010 年库区水域面积持续增加，这主要是由水电开发过程中筑坝截流形成大面积的水库导致的。分别对比 1974 年和 1995 年，2001 年和 2010 年库区土地利用/土地覆被类型图发现：1974～1995 年，库区共有 20.92km² 的土地转化为水域，表明漫湾水电站的修建共淹没 20.92km² 的土地，其中，林地 18.69km²，占淹没总面积的 89.34%；耕地 2.17km²，占淹没总面积的 10.37%；草地 0.06km²，占淹没总面积的 0.29%。2001～2010 年，库区共有 55.52km² 的土地转化为水域，表明小湾水电站的修建共淹没 55.52km² 的土地，其中，林地面积 25.69km²，占淹没总面积的 46.27%；草地面积 16.26km²，占淹没总面积的 29.29%；耕地面积 13.57km²，占淹没总面积的 24.44%。

（2）库区建设用地面积持续增加

1974～2010 年库区建设用地面积持续增加。1974～1995 年共有 2.73km² 的土地转化为建设用地，其中，耕地 1.67km²，占新增建设用地总面积的 61.17%；林地和草地分别为 0.80km² 和 0.13km²，分别占新增建设用地总面积的 29.30% 和 4.76%。此外，还有小部分的建设用地由园地转化而来。2001～2010 年，建设用地面积急剧增大，共有 13.63km² 的土地转化为建设用地，其中，草地 4.82km²，占新增建设用地总面积的 35.36%；林地和耕地分别为 4.46km² 和 4.23km²，分别占新增建设用地总面积的 32.72% 和 31.04%。

建设用地面积的增加主要是因为库区移民大多采用就地后靠安置方式（李俊峰，2012），从而使库区居民点增多，交通基础设施等项目也必然随之增多。此外，水电工程的基础设施建设也使库区建设用地面积明显增加。其中，1974～1995 年，0.05km² 的新增建设用地为水电工程基础设施占地，占新增建设用地总面积的 1.83%；2001～2010 年，1.24km² 的新增建设用地为水电工程基础设施占地，占新增建设用地总面积的 9.10%。

将新增建设用地与库区 DEM 叠加分析发现：1974～1995 年库区 84.72% 的新增建设用地分布在海拔 2000m 以下；2001～2010 年，库区 83.64% 的新增建设用地分布在海拔 2000m 以下。

（3）库区耕地面积先增大后减少

1974～2010 年库区耕地面积先增大后减小。1974～1995 年共有 132.82km² 的其他土地利用类型转化为耕地。新增耕地主要由林地和草地转化而来，面积分别为 117.69km² 和 13.37km²，分别占耕地转入面积的 88.61% 和 10.07%。2001～2010 年，库区共有 75.34km² 的其他土地利用类型转化为耕地。转入的耕地仍主要由林地和草地构成，面积分别为 53.45km² 和 20.08km²，分别占耕地转入面积的 70.95% 和 26.65%。由上述分析可以看出，库区新增耕地主要由林地和草地转化而来，这主要是因为水库移民使得库区耕地压力增大，在人均土地资源有限的情况下，必然会毁林开荒以弥补耕地的不足。

将新增耕地与库区坡度图叠加分析发现：1974～1995 年库区新增耕地仅 21.32% 分布在坡度 15° 以下，36.22% 分布于坡度 25° 以上；2001～2010 年，库区新增耕地仅 20.62% 分布在坡度 15° 以下，40.14% 分布于坡度 25° 以上。上述分析表明，补偿给库区移民的耕地主要是坡度 15° 以上的坡耕地，坡耕地作为主要水土流失源（付保红等，2005），其数量增加必将导致库区水土流失加剧，使库区环境更加脆弱。

（4）库区园地面积持续增加

1974～2010 年库区园地面积持续增大。1974～1995 年共有 22.07km² 的其他土地利用类型转化为园地，新增园地主要由林地和耕地转化而来，面积分别为 13.92km² 和 7.30km²，分别占园地转入面积的 63.07% 和 33.08%。2001～2010 年，库区共有 42.58km² 的其他土地利用类型转化为园地。转入的园地主要由耕地、林地和草地构成，面积分别为 19.91km²、13.91km² 和 8.60km²，分别占园地转入面积的 46.76%、32.67% 和 20.20%。

将新增园地与库区坡度图叠加分析发现：1974～1995 年库区新增园地 39.17% 分布在坡度 15° 以下，21.03% 分布于坡度 25° 以上；2001～2010 年，库区新增园地仅 24.60% 分布在坡度 15° 以下，34.03% 分布于坡度 25° 以上。上述分析表明，库区内园地主要分布于坡度 15° 以上。由于该区域内园地以茶园、核桃等经济林为主，与耕地相比，其在增加移民收入的同时，对生态环境的破坏大大降低。

（5）林地和草地总面积持续减少

由于上述水域、建设用地、耕地和园地等土地利用类型的新增面积均主要由林地和草地转化而来，因此，1974～2010 年库区林地和草地的总面积持续减小，这表明水电开发对库区林地、草地破坏严重。

7.3.4 库区土地利用/土地覆被变化空间动态度分析

表 7-10 仅反映了库区土地利用/土地覆被变化的幅度和趋势，无法反映出土地利用/土地覆被空间变化的速度。土地利用类型的空间变化速度可以用空间动态度 R_{ss} 来表示，其计算公式为（Zhao et al., 2010）

$$R_{ss} = \frac{\Delta U_{in} + \Delta U_{out}}{U_a} \times \frac{1}{T} \times 100\% \qquad (7-3)$$

式中，ΔU_{in} 为研究时段 T 内其他类型转变为该类型的面积之和；ΔU_{out} 为研究时段 T 内某一类型转变为其他类型的面积之和；U_a 为研究初期某一土地利用类型的面积。

漫湾和小湾水电站库区各土地利用/土地覆被类型变化的空间动态度见表 7-11。由表 7-11 可以看出，1974～1995 年，水电站库区园地、水域、草地和建设用地的空间动态度大于耕地和林地，表明这 4 种土地利用/土地覆被类型的转入转出频繁。其中，园地的空间动态度最大，主要是因为为了解决漫湾水电站建设导致的移民安置问题，库区谷坡地带的林地、草地被开垦成园地，导致园地面积增加。2001～2010 年，水电站库区建设用地变化的空间动态度最大，其次是水域、园地和草地，这主要是因为小湾水电站的建设，淹没大量土地，使库区水域面积增大，耕地的大量淹没和库区移民的安置，致使当地居民不断毁林开荒，开垦园地和耕地。

表 7-11　水电站库区各土地利用/土地覆被类型变化空间动态度

土地利用/土地覆被类型	空间动态度		
	1974～1995 年	1995～2001 年	2001～2010 年
耕地	1.27	0.47	1.18
园地	9.70	2.89	4.23
林地	0.97	0.35	0.78
草地	3.34	1.75	3.17
建设用地	2.76	2.04	6.12
水域	4.30	0.53	5.88
其他土地	0.69	1.45	1.12

1974～1995 年、1995～2001 年、2001～2010 年三个时期相比，1995～2001 年库区各土地利用/土地覆被类型的空间动态度最小，说明这一时期库区各土地利用/土地覆被类型相对稳定，表明水电开发是导致 1974～2010 年库区土地利用/土地覆被发生变化的最主要原因。2001～2010 年库区水域和建设用地的空间动态度大于 1974～1995 年，说明小湾电站的修建对库区土地利用/土地覆被的影响大于漫湾电站，表明库区土地利用/土地覆被的变化程度与水电站规模呈正相关关系。

第 8 章 | 澜沧江–湄公河流域相关专题研究

在澜沧江流域土地利用与土地覆被变化考察的基础上，我们组织了第一次湄公河流域考察，走访了老挝、越南、柬埔寨、泰国和缅甸等与湄公河相关的地区，并就澜沧江–湄公河流域的地形起伏度及其空间分布特征、人口分布及其与地形关系、昆曼高速及其对土地利用/土地覆被变化的影响等开展了跨国界研究。

8.1 澜沧江–湄公河流域地形起伏度研究

地形起伏度（relief degree of land surface，RDLS），又称地表起伏度，是区域海拔和地表切割程度的综合表征，是区域地形地貌特征的主要表征因子。澜沧江–湄公河流域地形起伏剧烈，地形条件影响着流域生态环境格局及水资源的形成、分布等，开展澜沧江–湄公河流域地形起伏度研究对于认识流域水资源系统及其生态环境具有重要意义。

8.1.1 澜沧江–湄公河流域地形起伏度空间分布特征

澜沧江–湄公河流域地形起伏度计算结果表明（图8-1），全流域上游地形起伏度平均值为0.92，中

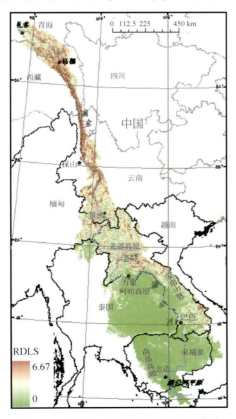

图 8-1 澜沧江–湄公河流域地形起伏度

游为 0.11, 下游为 0.05, 空间分布整体趋势为北部高于南部。具体来讲, 地形起伏度高值主要分布在澜沧江中段横断山脉的溜臂扎-功果桥河段, 行政区划上主要包括昌都市卡若区、察雅县、芒康县、德钦县、维西县、兰坪县和云龙县的部分地区。低值主要分布在湄公河中下游地区, 主要包括泰国东部、老挝南部的呵叻高原、柬埔寨中东部以及湄公河三角洲等地。

由澜沧江-湄公河流域地形起伏度分布面积的累积频率 (图 8-2) 可以看出, 澜沧江-湄公河流域地形起伏度以低值为主。其中, 地形起伏度在 0~2, 即地形起伏度低于 2 个基准山体 (相对高差≤1000m) 的区域占总面积的 93.39%; 地形起伏度在 0~1, 即低于 1 个基准山体 (相对高差≤500m) 的区域占总面积的 63.47%; 地形起伏度为 0 的区域约占全流域总面积的 10%。

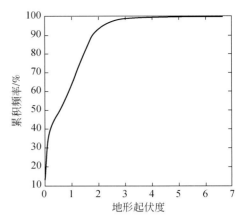

图 8-2 澜沧江-湄公河流域地形起伏度分布面积累计频率

8.1.2 澜沧江-湄公河流域地形起伏度与海拔的关系

将澜沧江-湄公河流域的海拔高程按照平均间隔 100m 分为 62 级, 并计算每一级海拔的地形起伏度平均值。澜沧江-湄公河流域不同海拔高程区间地形起伏度分布统计结果表明 (表 8-1), 澜沧江-湄公河流域地形起伏度高于 2 个基准山体 (相对高差≥1000m) 高度的区域, 均分布在海拔 2500m 以上, 其中, 地形起伏度最大值 3.59 分布的范围是海拔 5800~5899m; 地形起伏度低于 1 个基准山体 (相对高差≤500m) 高度的区域, 均分布在海拔 600m 以下, 其中, 地形起伏度最小值 0.06 分布在海拔 100m 以下地区。由此可见, 澜沧江-湄公河流域低海拔地区地形起伏度小, 高海拔地区地形起伏度大, 澜沧江-湄公河流域地形起伏度的垂直地带性分布十分明显。

表 8-1 澜沧江-湄公河流域海拔高程分级及地形起伏度分布

级	海拔/m	地形起伏度	级	海拔/m	地形起伏度	级	海拔/m	地形起伏度
0	-14~99	0.06	21	2100~2199	1.82	42	4200~4299	1.77
1	100~199	0.12	22	2200~2299	1.88	43	4300~4399	1.66
2	200~299	0.35	23	2300~2399	1.92	44	4400~4499	1.61
3	300~399	0.64	24	2400~2499	1.96	45	4500~4599	1.58
4	400~499	0.83	25	2500~2599	2.02	46	4600~4699	1.51
5	500~599	0.97	26	2600~2699	2.09	47	4700~4799	1.46
6	600~699	1.08	27	2700~2799	2.17	48	4800~4899	1.47
7	700~799	1.17	28	2800~2899	2.25	49	4900~4999	1.50
8	800~899	1.21	29	2900~2999	2.35	50	5000~5099	1.53
9	900~999	1.25	30	3000~3099	2.43	51	5100~5199	1.54
10	1000~1099	1.30	31	3100~3199	2.49	52	5200~5299	1.56
11	1100~1199	1.28	32	3200~3299	2.53	53	5300~5399	1.58
12	1200~1299	1.34	33	3300~3399	2.57	54	5400~5499	1.65
13	1300~1399	1.43	34	3400~3499	2.58	55	5500~5599	1.85
14	1400~1499	1.51	35	3500~3599	2.60	56	5600~5699	2.28
15	1500~1599	1.57	36	3600~3699	2.49	57	5700~5799	3.11
16	1600~1699	1.63	37	3700~3799	2.34	58	5800~5899	3.59
17	1700~1799	1.69	38	3800~3899	2.24	59	5900~5999	3.51
18	1800~1899	1.74	39	3900~3999	2.11	60	6000~6099	3.28
19	1900~1999	1.63	40	4000~4099	1.97	61	6100~6199	2.91
20	2000~2099	1.78	41	4100~4199	1.88	62	6200~6246	2.38

由地形起伏度在不同海拔高程范围内的分布趋势曲线（图8-3）可以看出，澜沧江-湄公河流域地形起伏度随高度变化出现了两个峰值，分别为海拔3500～3599m和海拔5800～5899m两个区间，其地理位置均位于横断山脉。具体而言：

在到达第一个峰值35（海拔为3500～3599m）时，澜沧江-湄公河流域地形起伏度整体呈上升态势，其中在高程范围为11（海拔为1100～1199m）时，地形起伏度均较前略有下降，此区域主要分布在澜沧江的南段，以及湄公河上游的老挝东北部高原，地貌特征为高地平原和河谷冲积台地。在高程范围为19（海拔为1900～1999m）时，地形起伏度较前亦略有下降，主要分布在澜沧江中下游的高地平原和山间盆地，其中位于洱源县和大理市的洱海较为明显。

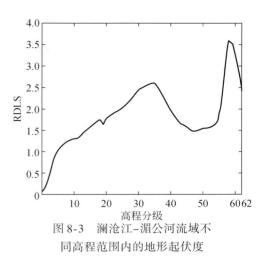

图8-3 澜沧江-湄公河流域不同高程范围内的地形起伏度

在高程范围为[36，62]，即海拔大于3700m时，地形起伏度呈现先下降后上升再下降的起伏态势。其中，在高程范围为[36，47]，即海拔为3700～4799m时，地形起伏度出现下降态势，主要分布在澜沧江上游的青藏高原和中游的高原台地。高程范围为[48，58]，即海拔为4800～5899m时，地形起伏度呈现上升态势，其中高程范围在[54，58]，即海拔在5499～5899m时，地形起伏度呈现急剧上升的态势，其主要分布在澜沧江中上游地区的高山山脊。高程范围为[59，62]，即海拔为5900～6246m时，地形起伏度又呈现急剧下降的态势，其主要分布在青藏高原台地。

8.1.3 澜沧江-湄公河流域地形起伏度与纬度的关系

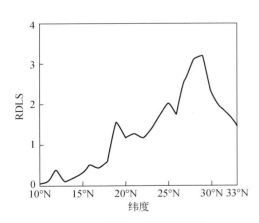

图8-4 澜沧江-湄公河流域不同纬度的地形起伏度

由地形起伏度随纬度的变化曲线（图8-4）可以看出，整体而言，澜沧江-湄公河流域的地形起伏度随纬度增高呈现逐渐增高的趋势，变化趋势符合流域内南部多平原、丘陵，北部多高原、峡谷的地貌特征。

流域内地形起伏度随纬度的分布出现五个峰值，由南向北，由低到高分别是12°N、16°N、19°N、25°N和29°N。具体而言，12°N、16°N的峰值属小峰值区间，地形起伏度均低于半个基准山体（相对高差<250m）的高度，平均海拔分别为160m和308m，前者位于柬埔寨的豆蔻山脉，其东面为绵延山地，西南为丘陵地；后者位于老挝境内的安南山脉南部的丘陵地区，沙湾拿吉至巴色，河床坡降较陡。纬度为19°N的峰值地形起伏度平均值为1.53，即约1.5个基准山体（相对高差约为750m）的高度，区域平均海拔为820m，位于老挝境内的安南山脉中北部，山坡陡峭，其北部是位于老挝北部、泰国黎府和清莱省山区的北部高原，虽海拔达1500～2800m，但高原面上起伏度不大，南部为蝶形山间盆地的呵叻高原，地形起伏较小。25°N的峰值地形起伏度平均值为2，即两个基准山体（相对高差为1000m）的高度，区域平均海拔为1970m，地处澜沧江中段和南段交汇处，南部为滇西南中低山盆谷区，地貌为中、低山宽谷盆地，为横断山余脉，越向南，山地起伏越趋和缓，山川间距越开阔，北部为滇中中山湖盆高原区，虽平均海拔高达2500m以上，但以中山高原湖盆地貌为主，地形起伏不大。29°N的区域地形起伏度平均值为3.17，即3个多基准山体（相对高差为1500m）的高度，区域平均海拔为3915m，是澜沧江-湄公河流域地形起伏度最大的区域，地处西藏东南角的横断山脉地区，行政上位于西藏的芒康县。

8.2 澜沧江-湄公河流域人口分布及其与地形因素的关系

澜沧江-湄公河一江连六国,自南而北流经了高原山地、河谷平原和河口三角洲等复杂多样的地形单元,地形地貌条件直接或间接地影响了流域生态环境格局及人口分布形式(潘韬等,2012;姚永慧等,2010)。毋庸置疑,研究澜沧江-湄公河流域人口空间分布及其与复杂地貌形态之间的关系具有重要的学术价值和实践意义。

8.2.1 澜沧江-湄公河流域人口分布的基本特征

在 2010 年澜沧江-湄公河流域人口密度栅格数据的基础上,利用 ArcGIS 的区域统计方法,统计提取了澜沧江-湄公河流域人口密度分级及各国境内的人口数量,定量揭示了澜沧江-湄公河流域人口分布的基本特征,研究表明,2010 年,澜沧江-湄公河流域总人口为 7187 万,密度为 78 人/km²,具体而言:

澜沧江-湄公河流域人口分布的基本态势是北疏南密(表 8-2),人口最为密集的区域位于最南端的湄公河三角洲,源头杂多县则是大片无人区。其中,人口密度在 10 ~ 50 人/km² 的区域面积最大,占比超过 1/3;其次是 0 ~ 10 人/km² 和 100 ~ 300 人/km² 的区域,面积占比均接近 1/4;人口密度大于 500 人/km² 的区域面积仅占 2.27%。就人口密集地区的空间分布来看,人口密度大于 300 人/km² 的区域,主要集中在中国大理洱海周边、泰国东部的呵叻直辖县、乌汶直辖县、乌隆直辖县、坤敬城、黎逸直辖县、是卡拉逢县、廊开府东部、柬埔寨首府金边、洞里萨湖周边零星城镇及湄公河三角洲核心地带。人口密度在 100 ~ 300 人/km² 的区域,国内主要分布在澜沧江南段的凤庆县、云县、保山市辖区和大理市、临沧市辖区,国外主要分布在泰国东北部地区,柬埔寨洞里萨湖周边、首府金边周边、湄公河三角洲地区。

表 8-2 澜沧江-湄公河流域人口密度分级统计

人口密度分级 /(人/km²)	人口		土地		分布区域
	总量 /万人	比例 /%	面积 /km²	比例 /%	
0 ~ 10	79.01	1.1	18.83	23.25	澜沧江北段中段、柬埔寨大部分地区、老挝及缅甸的东部部分地区
10 ~ 50	689.16	9.59	27.12	33.48	澜沧江中段南段、缅甸、老挝大部分地区、柬埔寨部分地区
50 ~ 100	861.01	11.98	11.76	14.52	澜沧江中段南段、缅甸东部、呵叻高原边缘及南部高地东北部
100 ~ 300	2927.39	40.73	18.91	23.35	澜沧江南段、泰国东北部、柬埔寨洞里萨湖周边、首府金边周边、湄公河三角洲周边
300 ~ 500	961.01	13.37	2.54	3.13	湄公河平原、泰国东部零星地区、柬埔寨首府金边及洞里萨湖周边零星城镇
>500	1669.46	23.23	1.84	2.27	中国大理洱海周边、柬埔寨首府金边及零星城镇、湄公河平原的九龙江

就澜沧江-湄公河流域各国人口分布来看(表 8-3),泰国境内的人口最多,占全流域人口总量的 42.31%;其次是柬埔寨,占 25.85%;中国、越南、老挝三国境内的人口总量相当,大约各占 10% 左右;最少为缅甸,不到 1%。就人口密度的国别差异来看,越南境内的人口密度最大,高达 367 人/km²,其次是泰国境内(147 人/km²),其余 4 国人口密度由高到低依次为柬埔寨、中国、老挝、缅甸。就各国内部而言,泰国人口密度最大值为 1515 人/km²,位于东北部的呵叻府,该府是泰国东北部的主要交通枢纽和

经济中心；柬埔寨流域内人口密度最大的地区是其首都金边，人口密度最大值高达 19 111 人/km²；中国流域内人口密度最大值为 1047 人/km²，位于云南大理；越南流域内人口密度最大值为 7732 人/km²，地处宁侨港，内有大的交易市场；老挝流域内人口密度最大值为 1013 人/km²，该区域位于其首都万象；缅甸流域内人口密度最大仅为 318 人/km²，该区域位于班歪。

表 8-3　澜沧江–湄公河流域流经各国人口统计

国家	人口数量		人口密度		土地	
	总量/万人	比例/%	最大/(人/km²)	平均/(人/km²)	面积/万 km²	比例/%
泰国	3 040.84	42.31	1 515	147	20.75	25.61
柬埔寨	1 857.85	25.85	19 111	107	17.31	21.37
中国	781.23	10.87	1 047	46	17.1	21.11
越南	744.58	10.36	7 732	367	2.03	2.51
老挝	705.77	9.82	1 013	33	21.5	26.54
缅甸	56.78	0.79	318	24	2.32	2.86

8.2.2　人口分布与高程分布的关系

澜沧江–湄公河流域海拔跨度大，最低值为 –14m，最高为 6236m，最大高差达 6250m。研究将流域的海拔每 100m 作为一个统计单元，利用 ArcGIS 的区域统计方法，分析了澜沧江–湄公河流域人口密度和人口总量随高程分布的变化规律，定量厘清了流域不同海拔区间人口分布状况。研究表明：

就人口密度而言（图 8-5），澜沧江–湄公河流域的人口密度随高程变化明显，人口密度随海拔由低到高经历了一个急降缓升又下降至尖灭的变化过程。具体而言，海拔在 0~899m 时，人口分布随高程呈现急剧下降的态势，人口密度由 219 人/km² 急剧下降到 28 人/km²，主要位于湄公河平原、南部高地、呵叻高原、北部高原和安南山脉的部分地区；海拔在 900~1999m 时，人口分布随高程呈现上升态势，人口密度由 29 人/km² 逐步上升到 101 人/km²，主要位于澜沧江下游，北部高原部分地区和安南山脉东部边缘；海拔在 2000~4099m 时，人口分布随高程呈现下降态势，人口密度由 93 人/km² 快速下降到 5 人/km²，主要位于澜沧江中游地区；当海拔超过 4100m 后，人口分布急剧减少直至尖灭，境内最高居民点是青海玉树自治州囊谦县的西部边缘拉布瓦格，海拔 4935m，其上是大片无人区。

就人口总量而言（图 8-5），澜沧江–湄公河流域的人口总量随海拔呈现倒指数增长变化。就不同高程分布的人口总量来看，高程在低于 300m 的区域，人口总量随高程的增加呈现急剧下降趋势，在高程为 0~

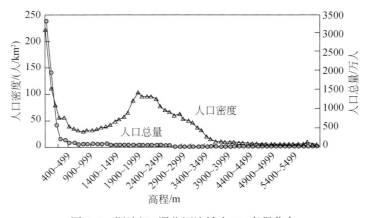

图 8-5　澜沧江–湄公河流域人口–高程分布

99m 时，其上分布的人口总量为 3307 万人；在 200～299m 时，其上分布的人口总量下降为 195 万人；在高于 300m 的区域，人口总量随高程的增加在缓慢减少。从人口和面积累积曲线看（图 8-6），当海拔上升到 20m 时，人口总量累积频率到达全流域的 40%，而面积累积频率仅占全流域的 10%；当海拔上升到 270m 时，人口总量累积频率为全流域的 80%，而面积累积频率不足全流域的 50%。据此反映的实际情况是，湄公河平原、南部高地、呵叻高原和北部高原的南部地区集聚了澜沧江–湄公河流域 80% 的人口。北部青藏高原、云贵高原、中南山地流域窄小、宜居面积有限，50% 以上的面积聚集了不到 20% 的人口，随海拔升高，人口分布相对稀疏，直至无人区。

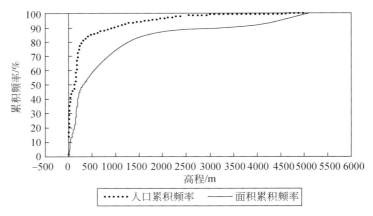

图 8-6　澜沧江–湄公河流域人口面积–高程累积曲线

8.2.3　人口分布与坡度分布的关系

地表坡度对太阳辐射、温度、水分及植被等自然因子有明显影响（叶宇等，2006），也直接影响到人类对居住地的选择。根据 1984 年全国农业区划委员会制定的《土地利用现状调查技术规程》和 2007 年国土资源部指定的《第二次全国土地调查技术规程》，研究将澜沧江–湄公河流域的坡度分为 5 级，结合人口密度的栅格数据，提取了各坡度级别的人口密度及人口总量，揭示了澜沧江–湄公河流域人口分布与坡度分布的关系（表 8-4）。同时，为厘清不同坡度上的平均海拔及人口总量的分布趋势，绘制了坡度与海拔及人口累积百分比曲线（图 8-7）。

表 8-4　澜沧江–湄公河流域人口与坡度统计

坡度/(°)	土地		人口数量		人口密度	
	面积/万 km²	比例/%	数量/万人	比例/%	最大/(人/km²)	平均/(人/km²)
0～2	40.08	49.48	5 795.24	80.63	19 111	145
2～6	7.71	9.52	328.39	4.57	19 110	43
6～15	14.83	18.31	506.78	7.05	1 563	34
15～25	12.81	15.82	406.59	5.66	1 563	32
>25	5.57	6.87	150.04	2.09	1 047	27

从澜沧江–湄公河流域坡度分布与人口分布的总体变化趋势看（图 8-7），整体而言，在坡度小于 38° 的区域，随着坡度的增加，人口累积百分比经历了从坡度为 0°～2° 的急升，再从 2°～38° 的缓升，直到接近 100%。与之对应的平均海拔经历了较为平缓的上升，由 131m 上升到 2914m；在坡度大于 38° 的区域，随着坡度的增加，人口累积百分比曲线稳定地趋于 100%，而平均海拔经历了缓降又快升再起伏的过程。38°～66° 的区域，平均海拔随坡度的增加而下降，该区域主要分布在澜沧江中游河谷地区；坡度大于 66° 的区域，平均海拔随坡度的增加而快速上升，而后又高低起伏，该区域主要分布在澜沧江中游的高山峡

谷地区。

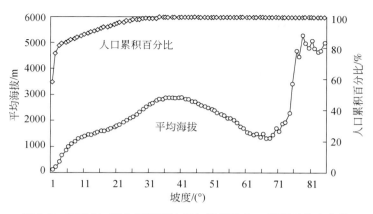

图8-7 澜沧江–湄公河流域坡度与海拔及人口累积百分比曲线

从坡度分级统计看（表8-4），澜沧江–湄公河流域80%的人口集中分布在坡度小于等于2°的平坦区域，其面积占全流域总面积的近一半，人口密度平均值为145人/km²，最大值为19 111人/km²，其地理位置主要分布在湄公河平原、南部高地、呵叻高原及泰国北部。坡度为2°～6°的区域土地面积占全区不到1/10，人口比重仅占4.57%，平均人口密度仅43人/km²，主要分布于北部高原边缘及柬埔寨东部地区。坡度为6°～15°和15°～25°的区域土地面积及人口总量比重相当，人口密度平均值分别为34人/km²和32人/km²。坡度大于25°的区域土地和人口比重均很少，各占全区的6.87%和2.09%，平均人口密度为27人/km²。

8.2.4 人口分布与坡向分布的关系

坡向直接影响太阳辐射的强度，也影响温度、水分等，因此影响人类对居住地的选择。研究基于澜沧江–湄公河流域的坡向及人口密度栅格数据，提取了各类坡向的人口密度及人口总量，定量揭示了澜沧江–湄公河流域人口分布与坡向分布的关系。

从澜沧江–湄公河流域坡向分布与人口分布的分布规律来看（表8-5），总体而言，除平坡外，澜沧江–湄公河流域各坡向的人口密度及人口总量数值相差较小，表明澜沧江–湄公河流域各坡向人口分布均匀。相对而言，平坡地区人口密度明显大于其他地区，这是由于澜沧江–湄公河流域绝对平坦的区域很少，其所占人口总量比重明显小于其他坡向。

表8-5 澜沧江–湄公河流域人口与坡向统计

坡向	土地		人口数量		人口密度	
	面积 /万km²	比例 /%	数量 /万人	比例 /%	最大 /(人/km²)	平均 /(人/km²)
平坡（-1）	0.12	0.14	17.54	0.24	1 549	152
北坡（0°～22.5°，337.5°～360°）	9.06	11.19	853.58	11.88	20 755	95
东北坡（22.5°～67.5°）	10	12.34	1 068.5	14.87	19 111	108
东坡（67.5°～112.5°）	10.74	13.26	1 020.64	14.2	1 983	96
东南坡（112.5°～157.5°）	10.27	12.67	993.95	13.83	7 732	98
南坡（157.5°～202.5°）	10.72	13.24	913.02	12.7	2 649	86
西南坡（202.5°～247.5°）	11.37	14.04	871.41	12.13	3 554	77
西坡（247.5°～292.5°）	10.22	12.62	733.21	10.2	1 948	73
西北坡（292.5°～337.5°）	8.5	10.5	715.21	9.95	3 737	85

8.2.5　人口分布与地形起伏度的关系

地形起伏度又称地表起伏度，是区域海拔和地表切割程度的综合表征。国内外学者普遍认为地形起伏度是影响人口分布的重要因素之一（刘焱序和任志远，2012；Feng et al.，2009）。研究基于澜沧江–湄公河流域的地形起伏度和人口密度栅格数据，绘制人口密度随地形起伏度变化的曲线，探讨了澜沧江–湄公河流域人口分布与地形起伏度的关系（图8-8）。

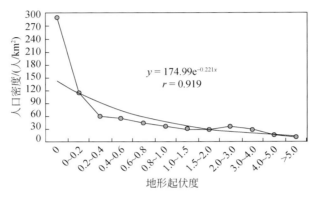

$$y = 174.99e^{-0.221x}$$
$$r = 0.919$$

图 8-8　澜沧江–湄公河流域人口面积–地形起伏度累积曲线

人口与地形起伏度的相关分析表明，澜沧江–湄公河流域人口密度与地形起伏度呈倒指数关系，其相关系数高达0.919。可见，地形起伏度对人口分布的影响较为显著，流域内大部分人口分布于低起伏地区。具体而言（表8-6，图8-9），当地形起伏度为0，即相对高差≤30m时，相应的人口占流域总量的36.64%，人口密度达到291人/km²，相应的面积仅占全流域总面积的11.32%，人口密度最大值为19 111人/km²；当地形起伏度达到0.2，即相对高差≤100m时，累积人口数已达到全流域总量的74.95%，相应的面积仅占全流域总面积的40.9%；当地形起伏度达到1.0，即相对高差≤500m时，人口累积达到全流域的87.99%；地形起伏度超过3（相对高差≥1500 m）的区域仅分布了0.35%的人口。就人口密度的变化而言，地形起伏度小于0.2，即相对高差≤100m时，区域人口密度变化显著，地形起伏度大于0.2的区域人口密度波动平缓。

表 8-6　澜沧江–湄公河流域人口与地形起伏度统计

地形起伏度	土地		人口数量		人口密度	
	面积/万 km²	比例/%	数量/万人	比例/%	最大/（人/km²）	平均/（人/km²）
0	9.17	11.32	2 633	36.64	19 111	291
0～0.2	23.96	29.58	2 753	38.30	7 732	116
0.2～0.4	4.99	6.16	301	4.19	2 649	61
0.4～0.6	4.45	5.49	236.1	3.28	2 649	54
0.6～0.8	4.74	5.85	206.7	2.88	1 563	44
0.8～1.0	5.21	6.43	192.7	2.68	1 563	37
1.0～1.5	13.84	17.09	410.5	5.71	1 563	30
1.5～2.0	9.19	11.35	265.9	3.7	1 047	29
2.0～3.0	4.45	5.5	162.9	2.27	937	37
3.0～4.0	0.81	1	22.22	0.31	769	28
4.0～5.0	0.18	0.22	2.67	0.04	154	15
>5.0	0.01	0.01	0.13	0	19	11

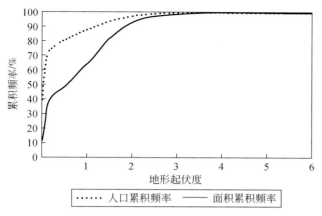

图 8-9　澜沧江–湄公河流域人口密度–地形起伏度累积曲线

8.3　昆曼高速沿线土地利用/土地覆被地域格局与国别差异

昆曼公路是中国连接东南亚国家的重要南北通道，起于云南昆明，途径玉溪、思茅、西双版纳进入老挝琅南塔、波乔，经会晒进入泰国清孔，在泰国境内经清莱、清迈最后抵达泰国曼谷。昆曼公路始建于 1992 年，于 2008 年 12 月正式通车。全长 1807km，由中国段（688km）、老挝段（229km）和泰国段（890km）组成。2013 年 12 月，连接老挝会晒和泰国清孔的会晒大桥正式贯通，至此，昆曼大通道实现了全线贯通。本节只研究中老缅泰交界区内昆曼高速段（图 8-10），包括中国段、老挝段和泰国段，具体信息见表 8-7。

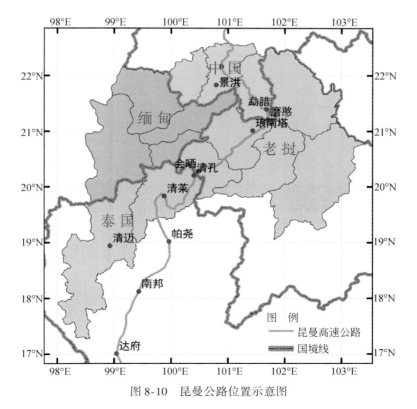

图 8-10　昆曼公路位置示意图

表8-7 昆曼高速在中老缅泰交界地区的具体路段信息

途经国家	具体路段	所在省（市）	路段长度/km
中国	思茅—小勐养	思茅、西双版纳	97
	小勐养—磨憨	西双版纳	217
老挝	磨憨—南伦桥	琅南塔	86
	南伦桥—索德村	琅南塔、波乔	125
	索德村—会晒	波乔	
泰国	会晒—清孔大桥	清莱	11
	清孔—清莱	清莱	113
	清莱—帕尧	清莱、帕尧	393

8.3.1 昆曼公路（中国段）土地利用/土地覆被变化分析

（1）总体数量变化

橡胶林、有林地是变化最剧烈的土地利用类型。2000～2010年，橡胶林面积由75 754.82hm² 增加到143 439.32hm²，占土地总面积比例增加了16.18%，土地利用变化动态度为0.09。有林地面积由262 245.11hm² 减少到212 248.64hm²，占土地总面积比例减少了11.93%，土地利用变化动态度为-0.02。人工状态的土地类型（长期农地、茶园、橡胶林、建设用地）均有所增加，增幅从高到低依次为：橡胶林、茶园、长期农地、建设用地。自然状态的土地类型（草地、有林地、灌木林、水域）均有所减少，减幅从高到低依次为：有林地、灌木林、草地、水域（表8-8）。

表8-8 昆曼公路中国段沿线2000年和2010年土地利用/土地覆被状况

地类名称	2000 年		2010 年		比重变化	动态度
	面积/hm²	比重/%	面积/hm²	比重/%		
长期农地	25 784.70	6.16	27 075.35	6.47	0.31	0.01
茶园	12 919.06	3.09	23 292.08	5.56	2.48	0.08
橡胶林	75 754.82	18.09	143 439.32	34.27	16.17	0.09
草地	2 332.37	0.56	351.17	0.08	-0.47	-0.08
有林地	262 245.11	62.64	212 248.64	50.71	-11.93	-0.02
灌木林	35 656.01	8.52	7 971.58	1.90	-6.61	-0.08
建设用地	1 927.61	0.46	2 425.45	0.58	0.12	0.03
水域	2 047.21	0.49	1 774.91	0.42	-0.06	-0.01

天然林（有林地、灌木林）转变为橡胶林是土地利用转换的主要形式。有林地转化为橡胶林的面积为40 767.16hm²，灌木林转化为橡胶林的面积为24 710.51hm²。此外，有林地转变为长期农地（3744.15hm²）、有林地转变为茶园（8032.55hm²）、有林地转变为灌木林地（5800.09hm²）的现象也较为明显。有林地是受人为干扰最大的一种土地覆被类型（表8-9）。

表8-9　昆曼公路中国段沿线2000年和2010年土地利用/土地覆被转移矩阵单位　（单位：hm²）

2000年 \ 2010年	长期农地	茶园	橡胶林	草地	有林地	灌木林	建设用地	水域
长期农地	18 587.49	1 100.27	4 005.75	39.30	1 086.15	219.51	503.42	231.03
茶园	270.86	12 088.48	83.09		379.41	1.98	74.46	20.59
橡胶林	1 910.79	693.26	71 997.00		811.96	23.92	89.66	187.68
草地	299.91	70.95	1 561.69		378.60	4.05	15.38	1.26
有林地	3 744.15	8 032.55	40 767.16	201.44	20 3374.45	5 800.09	188.58	74.37
灌木林	1 562.59	1 187.23	24 710.51	110.97	6 061.42	1 904.23	82.82	26.98
建设用地	301.89	46.04	93.88		5.85	7.46	1 448.47	24.01
水域	397.75	69.69	222.75		116.46	9.35	22.21	1 207.64

（2）空间变化

将昆曼公路中国段具体划分为北段、中段和南段，2000年和2010年沿线10 km缓冲带土地利用分布和变化如图8-11所示。2000～2010年，昆曼公路中国段土地利用/土地覆被的地域格局明显，其中，北段土地利用/土地覆被的主要特征是茶园的扩张，中段和南段土地利用/土地覆被的主要特征是有林地、灌木林转变为橡胶林。

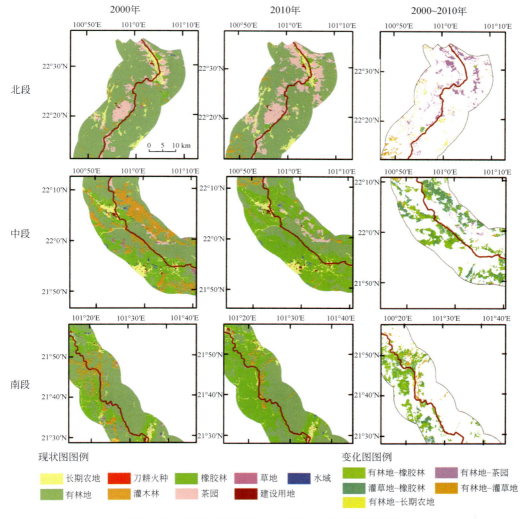

图8-11　昆曼公路中国段土地利用/土地覆被变化图

（3）沿线缓冲带土地利用综合变化

2000年和2010年昆曼公路中国段沿线土地利用程度变化如图8-12所示。结果表明，昆曼公路中国段土地利用程度在距离公路沿线近的地带较大，总体上随公路距离的增加而减少。2000~2010年，昆曼公路中国段土地利用程度有所增加，在距离公路沿线近的地带增幅较大，在距离公路沿线7km以外的地带增幅减小。

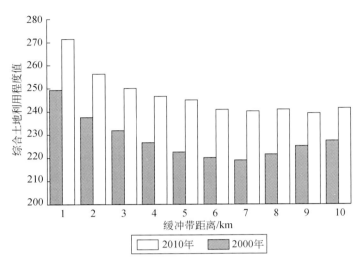

图8-12　昆曼公路中国段沿线土地利用程度综合指数

昆曼公路中国段沿线土地利用总变化量、净变化量、交换变化量如图8-13所示。结果表明，昆曼公路中国段沿线土地利用变化量总体上随公路距离增加而减少，其中，土地利用/土地覆被总变化量和净变化量变化趋势较为一致，交换变化量随公路距离增加而减少的规律较为明显。

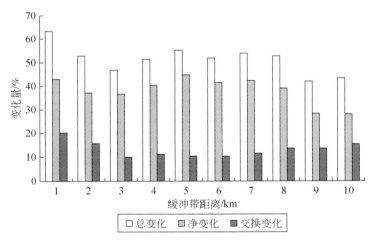

图8-13　昆曼公路中国段沿线土地利用/土地覆被变化量的比较

图8-14表示昆曼公路中国段沿线土地利用动态度的变化。结果表明，昆曼公路中国段沿线土地利用动态度总体上随沿线距离的增加而降低，沿线土地利用动态度和沿线距离的相关系数为0.4604。

（4）主要土地利用类型变化及其原因分析

不同土地利用类型的土地利用/土地覆被变化受公路影响有所不同（图8-15）。其中，建设用地变化受公路影响最明显；茶园、长期农地、橡胶林、有林地变化在一定程度上也受到公路影响，如橡胶林种植面积变化量在公路沿线1~3km内随公路距离增加而递减的规律，在公路沿线4~7km内波动变化，在公路沿线7~9km内又随公路距离增加而递减的规律；灌草地变化量在公路沿线不同距离上呈波动变化。

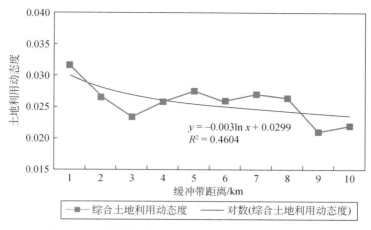

图 8-14　昆曼公路中国段沿线综合土地利用动态度

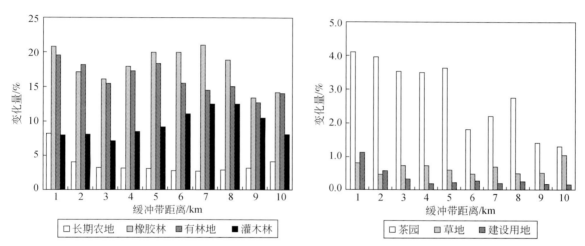

图 8-15　昆曼公路中国段沿线土地利用/土地覆被总变化量

8.3.2　昆曼公路（老挝段）土地利用/土地覆被变化分析

（1）总体数量变化

2000～2010 年，昆曼公路老挝段内，刀耕火种、橡胶林是面积增幅最大的土地利用类型，灌木林是面积减幅最大的土地利用类型。刀耕火种面积由 794.78 hm² 增加到 10 169.24 hm²，占土地总面积的比例增加了 2.59%，土地利用动态度为 1.18。橡胶林的变化从无至有，面积比例增加到 2.33%。人工状态的土地类型中，只有长期农地面积有所减少，占土地利用总面积的比例下降了 0.59%，其他土地利用类型（刀耕火种、茶园、橡胶林、建设用地）面积均有所增加，增幅从高到低依次为：刀耕火种、橡胶林、建设用地、茶园。自然状态的土地类型（有林地、灌木林、水域）面积均有所减少，减幅从高到低依次为：灌木林、有林地、水域（表 8-10）。

表 8-10　昆曼公路老挝段沿线 2000 年和 2010 年土地利用/土地覆被状况

地类名称	2000 年		2010 年		比重变化	动态度
	面积/hm²	比重/%	面积/hm²	比重/%		
长期农地	10 713.57	2.96	8 571.85	2.37	−0.59	−0.02
刀耕火种	794.78	0.22	10 169.24	2.81	2.59	1.18

地类名称	2000 年		2010 年		比重变化	动态度
	面积/hm²	比重/%	面积/hm²	比重/%		
茶园	0.00	0.00	174.73	0.05	0.05	
橡胶林	0.00	0.00	8 419.96	2.33	2.33	
有林地	308 125.48	85.17	304 718.65	84.28	−0.89	0.00
灌木林	40 547.46	11.21	27 476.34	7.60	−3.61	−0.03
建设用地	365.74	0.10	824.01	0.23	0.13	0.13
水域	1 231.20	0.34	1 210.97	0.33	−0.01	0.00

有林地、灌木林相互转化，以及有林地转变为刀耕火种农业和橡胶林是昆曼公路老挝段土地利用/土地覆被的主要类型。2000~2010 年，有林地转变为刀耕火种的面积为 7635.79 hm²，转变为橡胶林的面积为 7532.73 hm²。此外，有林地、灌木林与长期农地的相互转化也较为明显，长期农地转变为有林地的面积（3087.32 hm²）比有林地转变为长期农地的面积（1434.98 hm²）大，说明长期农地向有林地的转变是面积实质性的减少。长期农地转变为灌木林的面积（2395.41 hm²）和灌木林转变为长期农地的面积（2602.97 hm²）相当，说明长期农地与灌木林之间本质上是一种空间位置的交换（表 8-11）。

表 8-11　昆曼公路老挝段沿线 2000 年和 2010 年土地利用/土地覆被转移矩阵单位　　（单位：hm²）

2000 年	2010 年							
	长期农地	刀耕火种	茶园	橡胶林	有林地	灌木林	建设用地	水域
长期农地	4 477.16	245.41	1.71	99.55	3 087.32	2 395.41	352.97	52.79
刀耕火种	14.75	65.02		2.61	670.59	33.00	8.18	0.00
茶园	0.00	0.00		0.00	0.00	0.00	0.00	0.00
橡胶林	0.00	0.00	0.00	0.00	0.00	0.00	0.00	0.00
有林地	1 434.98	7 635.79	153.60	7 532.73	278 718.48	12 209.80	171.58	154.86
灌木林	2 602.97	2 207.55	19.42	766.19	22 000.98	12 789.47	85.43	58.36
建设用地	42.36	5.85	0.00	11.60	71.40	29.05	205.40	0.00
水域	8.90	10.52	0.00	4.23	184.44	35.07	0.45	986.87

（2）空间变化

本节将昆曼公路老挝段划分为北段、中段和南段，2000 年和 2010 年沿线 10km 缓冲带土地利用分布和变化如图 8-16 所示。

2000~2010 年，昆曼公路老挝段北段土地利用/土地覆被的主要特征是橡胶林扩张（占据有林地）和灌木林减少（转变为有林地）；中段和南段土地利用/土地覆被的主要特征是刀耕火种扩张（占据有林地）和灌木林减少（转变为有林地）。显然，刀耕火种、橡胶林的扩张是有林地减少的主要原因，而灌木林向有林地的转变则可以看做是林地的一种自然恢复。

（3）沿线缓冲带土地利用综合变化

2000 年和 2010 年昆曼公路老挝段沿线土地利用程度变化如图 8-17 所示。结果表明，昆曼公路老挝段土地利用程度在距离公路沿线近的地带较大，随公路距离的增加而减少。2000~2010 年，昆曼公路老挝段土地利用程度有所增加，在距离公路沿线近的地带增幅较大。

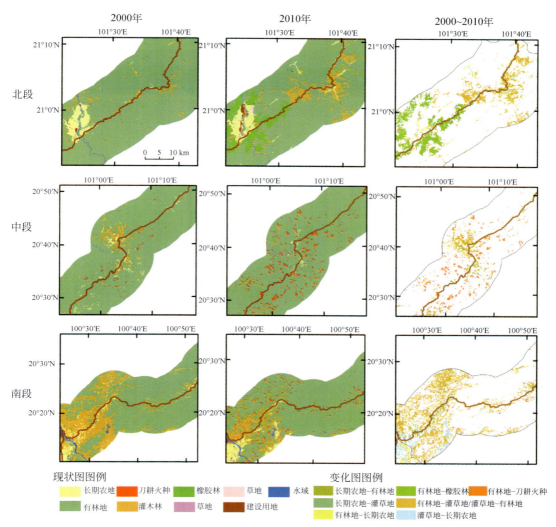

图 8-16　昆曼高速老挝段土地利用/土地覆被变化图

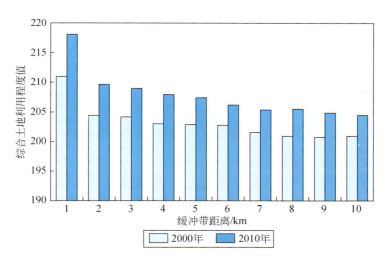

图 8-17　昆曼公路老挝段沿线土地利用程度综合指数变化

昆曼公路老挝段沿线土地利用总变化量、净变化量、交换变化量如图 8-18 所示。结果表明，昆曼公路老挝段沿线土地利用变化量总体上随公路距离增加而减少，其中，土地利用/土地覆被总变化量和交换变化量变化趋势较为一致，且随公路距离增加而减少的规律更为明显。净变化量在公路沿线不同缓冲带差别不大。可见，昆曼公路对老挝境内土地利用/土地覆被的主要影响是导致了土地利用类型的空间位置变化。

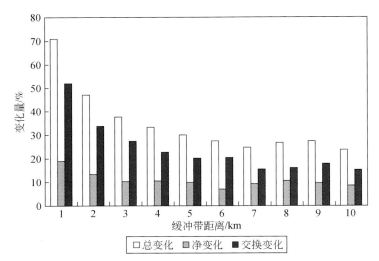

图 8-18　昆曼公路老挝段沿线土地利用/土地覆被变化量的比较

图 8-19 表示昆曼公路老挝段沿线土地利用动态度的变化。结果表明，昆曼公路老挝段土地利用动态度与沿线距离关系显著，相关系数 R^2 高达 0.9033。昆曼高速对老挝境内的土地利用变化影响明显，距离公路越近，影响越大，反之越小。

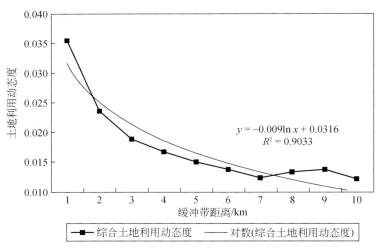

$$y = -0.009\ln x + 0.0316$$
$$R^2 = 0.9033$$

图 8-19　昆曼公路老挝段沿线综合土地利用动态度

（4）主要土地利用类型变化及其原因分析

从土地利用类型上看（图 8-20），无论是自然状态的土地类型（有林地、灌木林），还是大多数人工状态的土地类型（长期农地、建设用地、橡胶林），其土地利用变化受昆曼公路的影响都较为明显，即土地利用变化量随着距离公路越远而越小。然而，昆曼公路老挝段沿线刀耕火种的扩张，并未表现出和公路远近的关系，而是在公路沿线不同缓冲带均有较大幅度的扩张。究其原因，最有可能的解释是，刀耕火种农业本身是一种自给自足的农业形式，不需要像商品农业一样运输，因此受交通区位的影响不大。

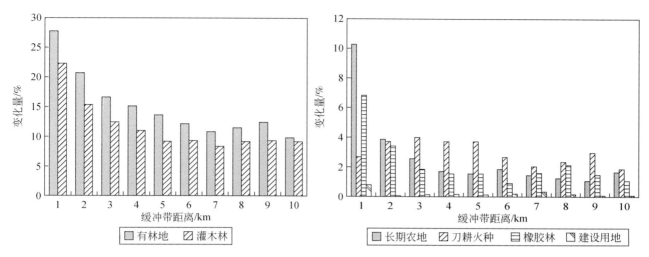

图 8-20 昆曼公路老挝段沿线土地利用/土地覆被总变化量

8.3.3 昆曼公路（泰国段）土地利用/土地覆被变化分析

（1）总体数量变化

2000~2010 年，昆曼公路泰国段沿线长期农地、建设用地明显减少。其中，长期农地面积由 143 153.08 hm² 减少到 129 791.03 hm²，占土地总面积的比例减少了 3.75%；建设用地面积由 10 750.35 hm² 减少到 9092.26 hm²，占土地总面积的比例减少了 0.46%。与此同时，有林地、灌木林面积有所增加，其中，有林地面积由 111 914.07 hm² 增加到 118 888.70 hm²，占土地总面积的比例增加了 1.97%；灌木林面积由 80 467.77 hm² 增加到 83 314.98 hm²，占土地总面积的比例增加了 0.81%。此外，刀耕火种、橡胶林面积也有少量增加，占土地总面积的比例分别增加了 0.89% 和 0.83%（表 8-12）。

表 8-12 昆曼公路泰国段沿线 2000 年和 2010 年土地利用/土地覆被状况

地类名称	2000 年		2010 年		比重变化	动态度
	面积/hm²	比重/%	面积/hm²	比重/%		
长期农地	143 153.08	40.25	129 791.03	36.50	−3.75	−0.01
刀耕火种	12 775.18	0.78	5 952.34	1.67	0.89	0.11
橡胶林	229.68	0.07	3 214.93	0.90	0.84	1.30
有林地	111 914.07	31.47	118 888.70	33.44	1.97	0.01
灌木林	80 467.77	22.62	83 314.98	23.43	0.81	0.00
建设用地	10 750.35	3.02	9 092.26	2.56	−0.46	−0.02
水域	6 369.78	1.79	5 321.58	1.50	−0.29	−0.02

长期农地、有林地、灌木林之间的相互转变是土地利用变化的主要形式。长期农地转变为有林地（13 090.73 hm²）和灌木林（27 206.64 hm²）的面积比有林地转变为长期农地（6591.54 hm²）和灌木林转变为长期农地（19 591.72 hm²）的面积大，说明该地区退耕还林明显。此外，建设用地（主要是农村居民点）转变为灌木林和有林地的面积也较大，主要是由于泰国清莱府农业人口向外省迁移所致，该地区长期农地的减少也和农业人口的迁出密切相关（表 8-13）。

表8-13　昆曼公路泰国段沿线2000年和2010年土地利用转移矩阵单位　　　　　（单位：hm²）

2010年 2000年	长期农地	刀耕火种	橡胶林	有林地	灌木林	建设用地	水域
长期农地	100 889.25	197.93	209.08	13 090.73	27 206.64	906.92	621.40
刀耕火种	165.38	472.30	71.49	1 135.25	928.33	1.71	0.45
橡胶林	187.68	8.09	0.00	21.04	12.23	0.00	0.63
有林地	6 591.54	3 309.71	875.18	79 919.66	20 349.99	301.17	511.96
灌木林	19 591.72	1 950.72	2 057.55	23 226.61	33 056.01	162.41	404.41
建设用地	964.75	14.21	0.00	882.82	1 157.37	7 707.01	23.20
水域	1 413.31	6.47	2.16	612.86	605.67	9.62	3 718.25

（2）空间变化

本节将昆曼公路泰国段划分为北段、中段和南段，2000年和2010年沿线10km缓冲带土地利用分布和变化如图8-21所示。2000～2010年，昆曼公路泰国段北段土地利用/土地覆被的主要特征是长期农地和刀耕火种的增多；中段土地利用/土地覆被的主要特征是灌木林的增多和空间破碎化加强，以及刀耕火种的增多和长期农地的减少；南段土地利用/土地覆被的主要特征是长期农地的减少。

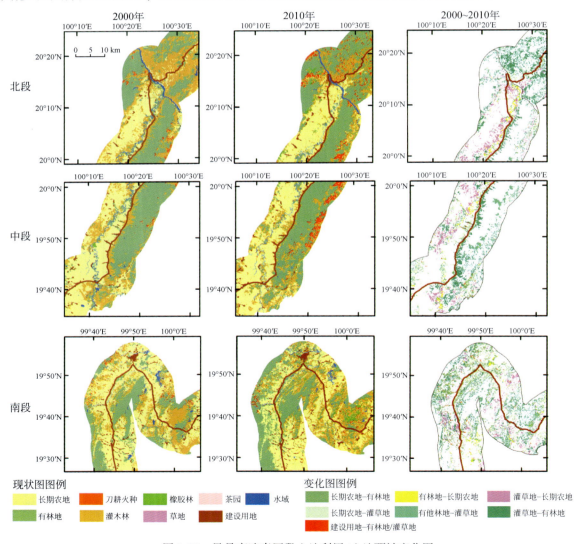

图8-21　昆曼高速泰国段土地利用/土地覆被变化图

（3）沿线缓冲带土地利用综合变化

2000 年和 2010 年昆曼公路泰国段沿线土地利用程度变化如图 8-22 所示。结果表明，昆曼公路泰国段土地利用程度在距离公路沿线近的地带较大，总体上随公路距离的增加而减少。2000~2010 年，昆曼公路泰国段土地利用程度有所减少，在距离公路沿线近的地带减幅较大。

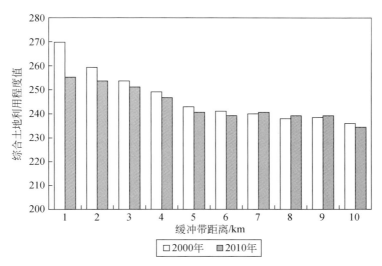

图 8-22　昆曼公路泰国段沿线土地利用程度综合指数变化

昆曼公路泰国段沿线土地利用总变化量、净变化量、交换变化量如图 8-23 所示。结果表明，昆曼公路泰国段沿线土地利用总变化量和净变化量总体上随公路距离增加而减少，其中，净变化量随公路距离增加而减少的规律最明显。交换变化量未表现出随公路距离越远而减少的规律。

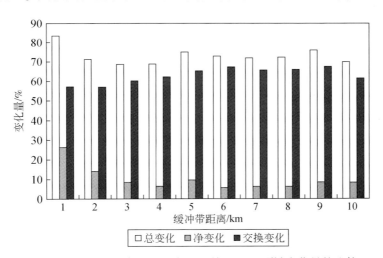

图 8-23　昆曼公路泰国段沿线土地利用/土地覆被变化量的比较

图 8-24 表示昆曼公路泰国段沿线土地利用动态度的变化。结果表明，昆曼公路泰国段沿线土地利用动态度总体上随沿线距离的增加而降低，但沿线土地利用动态度和沿线距离的相关系数较低，仅为 0.1936。总体上看，沿线土地利用动态度随公路距离越远而递减的规律，在公路沿线 4km 内表现明显。

（4）主要土地利用类型变化及其原因分析

不同土地利用类型的土地利用/土地覆被变化受公路影响有所不同（图 8-25）。其中，长期农地变化量随公路距离增加而递减，而刀耕火种变化量随公路距离的增加而增加。可能的原因是，在泰国段（清莱府）距离公路较近的土地，主要用来发展长期农地，而距离公路较远的土地，不便用于长期农地生产时，才用于刀耕火种；建设用地变化量随公路距离增加而明显递减；有林地变化量在公路沿线 4km 内随

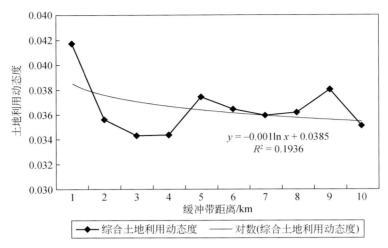

图 8-24 昆曼公路泰国段沿线综合土地利用动态度

公路距离增加而递减；灌木林变化量在公路沿线 3km 内随公路距离增加而递减；橡胶林变化量在公路沿线 10km 内未表现出与公路距离有关。

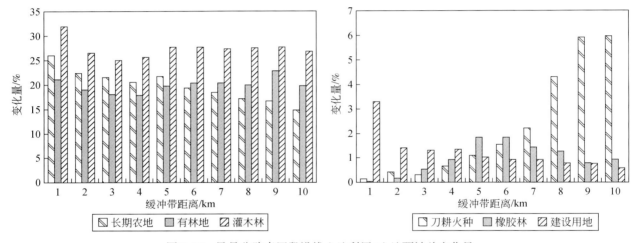

图 8-25 昆曼公路泰国段沿线土地利用/土地覆被总变化量

第9章 澜沧江–湄公河流域应急问题研究与政策建议报告

在完成澜沧江–湄公河流域土地利用/土地覆被变化综合科学考察的同时，我们时刻关注流域的资源环境问题和时事政治变化，针对流域突发事件和应急问题，课题组向国家提交了多份有价值的咨询报告，发挥了重要的智库作用。主要包括：针对2011年7月泰国曼谷发生的严重洪涝灾害，向国家有关部门提交的"关于泰国洪水影响评估及我国政府应对的策略建议"咨询报告；针对2012年3月由连续干旱引发的云南境内的多起森林火灾，向国家有关部门提交的"云南晋宁森林火灾遥感快速评估与应对策略建议"的咨询报告；针对中老缅交界地区橡胶林地空间扩展的时空特征，2013年3月向国家有关部门提交的"关于中老缅边境地区橡胶林跨境发展的若干建议"的咨询报告；针对老挝中央公路破损严重问题，2013年向国家有关部门提交的"尽快援建老挝13号公路孟赛到巴蒙路段修复工程"的咨询报告等。

9.1 泰国洪涝灾害影响预估及中国政府应对策略

2011年7月以来，泰国遭受了历史上最为严重的洪涝灾害。10月27日晚，洪水漫过堤岸，进入泰国王宫，令局势更显紧张。鉴于泰国严重的洪涝灾情和我国政府对泰国灾情的高度重视，课题组利用在大湄公河次区域资源环境研究中的数据和方法积累，结合中国环境与灾害监测预报小卫星10月30日对泰国洪涝灾区的最新监测影像，对此次泰国洪涝灾害的影响进行了快速预估，并提出了我国政府的应对策略建议。

9.1.1 泰国洪涝灾害的影响预估

通过利用中国环境与灾害监测预报小卫星10月30日对泰国洪涝灾区的最新监测影像，结合泰国人口分布、土地利用数据和种植制度信息，对泰国洪涝灾害造成的淹没面积、淹没区人口和稻米预期减产情况进行了定量分析，快速评估了泰国洪涝灾害的影响。

（1）洪水淹没超过8700km²，几乎全是耕地，积水深度在1.5左右

本次洪涝灾害的淹没区主要分布在曼谷以北的大城府、暖武里府、巴吞他尼府、红统府、素攀武里府、信武里府、华富里府、北榄坡府等地，面积超过8700km²。其中，耕地面积接近8500km²。根据洪水水量和淹没面积估算，灾区平均积水深度在1.5m左右，会对交通、通信和生产生活造成严重影响。

曼谷北部郊区已受到洪水侵袭，平均积水深度在1.0~1.5m。城市核心区虽有少部分积水，但面积较小且积水深度多在1m以下，对交通和生产生活已造成严重影响，但对居民生命暂不会造成大的威胁。泰国王宫因距离湄南河较近，所以容易受到洪涝影响，但影响轻微。

（2）淹没区常住人口约240万，若曼谷失守波及人口将超过1000万

对泰国淹没区的人口统计分析结果表明：截至10月30日，泰国洪涝淹没区实际常住人口约238万。虽然洪涝灾害已对居民生产生活造成严重影响，已导致380余人丧生，但目前不会造成更大的生命威胁。曼谷核心城区因有防洪设施保护，大部分尚没有被淹没。一旦曼谷防洪设施失守，淹没区影响人口将迅速升高到1000万以上。10月30日，湄南河曼谷段的水位达到2.57m，泰国抗洪形势紧张。

曼谷城区大部分地区海拔在2m左右，均受到洪水的威胁。由于曼谷核心城区有相对完备的防洪设施，只要上游不再有大量新增洪水下泄，预计不会造成更大的生命安全威胁。但是，泰国是一个贫富差距较大的国家，贫民居住区建筑质量较差，洪水灾害对居民生命威胁更大。

（3）洪涝灾害将致泰国稻米减产 1/8 左右，并对信息硬件产业造成冲击

洪涝灾区是泰国重要的农业区，是优质稻米的主要产地。预计本次洪涝灾害将导致淹没地区大部分水稻绝收，使灾区全年稻米产量下降 50% 以上，灾区减产量约占泰国全国稻米年总产量的 1/8。洪涝灾害将对泰国稻米价格造成短期（约半年）影响，且会通过出口稻米的减少对世界稻米价格造成一定冲击。据悉，泰国及附近地区目前已经出现稻米价格上涨的迹象。

洪涝灾区同时也是泰国的主要工业区，洪涝灾害将对泰国工业尤其是信息产业硬件等主要出口加工产业造成短期影响。我国当时电脑硬盘价格飞涨，也与泰国洪涝灾害造成部分硬盘企业停产有关。

9.1.2 我国政府的应对策略建议

（1）适时给予泰国必要的救灾和灾后恢复援助

泰国虽是东南亚经济实力较强的国家，但鉴于历史和体制机制的原因，泰国政府应对自然灾害的能力较弱。我国政府可根据泰国灾情的发展态势和当地特点，适时提供进一步救灾援助。预计 2011 年 11 月洪水将逐步回落，泰国灾区将进入灾后重建阶段。因此，除应急救灾援助之外，建议充分考虑泰国灾后重建的需求。泰国华裔人口约 700 万，可考虑通过适当措施对华人聚居区给予必要的直接援助。

（2）加强对未来稻米价格的监测与调控

泰国是全球最大的稻米出口国，其稻米出口量占全球稻米出口量的近 1/3，本次洪涝灾害将造成泰国稻谷减产约 1/8，可能会引发当地稻谷价格大涨，进而带动其他地区大米价格上扬。泰国洪涝灾害对我国稻米市场的影响相对有限，但有可能刺激我国稻米尤其是部分高端大米跟风涨价。在我国通胀形势仍较严峻的态势下，需防范国内市场对泰国洪涝灾害的炒作造成短期稻米价格上涨。

（3）积极应对洪灾对我国信息产业的短期影响

泰国是全球最大的信息产业硬件，尤其是硬盘配件及驱动器的生产基地之一。部分硬件生产企业受到洪涝灾害的影响被迫停产，恢复生产尚需时日，这会通过产品供应链对我国信息产业造成一定影响。我国相关部门需统筹调度国内外相关信息业硬件产品产能，以减少泰国洪涝灾害对我国信息业的短期不利影响。

（4）适时推动中泰应对洪涝灾害领域的双边合作

泰国应对洪涝灾害的基础设施、预警能力和应急救援能力尚较薄弱，众多防洪减灾部门往往缺乏信息沟通，在政策制定和执行上缺乏协作。灾后恢复重建是泰国政府面临的重要挑战，也将是我国开展中泰减灾领域双边合作的重要介入时机。近年来，我国应对重大自然灾害的能力有了很大提高，可以通过开展双边经济技术合作，帮助泰国政府提高灾害防御能力，并借此强化中泰合作的广度和深度。

9.2 曼谷洪水情势的跟踪监测及中国政府应对策略

课题组利用中国环境与灾害监测预报小卫星 2011 年 11 月 1 日最新遥感影像，对泰国洪涝灾区，尤其是曼谷周边的洪涝灾害情势进行了跟踪监测，快速得出了评估结果。鉴于曼谷防洪形势对我国驻泰机构和常住曼谷的 30 余万中国公民的安全十分重要，泰国抗洪救灾的经验教训对我国应对突发重大灾难具有参考价值，课题组提出了具体建议。

9.2.1 遥感快速评估结果

（1）曼谷主城区虽受洪水威胁，但未遭洪水淹没，北部郊区受灾较重

遥感监测显示：虽然洪水已淹没了泰国超过 8700km^2 的土地，但截至 11 月 1 日，首都曼谷主城区内部并没有遭到洪水的侵袭，这是因为主城区周边的防洪设施发挥了重要作用，保障了城内约 900 万人口的生命财产安全。随着湄南河（昭披耶河）洪峰顺利通过曼谷，防洪形势将日趋缓解。由于当时湄南河水位较高，曼谷主城区排水困难，城区部分路段存在少量积水，但不致影响主城区居民生命安全。曼谷北部、东北部郊区，尤其是毗邻巴吞他尼府约 140km² 的地区已被洪水淹没（占曼谷市辖区面积的 9%），灾情较重。

（2） 曼谷廊曼机场被淹，但对中国赴泰国航班影响不大

曼谷有廊曼、素万那普两个国际机场。廊曼机场（Don Mueang 机场，又称老曼谷机场）位于曼谷城北约 20km 处，是泰国第二大机场。泰国抗洪救灾指挥中心曾设在该机场内，受洪涝灾害情势持续恶化影响，指挥中心已于 2011 年 10 月 29 日被迫撤离。遥感监测显示：由于邻近北部洪涝重灾区，廊曼机场跑道及附近道路仍然有积水。

素万那普机场（Suvarnabhumi 机场，又称新曼谷机场）位于曼谷城东 25km 处，是泰国第一大机场。由中国主要城市飞赴曼谷的航班都在素万那普国际机场起降，遥感监测显示：素万那普机场及周边均没有积水，机场与市区间的主要道路基本通畅，洪水并未对中国赴曼谷航班的起降造成直接影响。

（3） 曼谷主城区道路基本通畅，但曼谷通往北部各府道路中断

监测显示，曼谷主城区没有大面积积水，城区大部分主要道路均没有积水迹象，道路交通基本通畅。中国驻泰国大使馆、曼谷唐人街、泰国王宫等重要区域周边道路交通都处于正常状态。由于湄南河洪峰已经通过曼谷，预计随着洪水水位的下降，曼谷城区的排水和道路交通状况会进一步改善。但曼谷以北的多个府依然有较大面积被洪水淹没，其中大城府的受淹面积超过该府总面积的 90%。曼谷通往北部暖武里府、巴吞他尼府、大城府等地区的主要道路仍被洪水淹没，处于中断状态。

9.2.2 我国政府的应对策略建议

（1） 及时准确发布有关泰国洪涝灾害情势的权威信息

曼谷是泰国政治、经济、文化、教育、交通中心及最大城市，全市面积为 1568km²。曼谷城市人口超过 910 万（2010 年），其中，常住曼谷的中国公民超过 30 万人，曼谷市民中约有一半具有中国血统，中国驻泰国使馆、众多中资机构驻泰国办事处均设在曼谷。众多媒体对泰国尤其是首都曼谷附近的灾情给予了高度关注，并且有大量关于曼谷市郊被淹、机场受淹被迫关闭的报道。我国政府需全面了解曼谷及周边的防洪情势，做出相关决策并及时准确发布相关权威信息。

（2） 我国旅游、航空部门及时发布中国公民赴泰旅行提示，我国驻泰国使馆、驻泰中资机构要根据洪涝情势安排相关工作

泰国是我国公民出境旅游重要目的地国，曼谷素万那普机场是中国公民赴泰旅游或公务旅行的枢纽机场。建议我国旅游、航空部门根据曼谷及周边防洪形势，及时发布并更新旅行提示信息。我国驻泰国使馆、驻泰中资机构也要根据洪涝情势安排相关工作，如无必要，在洪水消退前尽量避免进入曼谷以北的洪水淹没地区。

（3） 借鉴泰国曼谷防洪经验，加强我国主要都市区防洪安全管理

此次洪涝灾害给泰国造成了严重的生命和财产损失，但曼谷主城区成功抵御了洪水的威胁，避免了洪涝形势进一步恶化，维护了泰国政局的相对稳定。曼谷防洪经验表明：①城市人口聚居区的防洪安全至关重要；②城市和区域规划、重点设施建设必须考虑防洪需要；③政府部门之间、区域之间的应急协调管理是成功抵御洪涝灾害的重要保障。我国政府和主要城市应借鉴泰国曼谷防洪的经验，主动加强我国主要都市区防洪安全管理。

（4） 汲取泰国抗洪初期的教训，不断增强我国应对重大突发灾难的"四大能力"

持续近 3 个月的洪涝灾害使泰国政府经受了严峻的考验，也暴露了泰国在应对重大灾难初期面临的种种问题,如不同部门和区域之间信息不通、行动不一,对灾害形势和影响缺乏预见,救灾力量严重不足,关键时刻无章可循导致开闸泄洪激化国内矛盾等。为此,我国应汲取泰国洪涝灾害初期的教训,着力增强应对重大突发灾难的"四大能力",包括:跨部门跨地区统筹协调的应急管理能力;突发灾难信息快速获取、应急评估与决策能力;应急救援人员和资源的储备与调动能力;依法应对突发灾难的制度保障能力。

(5)以应对此次洪涝灾害为契机,进一步提高对事关我国国家利益"五类重要地区"的信息获取与应急响应水平

泰国洪涝灾害的影响不仅限于泰国国内,也会通过进出口和产业链,对我国造成潜在影响。我国在应对泰国洪涝灾害过程中采取了积极稳妥的措施,不仅及时为泰方提供了物资援助,而且派遣了防洪专家组,使我国在中泰双边合作中处于主动地位。作为世界第二大经济体,我国国际影响力与日俱增,与其他国家的相互依赖性也在增强。针对复杂多变的地缘政治经济形势,我国科学研究和突发事件应急管理不应只关注国内,需积极主动面向世界,尤其要提高对我国边境地区及毗邻国家、海外重要战略资源地、对外海陆交通安全敏感地区、我国经济合作密切国家或地区和我国领土领海有争议地区及相关国家等事关我国国家利益的"五类重要地区"的信息获取、不同自然灾害与突发事件评估与决策能力,确保我国国家安全和经济社会持续发展。

9.3 云南晋宁森林火灾遥感快速评估与应对策略

由于连续数月干旱,云南境内发生多起森林火灾。其中,2012年3月28日在昆明市晋宁县与玉溪市红塔区交界地区发生的森林火灾,是2012年云南省数十起森林火灾中灾情最重的一次。此次火灾具有规模大、扑救难度大、位置重要等特点,相关部门已投入超过4000人进行灭火工作。

课题组利用中国环境与灾害监测预报小卫星数据,结合在云南地区的科学考察积累,对此次晋宁森林火灾态势和灾情进行了遥感监测与快速评估,并提出了若干应对建议。

9.3.1 灾情遥感监测与快速评估结果

(1)过火区面积超过1100hm²,威胁3个村庄近千人生命财产安全

过火区位于晋宁县宝峰镇清水河村东1km,昆(明)玉(溪)高速(编号为G8511)、云南省道S102线清水河立交桥东侧0.5km处。过火区中心点位于102°35′24″E,24°33′01″N。卫星遥感监测显示:截至2012年3月30日10:37(影像拍摄时间),过火面积达1109hm²。过火区东侧的海龙村、酸水塘上村、酸水塘下村3个村庄受到火灾威胁(图9-1),居民点距离火场最近距离为500m,估计居民人数约1000人。

(2)火灾蔓延方向是自西向东,并缓慢向南北两侧扩展

根据卫星影像判断,火灾区域及周边的主导风向为西风,在影像上可以看到明显的火灾烟羽,在西风的作用下向东飘散。烟羽可见长度超过20km,宽度为6~7km。明火火线位于过火区东侧,且因为地形和土地覆被,已分为东北、东南两支。东北支明火火线长度约为2km,向海龙村方向蔓延;东南支明火火线长度约为1.5km,向酸水塘上村、下村方向蔓延。

(3)过火区地形复杂但周边交通方便,西北侧有水源西南侧有敏感区域

火场区山高、坡陡、林密,海拔位于1970~2380m,地形起伏度约400m,超过2/3的过火面积坡度超过15°,主要土地类型为林地。在过火区东侧、北侧有连续沿沟谷分布的条带状耕地,其中东侧山谷耕地条带宽度为200~1000m,可以作为控制此次火灾蔓延的天然隔离带。最近的水源地为过火区西北侧1.5km的大春河水库,其次为西北侧4.5km的双龙水库,可以作为实施林火扑救的水源。

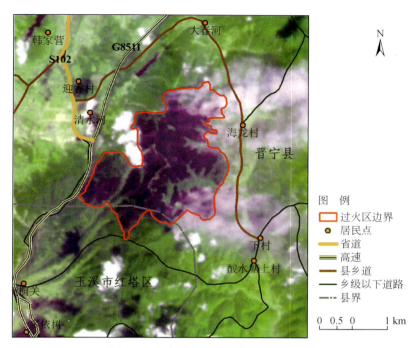

图 9-1   云南晋宁火灾过火区及其周边

9.3.2   应对此次森林火灾的策略建议

（1）如果火势持续蔓延，应当利用过火区东侧条带状耕地作为防火隔离带

过火区东侧谷地中有连续的条带状耕地，宽度为 200～1000m，耕地内可燃物少，可以作为控制此次火灾蔓延的天然隔离带。东侧谷地中的海龙村、酸水塘上村、酸水塘下村 3 个村庄受到火灾威胁，距离西侧火场最近距离为 500m。但由于居民点周围有一定面积的耕地作为缓冲区，只要防护得当，应该不会遭受严重影响。但为安全起见，应适时组织居民有序疏散。

（2）未来主要防火区域位于此次火场的东侧和南侧

过火区东侧条带状耕地虽可以作为天然隔离带，但这是阻止火势向东蔓延的最后防线，一旦火灾突破此防线向东蔓延，灾情将迅速扩大。虽然当地的主导风向是西风，但由于地形和气象条件的复杂性，可能会出现短时其他风向。鉴于过火区南侧是大面积连续分布的林区，如果出现北风，火场有可能向南蔓延。建议加强火场南部的防范，避免造成进一步的财产损失。火场北侧仍有近 3000 亩森林未起火，也应尽力防范火灾蔓延，火场西侧需注意火灾对交通运输设施的影响。

（3）做好火场及外围交通管理

过火区西侧为昆玉高速（G8511）、云南省道 S102 线，东侧、北侧有县乡道路，过火区中部有盘山路穿越，均可满足机动车通行，为救灾人员和物资进出及居民疏散提供了方便。有关部门需要做好火场及外围交通管理，为救灾和人员疏散留出应急通道，非救灾人员不得进入火场地区。

（4）注意重要敏感目标的防护与管理

综合多种遥感信息判断，过火区的南半部分为用于储存物资的某特殊用地区，虽然该地区周围设置了宽 20～30m 的防火隔离带，但仍然没有避免此次森林火灾的侵袭。建议有关部门加强对重要敏感目标的防护与管理。

（5）关注气象和林业部门预警，严控森林火险隐患

气象条件，尤其是风向、湿度和降水对于控制此次火灾至关重要，建议灭火前线密切关注天气形势，及时调整灭火策略。云南省仍有两个月的森林火灾易发期，既要加强对林区的火险防范，也要重视对已经过火区的监测与管理，防止死灰复燃。

9.4 促进中老缅交界地区橡胶林地与橡胶产业跨境发展

天然橡胶是国家重要的战略资源。中国作为世界最大的天然橡胶消费国和进口国，对外依存度已高达80%；加上国内适宜橡胶种植的土地十分有限，中老缅交界地区橡胶林跨境发展已成必然。课题组在中老缅交界地区（主要是中国西双版纳，老挝琅南塔、丰沙里和乌多姆赛，以及缅甸景栋和孟别等地区）近3年实地考察与遥感调查的基础上，运用地理信息技术和空间分析方法，对中老缅交界地区近30年来的橡胶林地扩展过程及其地形适宜性进行了专题研究，并在此基础上提出了若干立足国家战略，促进中老缅交界地区橡胶林与橡胶产业跨境发展的策略建议。

9.4.1 调查研究中发现的三个基本事实

（1）中老缅交界地区橡胶林扩展迅速，面积已近1000万亩

中国20世纪50年代开始在西双版纳计划种植橡胶，到1980年西双版纳橡胶种植已超过100万亩。遥感调查发现，改革开放30年，中老缅交界地区橡胶林扩展迅速（图9-2），到2010年橡胶林地已接近930万亩，扩展9倍之多。其中，橡胶成林（≥10年）与橡胶幼林（<10年）之比大体是4∶6，反映出中老缅交界地区近10年来的橡胶林地扩展远超过去40年来的发展速度与发展规模。

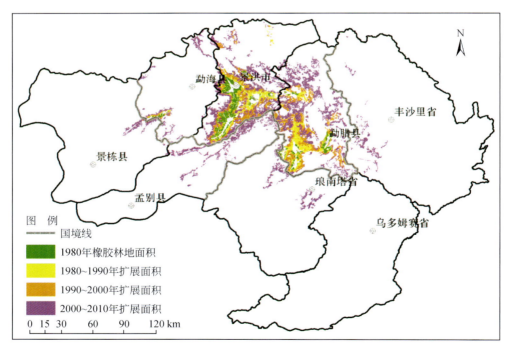

图9-2 中老缅交界地区1980～2010年橡胶林地扩展

从植胶时间来看，中国作为最早植胶地区，1980年已有大规模种植，受边境开放、边贸发展以及"替代种植"政策的影响，1990年前后缅甸近中国边境地区开始橡胶种植，老挝近中国边境地区的橡胶种植时间相较缅甸大约滞后10年。就空间分布而言，中老缅交界地区的橡胶种植主要受中国影响，橡胶林地集中分布在与中国西双版纳植胶地区相邻的近边境地区，老挝境内集中分布在琅南塔省东北部边境和丰沙里省西部边境，缅甸境内集中分布在景栋县东部地区和孟别县北部地区。

（2）中国西双版纳植胶强度已高达 60% ~ 80%，基本是地尽其用

2010 年中老缅交界地区有 83.8% 的橡胶林地在中国西双版纳境内，接近 780 万亩，其中，橡胶成林占 47.65%，橡胶幼林占 52.35%。橡胶林地分布已呈现由集中至分散，由边境向国外，"以景洪为中心、北上南进、西拓东扩"的空间分布格局与地域扩展特征。

就中国西双版纳来看，橡胶林地已超出 600 ~ 1000m 海拔适宜区间和 5°~ 25°坡度适宜范围，在向 1000m，甚至 1200m 以上高海拔和 25°以上，甚至 35°陡坡地扩展；植胶强度普遍在 20% ~ 30%，在 600 ~ 1000m 最宜高度区间，若考虑到自然保护区因素植胶强度已高达 60% ~ 80%，中国境内橡胶种植潜力已十分有限。

（3）老缅植胶强度大多低于 10%，尚有较大发展空间

2010 年中老缅交界地区只有 16.2% 的橡胶林地在老挝和缅甸境内，种植面积为 150 万亩，其中，缅甸占 9.6%，橡胶成林仅占 3%；老挝占 6.6%，几乎都是橡胶幼林。就空间分布来看，橡胶林地主要集中在老挝和缅甸的近中国边境地区。也就是说，老缅境内的橡胶林地主要是近 10 年来中国橡胶林地跨境发展的结果。

老挝和缅甸境内橡胶种植的地形适宜性普遍较好。橡胶林地 90% 集中分布在 600 ~ 1000m 适宜海拔区间和 5°~ 25°适宜坡度范围，极少超过 1000m 高度和 25°以上坡度。植胶强度在缅甸最高至 14% ~ 15%，在老挝则大多在 3% ~ 5%，尚具有较大发展空间。据此估计，老挝上寮地区和缅甸掸邦高原橡胶种植尚有 1000 万亩以上的适宜土地空间。

9.4.2　促进橡胶林与橡胶产业跨境发展的三点策略建议

既有研究表明，橡胶林是"金三角"地区毒品替代种植的最主要经济作物，老挝的橡胶种植更是受到中、越、泰三方挤压。中国在橡胶种植几乎是地尽其用的情况下，有计划地推进老挝和缅甸近中国边境地区 1000 万亩橡胶林地的跨国种植，可以收到"一石三鸟"之利：一是推进"金三角"地区毒品替代种植，促进中老缅边民脱贫致富；二是推动橡胶粗加工产业走出国门，促进边境地区经济发展；三是满足国内天然橡胶需求，促进中国橡胶产业跨国发展。由此，立足国家战略和边境安全，从现实性和可能性出发，我们提出如下三点建议：

1）建议外交部、农业部、科学技术部联合中国科学院和云南省地方政府联合启动"中老缅交界地区橡胶林地种植现状与宜胶土地开发潜力综合科学考察"，考察地区主要包括中国西双版纳傣族自治州、缅甸掸邦高原和老挝上寮地区，旨在摸清中老缅交界地区橡胶种植现状与存在问题、宜胶地适宜性与可能开发规模。

2）建议外交部、农业部、科学技术部联合中国科学院和云南省地方政府，立足国家战略和边境安全，从现实性和可能性出发，统筹编制中老缅交界地区橡胶林地种植与橡胶产业发展规划，有计划、有步骤地推进中老缅交界地区橡胶林跨境种植和橡胶产业跨境发展，来进一步促进中老缅交界地区的跨境合作和边境地区的稳定与发展。

3）考虑到中老缅交界地区现有橡胶林地半数以上是橡胶幼林，特别是老挝和缅甸境内几乎都是近 10 年发展的橡胶幼林，已经开始产胶或即将进入成林期。建议国家或地方政府在老挝和缅甸境内有计划、有目的地建立橡胶加工企业，以解决橡胶采割后的及时加工处理和优质生产问题；适当时候可以考虑组建橡胶产业跨国公司，推动中国橡胶产业跨国发展，以满足国内不断增长的天然橡胶需求。

9.5　尽快援建老挝 13 号公路孟赛到巴蒙路段修复工程

中国科学院地理科学与资源研究所东南亚资源环境变化与区域发展研究课题组封志明、沈镭、刘高焕研究员等一行 8 人，历时 21 天，实地考察了中南半岛老挝、柬埔寨、越南南部与泰国东北部地区。人车6进6出中南半岛4国，使中国科学家切身感受到了老越柬泰的交通发展状况及其巨大国别差异，特别是老挝13号公路近中国段，从孟赛到巴蒙80km路段的路况之差，给课题组留下了深刻印象。事实上，13号公路从中老边境磨丁口岸到老挝首都万象路段，大多是由中国政府援建的，孟赛到巴蒙只是其中一段，这无疑会给世人留下些许对中国不利的负面印象。从国际政治、地缘经济、国际形象和国家利益等多重地缘政治关系出发，建议：立足国家战略，中国政府应尽快援建老挝13号公路孟赛到巴蒙路段修复工程，以保障由中国云南经老挝重镇琅勃拉邦，再到首都万象公路的良好连通性。基本事实和相关缘由择要如下。

（1）13号公路是老挝国内地位最高、价值最大的公路

老挝13号公路北起中老边境口岸磨丁、南抵老柬边境口岸上丁，全程1400多公里，南北纵贯老挝全境，是老挝国内、国际交通的主动脉所在。13号公路北接中国云南昆明，南连柬埔寨至越南南方地区，西近接泰国，东远连越南，国际地缘政治、地缘经济地位突出〔图9-3（a）〕。在老挝人心目中，北边的昆曼公路（老挝3号公路）只是过境而已，南北贯穿、西接东连的老挝13号公路才是国内地位最高、价值最大的公路。

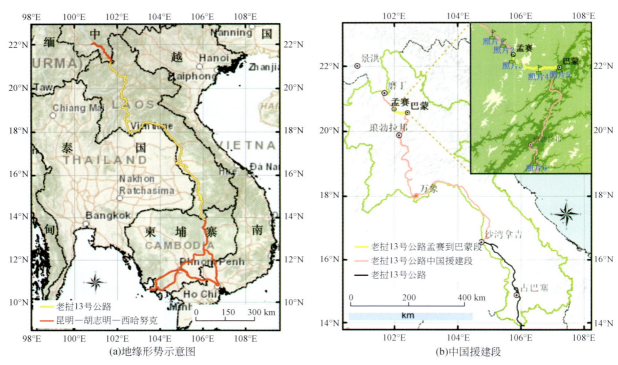

(a)地缘形势示意图　　　　　　(b)中国援建段

图9-3　老挝13号公路

（2）13号公路中国援助的整修扩建路段已近1000km

早在20世纪70年代，中国援老筑路工作队就在老挝工作，主要是修建目前的1号、3号和13号公路相关路段。1988年中老关系恢复正常化以来，中国政府先后援建了13号公路巴卡丁到沙湾拿吉265km路段的整修扩建工程；昆曼公路（老挝3号公路）近中国段260km，包括13号公路磨丁到纳堆20km路段的整修扩建工程；13号公路纳堆到孟赛80km路段修复工程和巴蒙到万象510km路段修复工程。由此可见，老挝13号公路1400多公里，已由中国整修，扩建近1000km，特别是中老边境磨憨到首都万象700km的近中国路段已深刻中国烙印，这其中就包括唯一的一段亟待修复的公路：13号公路孟赛到巴蒙80km路段〔图9-3（b）〕。

（3）13号公路孟赛到巴蒙路段80km路面损毁严重

由磨憨边境口岸出发，沿中国援建的老挝13号公路行至孟赛100km，沥青路面铺设完毕，路况良好，时速保持在 50～60km，有时可达 80km 以上。随后的孟赛到巴蒙 80km 路段，路面损毁严重，大坑随处可见，有十多处路面几乎断掉，轿车通行困难，卡车通行不畅，时速只能在 20～30km。过后的巴蒙至琅勃拉邦 100km 也由中国援建，路况良好，通行顺畅，时速可达 70～80km。也就是说，由磨憨口岸至琅勃拉邦 280km，孟赛到巴蒙段路况较差，耗时过半，80km 路面破损严重、通行不畅，亟待修复（图 9-4）。

(a)老挝13号公路磨丁到孟赛段路况

(b)老挝13号公路孟赛到巴蒙段路况

(c)老挝13号公路巴蒙到首都万象段路况

图 9-4　老挝磨丁到万象不同路况实地照

（4）孟赛到巴蒙路段路面损毁严重可能波及国家形象

在世人眼中，13 号公路万象到磨憨，特别是琅勃拉邦到磨憨口岸路段是中国修建的，几乎已成为人们的共识和中国标志。老挝对外开放以后国际游客众多，13 号公路上的琅勃拉邦、万荣、万象、沙湾拿吉和巴色是主要旅游目的地所在，琅勃拉邦多为第一站。年轻一代游客多选择陆路，由中国云南或泰国清迈从老挝北部入境，13 号公路是必经之地，孟赛到巴蒙路段路面损毁已严重影响游客行程。与此同时，从中国云南和泰国北部进入老挝的运输车队，也须经历 80km 颠簸之苦，势必怨天尤人。久而久之，由路及人及国，可能进一步波及中国援助的国家形象。

（5）孟赛到巴蒙路段车辆通行困难有损中国的国家利益

由中国云南（昆明），穿过中老边境（磨憨/磨丁口岸），经老挝 13 号公路，进入柬埔寨，可以南接越南南方胡志明市或柬埔寨首都金边至西哈努克港。老挝 13 号公路对中国而言，纵穿老挝，西靠泰国，东抵越南，南进柬埔寨和南越，地缘政治与地缘经济地位十分重要［图 9-3（a）］。13 号公路北部近中国（距中老边境口岸 100~180km）的孟赛到巴蒙路段，80km 路面损毁严重，车辆通行困难，不仅对老挝与中国，特别是与中国云南的交通运输、贸易联系和战略合作构成制约，而且已成为首都万象、重镇琅勃拉邦与北部各省份公路联系的瓶颈。情况继续下去，势必进一步削弱中国对老挝和老挝人民的积极影响，进而损害中国在老挝，乃至中南半岛的国家利益。

据此建议国务院责成外交部会同商务部、交通部并云南省等部门和地方政府尽快立项并启动援建老挝 13 号公路孟赛到巴蒙路段修复工程。孟赛到巴蒙路段 80km 公路修复工程的实施和完成，不仅可以免除国际社会对华的不利舆论，促进与中南半岛国家的交流与合作，维护中国国际援助的良好国家形象，而且可以保障中老公路交通的便利性，促进中国对老挝乃至柬埔寨和南越的国家影响，特别是向南抑制越南对老挝的政治、经济、文化进入，更好地保障中国在老挝乃至中南半岛的国家利益，最终实现中国和老挝及中南半岛国家的友好互利、合作发展的多赢目标。

9.6 云南景谷地震人口影响的快速评估及应对策略

准确掌握地震灾区不同影响范围内的人口空间分布信息，是开展震后抢险救援和伤员救治、做好受灾群众安置、维护灾区社会秩序的重要科学依据。课题组利用人口地理基础数据，对 2014 年 10 月 7 日景谷地震灾区的人口分布进行了地学统计分析，快速评估了景谷地震灾害影响范围及其可能波及的人口规模，并提出相关应对策略。评估结果和建议如下：

1）距离震中 30km 以内的重灾区，涉及景谷县永平镇、景谷县城（威远镇）和益智乡 3 个乡镇，受灾人口 16.4 万人。震中（23°24′N，100°30′E）附近为山区，人口密度很低。距离震中 10km 范围内，涉及土地面积 314km²，没有乡镇级居民点，仅有分散的民居分布，人口不足 2000 人，应加强对分散民居的灾情排查。距离震中 10~20km 的环形区域，涉及土地面积 942km²，常住人口约 6.70 万人，主要受灾乡镇为景谷县永平镇。距离震中 20~30km 的环形区域，涉及土地面积 1885km²，常住人口约 9.55 万人，主要受灾乡镇为景谷县城（威远镇）和益智乡（表 9-1）。这些乡镇普遍存在人员受伤和房屋损坏现象，是应急救援的重点地区。

2）地震影响范围较大，距震中 30~60km 的环形地域，涉及 7 个县（区）的 19 个乡镇，影响人口超过 33.4 万人。距震中 30~60km 的环形区域是地震影响范围所在，涉及土地面积 8482km²，涉及景谷县、临沧市临翔区、双江拉祜族佤族布朗族自治县（简称双江县）、澜沧县、宁洱县、普洱市思茅区、镇沅彝族哈尼族拉祜族自治县（简称镇沅县）7 个县（区）（表 9-1）。这些地区震感强烈，偶或存在人员受伤或房屋损坏现象，险情排除、心理疏导和抗震培训尤为重要。

表 9-1　云南景谷 6.6 级地震距震中不同距离内的乡镇人口数量统计表

距震中距离/km	乡镇个数	常住人口/人	县（市、区）	乡镇名称及人口*
0~10	0	约 2 000	景谷县	无乡镇居民点
10~20	1	66 963	景谷县	永平镇（66 963）
20~30	2	95 485	景谷县	益智乡（13 824）、威远镇（81 661）
30~40	6	104 798	景谷县	碧安乡（19 606）、勐班乡（22 473）、半坡乡（12 386）、民乐镇（24 585）、景谷镇（16 600）
			临翔区	平村彝族傣族乡（9 148）

续表

距震中 距离/km	乡镇个数	常住人口 /人	县（市、区）	乡镇名称及人口*
40~50	5	110 139	景谷县	正兴镇（18 006）、凤山镇（16 587）
			临翔区	圈内乡（30 235）、马台乡（24 475）
			双江县	忙糯乡（20 836）
50~60	8	119 494	澜沧县	大山乡（15 621）
			临翔区	博尚镇（36 932）、邦东乡（13 192）
			宁洱县	德化镇（12 091）
			双江县	双江农场管理区（1 304）、大文乡（19 102）
			思茅区	云仙彝族乡（14 185）
			镇沅县	田坝乡（7 067）
60~70	12	389 897	景东县	大朝山东镇（26 759）
			澜沧县	谦六彝族乡（42 941）、东河乡（14 596）、富东乡（14 412）、文东佤族乡（13 719）
			临翔区	凤翔街道办事处（95 086）
			宁洱县	宁洱镇（73 695）、梅子乡（10 005）
			双江县	邦丙乡（17 053）、勐库镇（29 599）
			镇沅县	按板镇（18 062）、振太乡（33 970）
70~80	11	271 717	澜沧县	上允镇（44 863）
			临翔区	忙畔街道办事处（39 054）
			宁洱县	同心镇（14 316）、磨黑镇（21 637）、德安乡（9 193）
			双江县	勐库华侨管理区（3 100）、勐勐镇（42 148）、沙河乡（28 051）
			云县	大朝山西镇（17 047）
			镇沅县	古城乡（13 088）、勐大镇（39 220）
80~90	15	379 837	耿马县	大兴乡（10 473）
			澜沧县	安康佤族乡（12 053）
			临翔区	南美拉祜族乡（4 497）、章驮乡（20 984）、蚂蚁堆乡（31 028）
			墨江县	景星乡（16 846）、新抚乡（14 018）、团田乡（12 031）
			宁洱县	勐先镇（20 056）
			思茅区	六顺乡（12 970）、龙潭彝族傣族乡（9 678）、南屏镇（72 334）、思茅镇（83 493）
			云县	大寨镇（37 803）、栗树彝族傣族乡（21 573）
90~100	16	374 172	沧源县	岩帅镇（30 387）
			耿马县	四排山乡（14 620）、芒洪拉祜族布朗族乡（7 992）、勐撒农场（6 486）、勐永镇（29 175）
			景东县	曼等乡（14 351）
			澜沧县	糯扎渡镇（29 065）、南岭乡（24 650）、富邦乡（21 555）、木戛乡（16 577）
			墨江县	通关镇（23 428）
			宁洱县	普义乡（10 174）
			思茅区	倚象镇（40 498）
			云县	茶房乡（33 472）、涌宝镇（44 124）
			镇沅县	恩乐镇（27 618）

*本列括号内为本乡镇常住人口（单位：人），根据 2010 年和 2011 年数据推算

3）地震波及地域广泛，距震中 60~100km 的环形区域内，波及 12 个县（区）的 54 个乡镇，波及人口超过 141.2 万人。距震中 60~100km 的环形区域也是地震波及范围所在，波及土地面积 20 107km²，除涉及景谷县、临沧市临翔区、双江县、澜沧县、宁洱县、普洱市思茅区、镇沅县 7 个县（区）以外，还波及景东县、云县、耿马县、墨江县、沧源县 5 个县，共计 54 个乡镇，常住人口超过 141.2 万人（表 9-1）。这

些地区震感明显，偶或存在房屋破损情况，需要做好舆论引导和灾情信息沟通工作。

4）地震灾区的人口分布十分不均，医疗卫生资源集中在景谷县城和普洱、临沧两个地级市，应确保生命救援通道畅通。景谷地震灾区居民点分布和人口密度的地域差异明显。坝区居民点密集、人口密度较大，但自救能力较强；山区居民点和人口较少，但山高路险交通不便，自救能力较弱。综观地震灾区的人口分布与灾情耦合状况，景谷县城、永平镇、勐班乡、民乐镇所在的 4 个坝子（山间平地），面积分别为 80km² 、60km² 、20km² 、15km² ，应是人口应急疏散和灾后安置的主要区域所在。地震灾区医疗卫生资源主要分布在景谷县城、普洱市区和临沧市区，应加强 323 国道、213 国道、214 国道和 222 省道灾区路段的交通疏导，加强沿途地质灾害风险点的排查，确保生命通道畅通。

参 考 文 献

摆万奇，赵士洞. 2001. 土地利用变化驱动力系统分析. 资源科学，23（3）：39-41.

毕厚杰. 1987. 图像通信工程. 北京：人民邮电出版社.

陈汇林，陈小敏，陈珍丽，等. 2010. 基于 MODIS 遥感数据提取海南橡胶信息初步研究. 热带作物学报，31（7）：1181-1185.

陈盼盼，张友顺，王春，等. 2006. 基于 DEM 的山顶点快速提取技术. 现代测绘，29（2）：11-13.

戴君虎，崔海亭. 1999. 国内外高山林线研究综述. 地理科学，19（3）：243-249.

戴丽君. 2010. CBERS 数据在缅甸土地覆被数值分类中的算法研究. 北京：中国科学院地理科学与资源研究所博士学位论文.

甘淑. 2001. 澜沧江流域土地覆盖遥感监测与环境资源研究. 昆明：云南科学技术出版社.

甘淑，张军，张佩芳. 1999. 澜沧江流域山区土地覆盖多级遥感分类方法研究. 地理学报，54（增）：133-138.

高志强，刘纪远，庄大方. 1999. 基于 RS 和 GIS 的中国土地利用/覆盖的现状研究. 遥感学报，3（2）：134-138.

郭铌. 2003. 植被指数及其研究进展. 干旱气象，（04）：71-75.

何承刚，冯彦，杨燕平. 2008. 西双版纳林地景观演变过程及其驱动力分析. 云南地理环境研究，20（5）：12-17.

Hemmavan C. 2009. 老挝砍伐森林的动力和土地保护策略. 杭州：浙江大学博士学位论文.

姜昀，高吉喜，欧晓昆. 2006. 澜沧江流域云南段土地利用格局变化及环境影响分析. 环境科学研究，19（3）：46-51.

孔志坚. 2011. 缅甸农业发展现状与前景初探. 南宁职业技术学院学报，16（2）：34-37.

李红梅，马友鑫，郭金峰，等. 2007. 基于 RS 和 GIS 的西双版纳土地覆被动态变化. 山地学报，25（3）：280-289.

李增加. 2008. 西双版纳土地利用/覆盖变化及其气候效应研究. 西双版纳：中国科学院西双版纳热带植物园硕士学位论文.

李增加，马友鑫，李红梅，等. 2008. 西双版纳土地利用/覆盖变化与地形的关系. 植物生态学报，32（5）：1091-1103.

刘洪江，兰恒星，张军，等. 2010. 老挝北部罂粟替代种植高分辨率遥感调查评价与分析. 资源科学，32（7）：1425-1432.

刘慧平，朱启疆. 1999. 应用高分辨率遥感数据进行土地利用与覆盖变化监测的方法及其研究进展. 资源科学，21（3）：23-27.

刘开强，李丹婷，吕荣华，等. 2010. 柬埔寨水稻生产概况与发展战略. 广西农业科学，21（6）：619-622.

刘美玲，齐清文，刘景峰，等. 2006. 云南边境地区土地利用/覆盖变化及环境效应分析. 云南地理环境研究，18（2）：1-5，16.

刘明达，蒋蕾，李双成. 2008. 云南南部地区耕地变化时空特征及成因分析. 中国土地科学，22（2）：9-16.

刘少军，张京红，何政伟，等. 2010. 基于面向对象的橡胶分布面积估算研究. 广东农业科学，（1）：168-170.

刘世梁，崔保山，杨志峰，等. 2006. 道路网络对澜沧江流域典型区土地利用变化的驱动分析. 环境科学学报，26（1）：162-167.

刘世梁，温敏霞，崔保山. 2007. 不同道路类型对澜沧江流域景观的生态影响. 地理研究，26（3）：485-490.

刘世梁，温敏霞，崔保山，等. 2008. 基于网络特征的道路生态干扰——以澜沧江流域为例. 生态学报，28（4）：1672-1680.

刘新卫，陈百明，史学正. 2004. 国内 LUCC 研究进展综述. 土壤，36（2）：132-135.

刘焱序，任志远. 2012. 基于区域地形起伏度模型的陕西农村劳动力时空格局. 山地学报，30（4）：431-438.

吕婷婷，刘闯. 2010. 基于 MODIS 数据的泰国耕地信息提取. 农业工程学报，26（2）：244-250.

毛学森，Tony J，Claude D. 2001. RS 与 GIS 支持下的土地利用及植被覆盖变化研究. 中国生态农业学报，9（4）：52-53.

莫业勇，杨琳. 2011. 2010 年天然橡胶产销动态与 2011 年天然橡胶供求形势预测. 中国热带农业，（2）：49-53.

潘韬，吴绍洪，何大明，等. 2012. 纵向岭谷区地表格局的生态效应及其区域分异. 地理学报，67（1）：13-26.

史培军，陈晋，潘耀忠. 2000. 深圳市土地利用变化机制分析. 地理学报，55（2）：151-160.

宋国宝，李政海，鲍雅静，等. 2007. 纵向岭谷区人口密度的空间分布规律及其影响因素. 科学通报，（S2）：78-85.

孙丹峰，杨冀红，刘顺喜. 2002. 高分辨率遥感卫星影像在土地利用分类及其变化监测的应用研究. 农业工程学报，18（2）：160-164.

田庆久，闵祥军. 1998. 植被指数研究进展. 地球科学进展，（4）：327-333.

Tran P V，何锦峰，Pham T M 2011. 越南 Ha Nam 省近十年来土地利用变化研究. 重庆交通大学学报（自然科学版），30（5）：1022-1026.

汪金花，张永彬，孔改红. 2004. 谱间关系法在水体特征提取中的应用. 矿山测量，（4）：30-32.

王襄平，张玲，方精云. 2004. 中国高山林线的分布高度与气候的关系. 地理学报，59（6）：871-879.

温敏霞，刘世梁，崔保山，等. 2008. 澜沧江流域云南段道路网络对生态承载力的影响研究. 环境科学学报，28（6）：1241-1248.

吴关琦，徐成龙，严崇潮. 1993. 东南亚农业地理. 北京：商务印书馆.

吴云天，杨冬奇，陈凯林. 2006. 柬埔寨水稻生产见闻录. 中国稻米，（5）：58-59.

徐婧，赵乔贵. 2011. 云南省 2002-2008 年土地利用变化及与社会经济发展关系. 中国国土资源经济，7：32-34.

闫慧敏，刘纪远，曹明奎. 2005. 近 20 年中国耕地复种指数的时空变化. 地理学报，60（4）：559-566.

杨阿强. 2009. CBERS 数据用于老挝土地覆被分类的方法论研究. 北京：中国科学院地理科学与资源研究所博士学位论文.

杨志清. 1999. 大湄公河次区域经济合作第八次部长级会议. 昆明：231-236.

姚永慧，张百平，韩芳，等. 2010. 横断山区垂直带谱的分布模式与坡向效应. 山地学报，28（1）：11-20.

叶宇，刘高焕，冯险峰. 2006. 人口数据空间化表达与应用. 地球信息科学，8（2）：60-64.

尤淑撑，刘顺喜，周连芳，等. 2009. CBERS-02B 星数据土地利用动态遥感监测方法研究. 国土资源遥感，（1）：79-82.

于兴修，杨桂山. 2002. 中国土地利用 l 覆被变化研究的现状与问题. 地理科学进展，21（1）：51-57.

查勇，倪绍祥，杨山. 2003. 一种利用 TM 图像自动提取城镇用地信息的有效方法. 遥感学报，7（1）：37-40.

占达黑·马万，吴次芳. 2009. 老挝森林覆被变化及其驱动力分析. 地理研究，28（2）：391-401.

张峰，吴炳方. 2004. 泰国水稻种植面积月变化的遥感监测. 遥感学报，8（6）：664-671.

张峰，吴炳方，黄慧萍，等. 2003. 泰国水稻种植区耕地信息提取研究. 自然资源学报，18（6）：766-773.

张海龙. 2009. 基于水热过程及耦合氮素的陆地植被净初级生产力模型研究——以澜沧江流域为例. 北京：中国科学院地理科学与资源研究所博士学位论文.

张京红，陶忠良，刘少军，等. 2010. 基于 TM 影像的海南岛橡胶种植面积信息提取. 热带作物学报，31（4）：661-665.

张景华，封志明，姜鲁光. 2011. 土地利用/土地覆被分类系统研究进展. 资源科学，（06）：1195-1203.

章仲楚. 2007. 面向对象的杭州西溪湿地遥感方法研究. 杭州：浙江大学硕士学位论文.

赵晋陵. 2010. CBERS 与 TM 解析越南土地覆被类型的对比研究. 北京：中国科学院地理科学与资源研究所博士学位论文.

仲腾，汤国安，周毅，等. 2009. 基于反地形 DEM 的山顶点自动提取. 测绘通报，4：35-37.

中华人民共和国水利部. 1997. 土壤侵蚀分类分级标准. 北京：中国水利水电出版社.

朱述龙，朱宝山，壬红卫. 2006. 遥感图像处理与应用. 北京：科学出版社.

Andrea E G，Michael W B，Jane S. 2009. Tourism，forest conversion，and land transformations in the Angkor basin，Cambodia. Applied Geography，29（2）：212-223.

Armand A D. 1992. Sharp and gradual mountain timberlines as a result of species interaction. Photogrammetric Engineering and Remote Sensing，58（3）：367-377.

Bann C. 1997. An economic analysis of tropical forest land use options，Ratanakiri province，Cambodia. Eepsea Research Report.

Baraldi A，Parminggian F. 1995. An Investigation on the texture characteristics associated with gray level co- occurrence matrix statistical parameters. Ieee Trans. On Geoscience and Remote Sensing，32（2）：293-303.

Brady N C. 1996. Alternatives to swidden：a global imperative. Agriculture，Ecosystems & Environment，58（1）：3-11.

Brown L R. 1995. Who will feed China? The Worldwatch Environmental Alert Series. New York：WW Norton & Company.

Brunner J，Talbot K，Elkin C. 1998. Logging Burma's frontier forests：resources and the regime. Washington D C：World Resource Institute.

Burgersa P，Ketterings Q M，Garrity D P. 2005. Fallow management strategies and issues in Southeast Asia. Agriculture，Ecosystems & Environment，110（1-2）：1-13.

Chandra P G, Surendra S. 1995. Land Cover Assessment and Monitoring at UNEP/EAP- AP: A RS and GIS Approach. Tokyo: International Symposium on Vegetation Monitoring: 29-31.

Comte I, Davidson R, Lucotte M, et al. 2012. Physicochemical properties of soils in the Brazilian Amazon following fire- free land preparation and slash-and-burn practices. Agriculture, Ecosystems & Environment, 156 (11): 108-115.

Dah S E. 2004. Teak and forest management in Myanmar. ITTO Tropical Forest Update, 14 (1): 12-13.

Dasgupta S, Deichmann U, Meisner C, et al. 2005. Where is the Poverty-Environment Nexus? Evidence from Cambodia, Lao PDR, and Vietnam. World Development, 33 (4): 617-638.

Deering D W. 1978. Rangeland reflectance characteristics measured by aircraft and spacecraft sensors. Dissertation Abstracts International B, 39 (7): 3081-3082.

Doraiswamy P C, Hatfield J L, Jackson T J, et al. 2004. Crop condition and yield simulations using Landsat and MODIS. Remote Sensing of Environment. 92 (4): 548-559.

Duong N D. 2004. Land cover mapping of Vietnam using MODIS 500m 32- day global composites. International Symposium on Geoinformatics for Spatial Infrastructure Development in Earth and Allied Sciences.

Dymond C C, Mladenoff D J, Radeloff V C. 2002. Phenological differences in Tasseled Cap indices improve deciduous forest classification. Remote Sensing Environment, 80: 460-472.

Ekadinata A, Widayati A, Vincent G. 2004. Rubber agroforest identification using object- based classification in Bungo District, Jambi, Indonesia. Chiang Mai, Thailand: 25th ACRS 2004.

Embassy C. 2007. Cambodian Embassy Investing in Cambodian rubber industry. Trade Promotion Today, 2 (3): 2.

FAO. 2000. Land resources potential and constraints at regional and country levels. Rome: Food and Agriculture Organization of the United Nations.

FAO. 2005. Global Forest Resources Assessment 2005. Rome: Food and Agriculture Organization of the United Nations.

FAO. 2010. Global Forest Resources Assessment 2010. Rome: Food and Agriculture Organization of the United Nations.

Feng Z M, Yang Y Z, Zhang D, et al. 2009. Natural environment suitability for human settlements in China based on GIS. Journal of Geographical Sciences, 19 (4): 437-446.

Forman R T T, Deblinger R D. 2000a. The ecological road effect zone of a Massachusetts (USA) suburban highway. Conservation Biology, 14: 36-46.

Forman R T T, Delinger R D. 2000b. Road traffic and nearby grassland bird patterns in a suburbanizing landscape. Environmental Management, 29: 782-800.

Forman R T T, Sperling D, Bissonette J A, et al. 2002. Road Ecology. Washington D C: Island Press.

Fox J M, Vogler J B. 2005. Land- use and land- cover change in montane mainland southeast Asia. Environmental Management, 36 (3): 394-403.

Fox J, Vogler J B, Sen O L, et al. 2012. Simulating land- cover change in montane mainland Southeast Asia. Environmental Management, 49 (5): 968-979.

Geist H J, Lambin E F. 2002. Proximate causes and underlying driving forces of tropical deforestation. Bioscience, 52 (2): 143-150.

Giri C, Defourny P, Shrestha S. 2003. Land cover characterization and mapping of continental Southeast Asia using multi- resolution satellite sensor data. International Journal of Remote Sensing, 24 (21): 4181-4196.

Guo H J, Christine P, Kevin C, et al. 2002. Economic development, land use and biodiversity change in the tropical mountains of Xishuangbanna, Yunnan, Southwest China. Environmental Science & Policy, 5 (1): 471-479.

Hanh T H, Tuan V A. 2009. Combination of Microwave and Optical Remote Sensing in Land Cover Mapping.

Hansen M C, Reed B. 2000. A comparison of the IGBP DISCover and University of Maryland 1km global land cover products. International Journal of Remote Sensing, 21 (6&7): 1365-1373.

Haralick R M. 1979. Statistical and structural approaches to texture. Proceeding of the Ieee, 67: 786-804.

Herold M, Liu X H, Clarke C K. 2003. Spatial metrics and imagine texture for mapping urban land use. Photogrammetric Engineering & Remote Sensing, 28 (4): 509-512.

Holtmeier F K. 1994. Ecological Aspects of Climatically- caused Timberline Fluctuations//Beniston M. Mountain Environment in Changing Climates. New York: Rautledge.

Houghta J，Birch-Thomsenc T，Petersenb J，et al. 2012. Biofuels，land use change and smallholder livelihoods：a case study from Banteay Chhmar，Cambodia. Applied Geography，34：525-532.

Houghton R A. 2002. Temporal patterns of land-use change and carbon storage in China and tropical Asia. Science in China，45（1）：10-17.

Inoue Y，Kiyono Y，Asai H，et al. 2010. Assessing land-use and carbon stock in slash-and-burn ecosystems in tropical mountain of Laos based on time- series satellite images. International Journal of Applied Earth Observation and Geoinformation，12（4）：287-297.

IRSG. 2011. Rubber Statistical Bulletin. Singapore：International Rubber Study Group.

Jordan C F. 1985. Nutrient Cycling in Tropical Forest Ecosystems. New York：Wiley.

Kunstadter P，Chapman E C，Sabhasri S. 1978. Farmers in the Forests：Economic development and marginal agriculture in northern Thailand. Honolulu：University Press of Hawaii for East-West Center.

Lambin E F，Geist H J，Lepers E. 2003. Dynamics of land- use and land- cover change in tropical regions. Annual Review of Environment and Resources，28（1）：205-241.

Lambin E F，Geist H J. 2001. Global land-use/land-cover changes.

Lambin E F，Rounsevell M，Geist H. 2000. Are current agricultural land use models able to predict changes in land use intensity. Agriculture，Ecosystem and Environment，82：321-331.

Laurance W F，Goosem M. 2008. Living in a Dynamic Tropical Forest Landscape. Oxford：Blackwell Publishing，Ltd.

Laurance W F. 2007. Forest destruction in tropical Asia. Current Science，93（11）：1544-1550.

Lee J，Philpot W. 1991. Spectral textures pattern matching：a classifier for digital imagery. Ieee Transactions On Geoscience and Remote Sensing，29：545-548.

Li Z J，Ma Y X，Li H M，et al. 2008. Relation of land use and cover change to topography in Xishuangbanna，Southwest China. Journal of Plant Ecology Chinese Version，32（5）：1091-1103.

Li Z，Fox J M. 2012. Mapping rubber tree growth in mainland Southeast Asia using time-series MODIS 250m NDVI and statistical da-ta. Applied Geography，32（2）：420-432.

Lillesand T M，Keifer R W. 1994. Remote Sensing and Image Interpretation. New York：John Wiley&Sons Inc.

Loverland T R，Reed B C，Brown J F，et al. 2000. Development fo a global land cover characteristics database and IGBP Discover from 1km AVHRR data. International Journal of Remote Sensing，21（1303-1330）．

Marschner F J. 1959. Land Use and Its Patterns in the United States. Washington D C：Department of Agriculture，Agriculture Handbook No. 153.

McFeeters S K. 1996. The use of normalized difference water index（NDWI）in the delineation of open water features. International Journal of Remote Sensing，17（7）：1425-1432.

Mertz O. 2009. Trends in shifting cultivation and the REDD mechanism. Current Opinion in Environmental Sustainability，1（2）：156-160.

Mon M S，Kajisa T，Mizoue N，et al. 2010. Monitoring deforestation and forest degradation using FCD Mapper in Bago mountain areas，Myanmar. Journal of Forestry Planning，15（2）：63-72.

Mon M S，Mizoue N，Htun N Z，et al. 2012. Factors affecting deforestation and forest degradation in selectively logged production forest：a case study in Myanmar. Forest Ecology and Management，267（0）：190-198.

Muttitanon W，Tripathi N K. 2005. Land use/land cover changes in the coastal zone of Ban Don Bay，Thailand using Landsat 5 TM data. International Journal of Remote Sensing，26（11）：2311-2323.

Nguyen L D，Viet P B，Minh N T，et al. 2011. Change Detection of Land Use and Riverbank in Mekong Delta，Vietnam Using Time Series Remotely Sensed Data. Journal of Resources and Ecology，2（4）：370-374.

Oloth S，Olivier R，Jean P T，et al. 2010. Effect of land covers changes on inter- stormflow and stormflow in a headwater catchment under shifting cultivation，northern Lao P. D. R. Kunming：International workshop on resources and environment towards sustainable development in the Great Mekong Sub- regions.

Overmars K P，de Kong G H J，Veldkamp A. 2003. Spatial autocorrelation in multi- scale land use models. Ecological Modelling，164：257-270.

Patarasuk R，Binford M B. 2012. Longitudinal analysis of the road network development and land-cover change in Lop Buri province，

Thailand, 1989-2006. Applied Geography, (32): 228-239.

Paul T C. 2009. The post-opium scenario and rubber in northern Laos: AlternativeWestern and Chinese models of development. International Journal of Drug Policy, 20 (5): 424-430.

Pilon P G, Howarth P J, Bullock R A. 1988. An enhanced classification approach to change detection in semiarid environment. Photogrammetric Engineering and Remote Sensing, 54: 1709-1716.

Roder W, Phengchanh S, Maniphone S. 1997. Dynamics of soil and vegetation during crop and fallow period in slash-and-burn fields of northern Laos. Geoderma, (76): 131-144.

Roder W. 2001. Slash-and-Burn Rice Systems in the Hills of Northern Lao PDR: Description, Challenges and Opportunities. Los Banos, the Philippines: International Rice Research Institute.

Sakamoto T, Van Nguyen N, Ohno H, et al. 2006. Spatio-temporal distribution of rice phenology and cropping systems in the Mekong Delta with special reference to the seasonal water flow of the Mekong and Bassac rivers. Remote Sensing of Environment, 100 (1): 1-16.

Schuck E C, Nganje W, Yantio D. 2002. The role of land tenure and extension education in the adoption of slash and burn agriculture. Ecological Economics, 43 (1): 61-70.

Singh A. 1989. Digital change detection techniques using remotely-sensed data. International Journal of Remote Sensing, 10 (6): 989-1003.

Sithong T, Yayoi F. 2006. Recent Land Use and Livelihood Transitions in Northern Laos. Mountain Research and Development, 26 (3): 237-244.

Steininger M K, Tucker C J, Ersts P, et al. 2001. Clearance and fragmentation of tropical deciduous forest in the Tierras Bajas, Santa Cruz, Bolivia. Conservation Biology, 15 (4): 856-866.

Steven I G. 1980. Utilizing LANDSAT imagery to monitor land-use change: a case study in Ohio. Remote Sensing of Environment, 9 (3): 189-196.

Sylavanh S. 2004. Experiences from developing an integrated land-use planning approach for protected areas in the Lao PDR. Journal of Forest Policy and Economics, 6 (6): 553-566.

Tian Y C, Wu B F, Zhang L, et al. 2011. Opium poppy monitoring with remote sensing in North Myanmar. International Journal of Drug Policy, 22 (4): 278-284.

Toshihiro S, Cao V P, Aikihiko K, et al. 2010. Analysis of rapid expansion of inland aquaculture and triple rice-cropping areas in a coastal area of the Vietnamese Mekong Delta using MODIS time-series imagery. Landscape and Urban Planning, 92 (6): 34-46.

Tranquillini W. 1979. Physiological Ecology of the Alpine Timberline: Tree Existence at High Altitude with Special Reference to the European Alps. New York: Springer-Verlag.

Trombulak S C, Frissel C A. 2000. Review of ecological effects of roads on terrestrial and aquatic communities. Consevation Bilology, 14 (1): 18-30.

Trébuil G, Ekasingh B, Ekasingh M. 2006. Agricultural commercialization, diversification and conservation of renewable resources in northern Thailand highlands. Moussons, 9 (1): 131-155.

Tucker C J. 1979. Red and photographic infrared linear combinations for monitoring vegetation. Remote Sensing of Environment, 8 (2): 127-150.

Turkelboom F, Poesen J, Trébuil G. 2008. The multiple land degradation effects caused by land-use intensification in tropical steeplands: a catchment study from northern Thailand. Catena, 75 (2): 102-116.

Turner II B L, Skole D, Sanderson S, et al. 1995. Land use and land cover change. Stockholm: IGBP Report No. 35 and IHDP Report No. 7. 1995.

Turner II B L. 1997. Socializing the pixel in LUCC. Lucc Newsletter, (1): 10-11.

Turner II B L, Skole D, Sanderson S, et al. 1997. Land use and land cover change. Earth Science Frontiers, 4 (1): 26-33.

UNEP. 2002. GEO: Global Environment Outlook 3. Nairobi: 75.

UNODC. 2011. World Drug Report 2010. New York: United Nations.

Valentin C, Agus F, Ralamban, et al. 2008. Runoff and sediment losses from upland catchments in Southeast Asia: impact of rapid land use changes and conservation practices. Agriculture, Ecosystems & Environment, 128 (4): 225-238.

van Lynden G W J, Oldeman L R. 1997. The assessment of the status of human induced soil degradation in south and southeast

Asia. Wageningen：International Soil Reference and Information Centre.

van Vliet N，Mertz O，Heinimann A，et al. 2012. Trends，drivers and impacts of changes in swidden cultivation in tropical forest-agriculture frontiers：A global assessment. Global Environmental Change，22（2）：418-429.

Veldkamp A，Fresco L O. 1996. CLUE：a conceptual model to study the conversion of land use and its effects. Ecological Modelling，85（2-3）：253-270.

Verberg P H. 2004. Beyond Regression：Method for Analyzing Complex Human-Environment Interactions.

Verburg R H，Soepboer W，Lim P R，et al. 2002. Modelling the spatial dynamics of regional land use：the CLUE-S model. Environmental Management，30（3）：391-405.

William L F，Miriam G，Susan G W L. 2009. Impacts of roads and linear clearings on tropical forests. Trends in Ecology and Evolution，24（12）：659-669.

Wu W C，Shao G F. 2002. Optimal combinations of data，classifiers，and sampling methods for accurate characterizations of deforestation. Canadian Journal of Remote Sensing，28（4）：601-609.

Xiao X，Boles S，Frolking S，et al. 2006. Mapping paddy rice agriculture in South and Southeast Asia using multi-temporal MODIS images. Remote Sensing Of Environment，100：95-113.

Yoshida A，Chanhda H，Ye Y，et al. 2010. Ecosystem service values and land use change in the opium poppy cultivation region in Northern Part of Lao PDR. Acta Ecologica Sinica，30（2）：56-61.

Zhe L，Fox J M. 2012. Mapping rubber tree growth in mainland Southeast Asia using time-series MODIS 250m NDVI and statistical data. Applied Geography，32（2）：420-432.

Zhu C Q，Chung P C，Chen C F. 1998. Study of remote sensing image texture analysis and classification using wavelet. International Journal of Remote Sensing，19（16）：3197-3203.

Ziegler A D，Fox J M，Xu J C. 2009. The Rubber Juggernaut. Science，324：1024-1025.

附录1　中南半岛（老柬越泰）和云南边境地区土地利用和土地覆被变化考察日志

考察队员：封志明、沈镭、刘高焕、谢高地、姚治君、李丽娟、张宗科、张玲、姜鲁光、黄翀、于信芳、苏鹏程、刘立涛、李鹏共14人

司乘人员：王斌、张绍春、楼勇峰、于大海共4人

向导人员：张永健（昆明中国国际旅行社有限公司东南亚总监）、Nam（泰国）共2人

组织单位：中国科学院地理科学与资源研究所

参与单位：中国科学院遥感与数字地球研究所、中国科学院成都山地灾害与环境研究所、中国科学院西双版纳热带植物园

协助单位：昆明中国国际旅行社有限公司、昆明康辉旅行社有限公司

项目资助：科学技术部基础性工作专项"澜沧江中下游与大香格里拉地区科学考察（2008—2013）"；中国科学院地理科学与资源研究所"一三五"科技计划重点项目"东南亚（GMS）资源环境变化与区域发展研究（2012—2013）"

中南半岛（老柬越泰）和云南边境土地利用/土地覆被野外考察路线图①

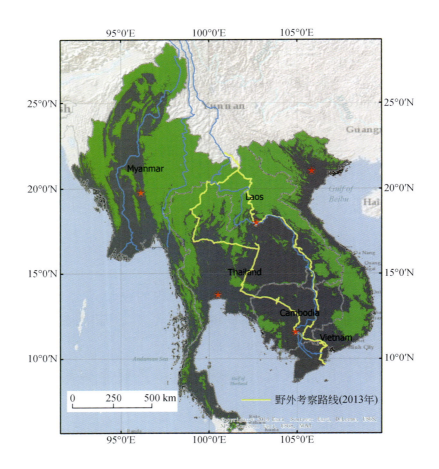

---

① 考察路线是根据 JUNO SB 手持 GPS 每日实际考察轨迹整理得到的。

第一站：北京→昆明→西双版纳傣族自治州

日期：2013 年 2 月 23 日

天气：晴

考察主题：抵达景洪市，与昆明康辉旅行社有限公司王斌等人商讨即将组织的野外考察具体行程

考察人员：封志明、姜鲁光、李鹏、刘立涛；司机（王斌、张绍春、楼勇峰），共 7 人

2013 年 2 月 23 日，封志明等一行四人先期从北京（南航 CZ3901 航班）飞赴昆明机场，再到西双版纳（川航 3U8623 航班）。当天王斌（考察车队负责人）等三人由昆明驾驶三辆别克越野车（七座）奔赴景洪市，并于下午 4 点在西双版纳嘎洒国际机场接机。

下午 5 点左右入住景洪市西双版纳金棕榈酒店。经过一个小时的休整，傍晚在澜沧江河畔临近景洪港中心码头的哨哆哩餐馆就餐。就餐前，封志明等考察组人员与司机王斌等人商讨了此行考察的具体路线、人员组成、调查方式、经费预算与使用等细节问题（附照片 1-1）。

附照片 1-1　封志明等考察组人员在交谈考察细节（拍摄人：李鹏）

此次中南半岛四国土地利用和土地覆被变化野外考察，将从澜沧江下游最大港口城市（景洪，附照片 1-2）开始。

附照片 1-2　景洪港①中心码头远景照（拍摄人：李鹏）

---

　　① 景洪港位于我国云南省西双版纳傣族自治州境内，是澜沧江-湄公河国际航线上的一个重要港口。1993 年 7 月 24 日经国务院批准建设的国家一类对外口岸，下设景洪港中心码头、橄榄坝码头、关累码头。2001 年 6 月，交通部正式宣布景洪港对外国籍船舶开放，并于 6 月 26 日正式实现中、老、缅、泰四国商船通航。

第二站：西双版纳傣族自治州（景洪市→勐腊县）

日期：2013 年 2 月 24 日

天气：晴

考察主题：小磨公路沿线的土地利用与土地覆被（特别是橡胶林）考察和景观照片采集、勐腊望天树保护区

考察人员：封志明、姜鲁光、李鹏、刘立涛及司机楼勇峰 5 人

2013 年 2 月 24 日，考察组封志明等一行四人驱车行驶在景洪至勐腊的小磨公路上，成片橡胶林带给人的感受是震撼人心的。我们感受到了风吹林海震撼心灵的一行行、一排排、一株株整齐划一的不同年龄段的橡胶林。橡胶幼林表观特征更为明显，即等高的"圈层"种植模式（附照片 1-3）。

附照片 1-3　橡胶幼林实地照（拍摄人：封志明）

我们此次考察的时节，正是春回大地，万物复苏的季节。橡胶树也不例外（附照片 1-4）。带状等间

附照片 1-4　橡胶成林实地照（拍摄人：封志明）

距排列种植的橡胶，树梢已渐露墨绿的叶片，在阳光的照射下反而显得非常耀眼，耷拉着，有时看上去甚至像是蚕茧；而再往下端的叶片则以老叶片为主，由黄绿到金黄再到砖红，有时不禁想起了北京金秋的香山红叶。这些不同色彩的颜色像是在向我们展示橡胶树在过去一年里的丰硕成果。在经历了一年勤恳无私的付出，在等待着大地的召唤。在这片土地上，土壤是红色的，所有叶片都从稚嫩稚嫩的墨绿色进而演变成大地母亲的颜色，融入她的怀抱，将自身最后的一点养分反馈给大地母亲，直到最后变成枯叶。从远处眺望，这个季节的橡胶林与周围的原始次生林在色彩与外观上有明显的不同（附照片1-5）。橡胶林从上至下，分别呈现黄绿色（树叶）、泛白或灰白色（树干）与砖红色（裸露的表层土壤）。叶片较次生林而言，可以说是少得可怜，非常稀疏，像是年近古稀老人的头发。树干颜色在周边背景的衬托下，显得修长而单薄。裸露的表层土壤则呈现等高线分布，依附山体盘绕着，像是系在山腰间的丝带，相间分布着。

附照片1-5　橡胶林与自然林景观差异远景（拍摄人：封志明）

在傣族村寨农家乐菜馆（依光香傣家傣味特色菜馆），恰有一群傣族年轻男女"赶塔"（拜佛塔）归来，我们有幸亲眼目睹了这片"理想而神奇的乐土"上美丽的傣族姑娘。傣族姑娘基本上都是盛装参加当地的民俗活动，或一袭蓝色长裙，或一袭大红的连衣长裙，还有粉色的……。在充满泥土芬芳的微风吹拂下，更增添了我们这些远方来客对美丽动人傣族姑娘的几分怜爱。然而，举手投足间，我们也强烈地感受到了傣族与汉族文化的和谐共处。在这些年轻人身上，我们既可以感受到傣族文化的传承，也感受到了汉文化的影响。

在西双版纳考察过程中，我不禁想起了年幼时看过的那部令人荡气回肠的电视剧《孽债》（1994年）中，五个来自西双版纳的孩子，一腔幽怨地唱着"美丽的西双版纳，留不住我的爸爸妈妈，……"。那已是一个时代，几十万热血知识青年响应号召奔赴云南边疆，怀着理想的激情，以及现实的苦难，顶着当时极其时髦而普通的"知识青年"头衔，采用近乎"刀耕火种"的生产方式（附照片1-6和附照片1-7），铲除了一片片千年的原始林木，栽上了一株株幼小的橡胶树苗。

三十多年的风风雨雨，为橡胶树画上了三十多圈年轮。如今，据《中国联合商报》2011年的报道，西双版纳傣族自治州的天然橡胶产业已经进入了可持续发展的黄金期。每天夜里，每棵树都会无私地流出体内那珍贵的白色浆液，既满足了国家对这种战略资源的需求，也在短期改善了祖国西南边陲善良质朴傣族人民的生活水平。2011年年末，西双版纳傣族自治州天然橡胶种植面积为431万亩，已开割投产230万亩，全年干胶产量28.3万t，同比增长11%。全州直接从事橡胶产业的人员有13万人，涉及全州农村农业人口近40万人。在全州农民人均纯收入5327元中，天然橡胶约占54%，为2876元。

附照片 1-6　西双版纳山区的"刀耕火种"现象照片 1（拍摄人：李鹏）

附照片 1-7　西双版纳山区的"刀耕火种"现象照片 2（拍摄人：封志明）

同时，我们还了解到在景洪-勐腊公路沿线的坝子①里，广泛种植有香蕉（附照片 1-8）和少量大棚蔬菜、茶叶和水果（凤梨）等经济作物和以玉米为主的粮食作物。

附照片 1-8　西双版纳坝子里的香蕉种植（拍摄人：李鹏）

---

① 坝子是我国云贵高原上的局部平原的地方名称，主要分布于山间盆地、河谷沿岸和山麓地带。坝上地势平坦，气候温和，土壤肥沃，灌溉便利，是云贵高原上农业兴盛、人口稠密的经济中心。云南省有 1100 多个坝子，坝子的耕地占全省耕地面积的 1/3 以上。

其他考察人员分批抵达。另外两位司机没有参加考察，在嘎洒国际机场接机，然后驱车送抵勐腊县景兰大酒店。途中，我们采购了矿泉水 4 箱、方便面 3 箱以及蚊香等日常用品。当晚，大部队在勐腊县集合。

研究思考：橡胶（rubber）和香蕉（banana）两种经济作物，尽管从中文发音上易搞混，但从遥感监测角度考虑，二者应该有本质的区别。第一，橡胶林在旱季有明显落叶和新叶萌生现象，而香蕉为一种四季常绿作物；第二，橡胶林种植区海拔（600~1000m）高于香蕉种植区海拔（坝子一般低于 600m）。基于橡胶林种植的物候和地形特征，以西双版纳为研究区，我们已发展了一种基于落叶期和新叶萌生期的双窗口橡胶成林遥感识别方法。论文发表如下：

Li P, Zhang J H, Feng Z M. 2005. Mapping rubber tree plantations using aLandsat-based phonological algorithm in Xishuangbanna, southwest China. Remote Sensing Letters, 6（1）：49-58.

第三站：勐腊县→（琅南塔省）→孟赛（乌多姆赛省）→琅勃拉邦

日期：2013 年 2 月 25 日

天气：浓雾转晴

考察主题：公路沿线土地利用/土地覆被（橡胶林、柚木林、刀耕火种）考察、景观照片采集，沿途停靠点（道路交叉口、河流交叉口），高地看山，低地看河

考察人员：封志明、李鹏、刘立涛及司机、向导等 20 人

上午 8 点半考察队伍从景兰大酒店出发去老挝。乘车安排如下：封志明老师、李鹏、刘立涛三人同车（王斌师傅驾驶），姚治君老师、李丽娟老师、黄翀老师三人同车（于大海师傅驾驶），刘高焕老师、姜鲁光老师、于信芳老师三人同车（楼勇峰师傅驾驶），谢高地老师、张玲老师、苏鹏程三人同车（张绍春师傅驾驶），张导与 Nam 向导同车，在前作导引。

勐腊县城至磨憨（9 点抵达），沿公路两侧山上主要分布有原始或人工次生林，但是山腰上种植有大面积橡胶树（大部分尚未割胶，树叶已普遍落叶，枝枝丫丫），部分区域在这些年幼橡胶树下面还间种有菠萝；在部分山腰上亦有茶叶种植；在坝子里普遍种植香蕉、中药材石斛（大田荫棚栽种法）。途经云南西双版纳磨憨经济开发区管理委员会。

特别值得说明的是，此前阅读文献时了解到西双版纳由于大范围种植橡胶林而导致区域水源涵养调节功能下降。一个形象的说法是，过去年内上午有雾的天数正在缩减，而且每日雾气持续时间也在下降。今天我们有幸见证了勐腊上午的浓雾天气（附照片 1-9）。到上午 9 点，公路两侧雾气基本消散了，但远处山区还会有。当然，大雾天气也不完全是好事，对于坐在车上的我们来讲，双眼勉强能分辨一些自然景观，但手中的 Casio 相机就不顶用了。

从中国磨憨口岸（附照片 1-10）进入到老挝磨丁口岸（Boten），两个口岸同为国家一级口岸，特别是在中老边境老挝一侧（4km 范围内，根据老挝磨丁边贸区 1640hm² 的土地推算），即磨丁边贸区（2003年 12 月 9 日批准），建设磨丁黄金城特区（商贸区、居住区、高尔夫别墅区、酒店区四大功能区[①]）。黄金城特区森林覆盖率高达 93% 以上。目前，来自中国的挖掘机正在帮助老挝开山劈地，大兴土木，基础设施建设场面很普遍，仿若自己仍然身处国内。

---

① 其中商贸区的建筑面积约 29 万 m²，主要设置商品展示广场、精品贸易街、商贸酒店综合服务区、客运广场、仓储区等；居住区的建筑面积 6 万 m²，主要设置有生活公共服务中心、学校、医院、旅游区、民居民宅等；酒店区的建筑面积约 28 万 m²，主要建设六大星级酒店，还配套了特色娱乐服务广场。

附照片 1-9　勐腊县去磨憨口岸路上遇浓雾景观（拍摄人：封志明）

附照片 1-10　中国西双版纳勐腊县磨憨口岸（拍摄人：封志明）

　　继续往前走，注意到开始有成片的年幼橡胶树林（附照片 1-11）出现。这说明了两个客观事实：第一，由于这些橡胶树均尚未开始割胶，生长年限应该在 5～7 年或者更少。据此，可以推断中老边境老挝一侧橡胶园种植应该在 2005 年以后（后来我在文献阅读的过程中，也验证了这个事实。2004～2005 年开始有零星种植，后来几年就有大范围种植）。从土地利用方式来看，这些橡胶林种植区域较早 1～3 年也是刀耕火种现象集中出现时段。这种地理现象为利用遥感手段全面监测老挝边境橡胶林时空扩展提供了方向。第二，根据我们此前 23～24 日由西北（景洪）至东南（磨憨）的考察，橡胶树林生长年限有逐渐递减的趋势。这说明老挝一侧明显受到了中国橡胶种植带来较大经济收入的影响，中国橡胶业的发展及中国对橡胶原材料的巨大需求市场吸引着老挝及老挝人民加入到种植橡胶树的行列中。这种地理现象为对比分析中老边境橡胶林时空格局及发展态势提供了研究方向。

　　离开边贸区后，直到琅南塔省与乌多姆赛省边境，我们注意到沿途有人工种植的柚木树林（附照片 1-12），这些柚木树林并非像橡胶树林那样规模成片，而是独立的一片。2 月底，老挝琅南塔省与乌多姆赛省境内的柚木与橡胶都处于落叶期，但是二者从远处还是能较容易区分出来的。主要分别差异表现为以下几点：第一，成年柚木树树干笔直。而成年橡胶树树干达到一定高度后通常分成若干大枝，因而整棵树显得很大，而树干离地面 1m 以内有割胶的标志，年幼橡胶林植株个体矮小。第二，相对于柚木林分布密集特征而

附照片 1-11　老挝琅南塔毗邻中国地带的橡胶幼林（拍摄人：封志明）

言，橡胶林具有明显的等高分布现象，且具有明显的间距。远观柚木林自然无序，而橡胶林非常规整。第三，二者远观颜色有明显差异。从远处看，柚木林更像是枯木（泛白），树枝无绿叶，一片萧瑟；而橡胶林从远处看泛枯黄（或显得有些沉闷），树枝还留有少量绿叶（这点又与中国境内西双版纳有明显区别，在国内橡胶林木完全落叶，树枝存留叶片泛红，落叶为枯叶）。

附照片 1-12　老挝乌多姆赛省的柚木林（拍摄人：李鹏）

　　进入乌多姆赛省后，刀耕火种现象在老挝这个内陆国家显得尤为常见（附照片 1-13 和附照片 1-14）。尽管政府部门与学术界对这一传统又古老的农业形式的争议从未中断，但它现在依然存在着，且随着人工经济林大面积种植，这种粗放的农业形式极有可能还将继续延续下去。刀耕火种农业现象过去 30 年（特别是近 10 年）的空间格局变化及其植被恢复过程是值得探讨的内容。沿途与刀耕火种农业现象有关的地理景观表现为以下几个阶段：第一，过去（3～10 年）经历过刀耕火种的土地，现在已生长或种植有人工经济林（如橡胶与柚木）或生计型经济作物（如香蕉或芭蕉等）。第二，过去（1～3 年）经历过刀耕火种的土地，现在正处于植被恢复期（主要有次生灌丛及荒草地）或者将要种植橡胶林。第三，新或刚砍伐林灌的土地。上述三种地理景观与周围原始次生林景观，无论从颜色或结构上看，都有很明显的差异。上述三种与刀耕火种现象相关的地理景观也突显出其时间上的延续性。在空间上，我们也注意到橡胶种植与刀耕火种存在互补现象（大致趋势，当然也有不同，如在老挝乌多姆赛省境内也有少量的成年已割胶的橡胶林），从云南西双版纳傣族自治州开始，橡胶种植逐渐减少、橡胶生长年限逐渐减少，而山区刀耕火种现象有增加的趋势，且处于恢复期或者即将经历刀耕火种的土地面积有明显增加。这正好说明了橡胶种植对邻近区域土地利用与土地覆被的影响。

附照片 1-13　老挝乌多姆赛省的刀耕火种农业景观 1（拍摄人：封志明）

附照片 1-14　老挝乌多姆赛省的刀耕火种农业景观 2（拍摄人：封志明）

坝子（山间盆地或小平原）：从琅南塔省到乌多姆赛省与琅勃拉邦省的边界，坝子里多开辟为耕地（水田）。旱季水稻种植现象不常见，但是在邻近较大村落的坝子里，耕地里种植有时令瓜果蔬菜（如西瓜、豆角、地瓜）、烟草、玉米。进入琅勃拉邦省后，特别是进入南乌江的支流南康江流经区域，有部分水田，此时种植有水稻。根据野外考察手持 GPS 所测的海拔，沿途地势都较低（200~300m），灌溉条件可能较好。

柚木树林：在琅勃拉邦省，沿着 13 号公路两侧除了能看见连片带状的耕地（水田），还能看见大片人工种植的柚木树林（南乌江河谷地区开始发现柚木普遍种植，其主要分布在低海拔 200~400m），其生长多在海拔 700~800m 的低山丘陵和平原，与橡胶林相比，其生长海拔较低。是否两种人工林对水资源的需要有所不同？该省境内的柚木树林显得比前琅南塔省与乌多姆赛省更为普遍。

在琅勃拉邦市周边柚木林非常普遍，而橡胶林则相对较少。这是由于什么原因造成的呢？是受自然种植条件的限制？还是受到社会经济因素的影响。橡胶林与柚木林的经济效益如何？附近柚木林的空间扩展是什么方式？从一进入老挝，普遍见有新种植（3~5 年）的橡胶林，而再往南，则橡胶林分布范围缩小，柚木林种植面积逐渐扩大，前者是否在空间上逐步替代后者？

柚木林①之所以在老挝非常普遍，有其原因：①传统种植习惯；②自然种植条件的适应性；③当地木材具有一定市场及其在提高外汇的短期效应。

人文景观部分如下。

村落形态：在坝子里以聚落状分布，而在公路两侧表现为线状分布。在公路两侧聚集。自古以来，人类就有趋水源、趋交通而居的习惯。

建筑风格：竹木（房顶为芦苇、琉璃瓦或铁皮）式结构的高脚式房屋（主要分布在公路两侧，是否跟刀耕火种有关？是否是迁徙性质的？）；水泥砖瓦两层楼（是否受到中国云南建筑风格的影响？）。

童年回忆：在老挝还发现了行走于邻近村落间推着自行车叫卖冰棍的妇女。在我小时候，5~10岁（20世纪90年代前后），也有冰棍小贩穿梭于各个村子叫卖。

街头持枪的老挝士兵：他们身着迷彩服，五六人站在路边，手持、斜挎或肩扛类似于AK47突击步枪。有时还能在公路边见到士兵的军营，军营通常是由水泥石柱搭起的栅栏。

路边好奇的小孩：老挝山区的小孩看到我们的车队，都在路边向我们挥手，有时甚至追着车队挥手，打招呼。

在当天的考察中，我们注意到孟赛段13号公路（中国援建的）出现了不同程度的损坏，路况很糟糕，有些地段基本上为弹石路。像我们一个车队过去，后面的车基本上看不见前面的车，灰尘太大了。回到北京后，封志明老师与我等人整理并提交了一份咨询报告，题为："尽快援建老挝13号公路孟塞到巴蒙路段修复工程"（详情可参考9.5节）。

学校场景：琅南塔省、乌多姆赛省与琅勃拉邦省三省的小学有点特色，如场地宽阔（一排一层房屋加一杆国旗），没有围墙，用木材简单搭起的校门，天然草坪。但是，硬件设施非常差（附照片1-15），在山区的学校条件更差（附照片1-16）。

附照片1-15　老挝乌多姆赛省农村小学场景（拍摄人：李鹏）

---

① 柚木原产缅甸、泰国、印度和印度尼西亚、老挝等地，是东南亚的主要造林树种，也是世界上贵重的用材之一，被誉为"万木之王"。柚木从生长到成材要经过50~60年，生长期缓慢，其密度及硬度较高，不易磨损。

2012年3月26日，根据联合国粮食及农业组织在60个热带国家开展的一项全球柚木资源及市场评估，其结果显示，全世界天然柚木林正在不断减少，自然生长的柚木质量在下降。而同时，这项调查却显示，人工柚木林的面积在增加，并且在采用良好管理规范的条件下能够生产出优质木材。目前，天然柚木林仅在世界上的四个国家生长：印度、老挝、缅甸和泰国。缅甸是目前利用天然柚木林生产优质柚木的唯一国家，印度、老挝和泰国现已禁止采伐天然林或出口原木。2010年天然柚木林的合计面积估计约2900万hm²，其中几乎一半生长在缅甸。柚木种植可以作为地方社区的储蓄账户，从长期来看有助于小农户改善他们的生计及其子女的生活。

据调查，1992~2010年，全球天然柚木林面积减少385 000hm²或1.3%。老挝（减少68 500hm²）、印度（减少210万hm²）和缅甸（减少110万hm²）的面积减幅尤为显著。根据联合国粮食及农业组织的报告，泰国在1989年对天然林采伐实行的全面禁令可能有助于天然柚木林的恢复，据报面积增加290万hm²。"目前尚没有关于柚木资源更可靠的最新信息，所以必须谨慎处理调查提供的数据，"联合国粮食及农业组织林业官员瓦尔特·库勒特说。"现在很难获得柚木林丧失的准确数字，因为柚木树在自然界中不单独成林。天然柚木林与落叶或热带常绿森林混合在一起，其中柚木比例在4%~35%。"

上述资料来源于http://www.fao.org/news/story/it/item/129884/icode/。

附照片 1-16　老挝乌多姆赛省山区小学教室场景（拍摄人：封志明）

当天下午北京时间 5:30（当地时间 4:30）左右到达巴蒙县城（三岔路口，路口有邵东饭店及四川老乡开的杂货商店）。

晚上 7:45 抵达琅勃拉邦市。其中，在磨憨-磨丁口岸办理通关手续耽误了近 2h，午餐 1h。

考察过程中联想到的科学问题：

1）橡胶林与柚木林对老挝社会经济、资源环境的影响？

2）橡胶林与柚木林收入—成本效益分析。

第四站：琅勃拉邦市周边

日期：2013 年 2 月 26 日

天气：晴

考察主题：湄公河、公路沿线土地利用/土地覆被（柚木林）考察，香通寺参观、光西瀑布及原始次生林等景观照片采集

考察人员：封志明、李鹏、刘立涛及司机王斌等 20 人

今天的行程安排主要以参观琅勃拉邦城市及其附近土地利用情况为主。主要考察活动包括观看老挝琅勃拉邦布施，湄公河及与南康河交汇处、香通寺、王宫、城区、光西地质公园（瀑布）与普西山落日考察等。

清晨 5 时多，我和封志明老师、姚治君老师、于信芳还有刘立涛五人早早地来到琅勃拉邦国家博物馆所在街道（附照片 1-17）。据导游 Nam 称这儿是我们所住酒店（Phousi Hotel）附近寺庙密集处，也是和尚化缘必经之地。

一路上，一些小贩（多为妇女）已经提着小箩筐开始兜卖布施品，有糯米饭、小粽子、糖果、饼干等。不一会儿，几辆皮卡车开过，下来了不少外国人（欧美人及亚洲其他国家的人），带着不少装备，如毛毡铺垫、小板凳、竹篓、金银器皿等。其中一个领队模样的人站在路中央比划着什么，其余人立即熟练地把物品铺在路一侧。原来布施也要提前占位，和买火车票排队一样。快到 7 时，我们注意到已聚集了不少和尚并陆续有其他和尚加入。他们赤脚着地，身披红黄色僧衣，肩挎银钵在原地等候着，或站立不动，或有三五个和尚在细细交谈。7 时整，在一个相对年长和尚的带领下，众和尚排成一条长队开始走到

早已为他们准备好的布施者面前，接受布施者的布施。布施者取好糯米或其他食物（也有钱），和尚便主动取下银钵盖将食物盛入其中（附照片 1-18）。这个过程中，有 5～10 岁的小孩手抱一箩筐或拎一具袋子跟随在和尚旁边等待和尚给他们布施，也有部分小孩或站或跪拜在路边等待布施，而中老年妇女（或老妪）则多是跪拜在路边等待布施。原来，和尚所得的布施物资除一部分交公外，余者自己留用。用行动祈福，佑护生命，爱在平等中传递，感恩在无声中延续。整个布施过程，根据老挝习俗，和尚不能讲话，无需答谢。

附照片 1-17　琅勃拉邦市区街道布施场景
（拍摄人：封志明）

附照片 1-18　琅勃拉邦布施场景
（拍摄人：封志明）

吃过早餐，考察组徒步前往湄公河畔（附照片 1-19）。湄公河上，游船整装待发或顺江直下或逆流而上。在湄公河畔利用测距仪测算了不同河段河（床）宽度并进行了定位。经测算，河床宽窄不一，宽处接近 500m（实测 470m），窄处也有 300m 以上（实测 350m）。约靠近琅勃拉邦一侧的湄公河畔修有护堤，垂直高度为 20～25m，地面上生长有一株株挺拔的椰子树、木瓜树，还有菠萝蜜树，树下则是一排排的酒吧、餐厅可供游人览胜。

附照片 1-19　琅勃拉邦湄公河畔（拍摄人：封志明）

香通寺参观（附照片 1-20）。香通寺位于湄公河与南康河河口交汇处附近（北端），是琅勃拉邦最宏伟的一座寺院。由 Setthathirat 国王于 1560 年建造，直到 1975 年都是王室私有资产。与王宫一样，香通寺也选址在湄公河附近。其中的大殿代表了经典的琅勃拉邦寺庙建筑风格，其后墙上镶嵌着壮观的生命之树图案。门票 20 000 基普／人。

附照片 1-20　香通寺院内实地照片（拍摄人：封志明）

午饭后，前往光西瀑布（Kuangsi Waterfall Park，地质公园，附照片 1-21），沿途海拔普遍在 250～300 m（而湄公河床河岸海拔则在 250m 或以下）。考察了柚木林分布特征（附照片 1-22），表现为靠近道路（而刀耕火种农业则与居民点更为相关），沿途只注意到一个地方种植有水稻，主要为分蘖期（附照片 1-23）。

附照片 1-21　光西瀑布景观（拍摄人：封志明）

附照片 1-22　琅勃拉邦远郊区的柚木林实地照片（拍摄人：封志明）

附照片 1-23　琅勃拉邦刚移栽的水稻（田）实地照片（拍摄人：封志明）

菜园地：靠近琅勃拉邦城市的郊区有许多菜园地。

刀耕火种：为种植人工柚木树林（附照片 1-22），在海拔 300m 以下的区域也经常有刀耕火种现象。

考察过程中，还参观了部分人文景观：

Luang Phrabang Golf Club（琅勃拉邦高尔夫球场）

Radio Broadcasting Station，Bankhoy Secondary School（Luang Phrabang Province）（无线电广播电台，Bankhoy 中等学校，琅勃拉邦）

Monument of President Kaysone Phom Vihane（凯山·丰威汉总统纪念碑）

从光西瀑布参观回来，协助姚治君老师、李丽娟老师、黄翀在湄公河与南康河进行水样测定（pH、浊度、电导率、温度等），因此本人没有随大部队前往普西山观看落日（附照片 1-24）。后来据说，观看落日的中西方游客特别多，景色很美。

附照片 1-24　普西山落日景观（拍摄人：封志明）

第五站：琅勃拉邦→万荣→万象

日期：2013 年 2 月 27 日

天气：晴

考察主题：公路沿线土地利用/土地覆被（柚木林、刀耕火种农业）考察，南俄河水库、南坞河1号水电站考察，景观照片采集

考察人员：封志明、李鹏、刘立涛及司机王斌等20人

上午8:30开始当日的考察行程。从琅勃拉邦向万荣方向，景观变化为：①植被变化显著，即天然次生林迅速减少，以灌丛为主；②刀耕火种现象及规模有所增加，山体表面通过刀耕火种形成的"补丁"较多；③村落建筑风格有变化，即铁铝皮屋顶慢慢替代茅草屋顶。总体而言，在琅勃拉邦境内沿13号公路行驶，可以发现这些区域森林覆盖率很高，除人为刀耕火种开辟农业外，其他干扰相对较少。良好的植被覆盖可能是能在早上8~9点看到云雾或云海的重要因素（附照片1-25）。

附照片1-25　琅勃拉邦山区早上出现的云雾或云海景观（拍摄人：封志明）

下午2:30抵达万荣。从万荣向万象（晚上8点多才到达）方向：①柚木林迅速减少，而橡胶林增多（且其都已长出叶片，较中老边境特别是西双版纳地区的橡胶林提前了两三个月）。这些橡胶林多为幼林，种植年限不超过5年，但是部分地区也有已开始割胶的橡胶林（附照片1-26）。从橡胶林种植零星散落，可以推断主要为农户自己种植，也可以推测其种植时间与邻近中国的琅南塔省又相对较晚。这是受到中国对天然橡胶需求市场引起的，但其"吸引力"随距离衰减。②水稻种植现象普遍（水稻一年能种两季，灌溉是影响种植制度的主要因素，受水的影响较大，若这季没有水灌溉只能考虑种植下一季，水

附照片1-26　老挝万荣省新种植的橡胶幼林景观（拍摄人：李鹏）

田未耕种现象普遍，附照片 1-27 和附照片 1-28）。③沿途注意到老挝国内汽车以日本车最为普遍（丰田、三菱和铃木），其次是韩国现代车，最后才是中国车，如比亚迪。④除了上述地类外，似乎很少看见有其他特别的地类，因此自然景观干扰较少，破坏较少。

附照片 1-27　老挝万荣省稻田（未种植）的实地照片（拍摄人：李鹏）

附照片 1-28　老挝万荣省稻田（拔节期）的实地照片（拍摄人：李鹏）

中国水电—老挝南坎 2 水电站（Nam Khan 2 Hydropower Project），中国水电—老挝南坎 3 水电站（Nam Khan 3 Hydropower Project），据测点 6km（附照片 1-29）。

附照片 1-29　中国水电—老挝南坎 3 水电站照片（拍摄人：封志明）

照片景观分析如下。

柚木林、火烧迹地与次生林：从琅勃拉邦市沿 13 号公路继续南行，沿途山区仍分布有大面积的柚木树林。柚木林种植与生长规模是此次考察中其他地方很少能涉及的。刀耕火种现象同样也非常普遍（附照片 1-30 和附照片 1-31），远望补丁现象非常突出。结合野外所采集景观生成 Google Earth 的 KMZ 文档，可以更为直观地反映出老挝北部山区刀耕火种土地利用方式对景观的影响。通过景观照片与 Google Earth 历史高清卫星影像对比分析表明，这种现象非常普遍。沿途刀耕火种农业方式更多发生在近 1～3 年，甚至还拍摄到了手持砍刀的农民，很多地方还能看到焚烧已晒干林木冉冉升起的青烟，是为了种植生计农业（旱稻、玉米、香蕉、菠萝或其他）还是为了种植经济林（如橡胶或柚木林），目前尚不清晰。

附照片 1-30　老挝万荣省刀耕火种农业实地照片（拍摄人：李鹏）

附照片 1-31　老挝万荣省刀耕火种农业自然景观（拍摄人：封志明）

旱季生活习惯：生火做饭的炊具非常简陋，用砖头简单搭起来生火做饭，家里还养了几只狗或几只鸡。家庭妇女或在编织渔网（待雨季到河沟里捕鱼），而男人或悠闲地坐在屋前，或在为盖房准备竹排，门前通常备有一个油桶（可能是储存水用），家里几乎没有什么电器，有些家庭或许有电视机（自制天线接收器）；有些家庭还有脚踏缝纫机。在山区村落，通常建有蓄水池，供村民日常使用，部分村落还得去较远的地方用水壶取饮用水。

芦苇加工：老挝北部山区家家户户都有加工芦苇的习惯，把成熟的芦苇割下来然后砍成一样的长度，绑好以后拿到集市上去卖。林木资源是当地农民重要的经济来源之一。这些芦苇可以做成笤帚。

第六站：万象周边郊区

日期：2013 年 2 月 28 日

天气：晴

考察主题：城郊农业（菜园）与万象平原稻田考察，湄公河泰老友谊大桥考察、参观塔銮寺与凯旋门、路沿线及万象城区住宅及人文考察

考察人员：封志明、李鹏、刘立涛及司机王斌等 20 人

上午 9 点出发去往万象郊区参观。在老挝万象城区，我们经常能见到汉字。一些中资机构如中国工商银行、中国国际广播电台老挝分台、矿产资源及能源勘查分析服务中心等。

万象及老挝所到之处，都可能看见金碧辉煌的寺庙（附照片 1-32）。老挝的塔、寺的建筑结构均源自印度，并深受柬埔寨、泰国、缅甸诸国宗教艺术的影响。尽管风格是非常类似，但老挝的塔、寺规模一般都不大，其建筑特色以塔最具代表，是印度和缅甸佛塔的再造，更与柬埔寨和泰国的传统结合在一起。比较大型的建筑物，大厅常呈十字形，窗户的结构以及曲线顶部为特征的处理方式，明显地表现出受到古"婆罗门教"的影响。

我们在万象城郊在向导 Nam 的陪同下做了一些简单访谈。万象城郊区经济发展水平较高，城郊差异较小。当地女人体格微胖（从当地酒店的一些宣传画可以看出以胖为美），街道年轻女性注意防晒，而男人皮肤较黑，农民体格中等，生活从容安静。

万象郊区人民友善，简单的一句"撒拜迪"（你好！）就可以拉近距离。他们对陌生人没有提防之心，甚至会邀请我们进屋一坐，或直接挥竿摘几个芒果给我们。如果想给他们照相，他们会调整好姿势，面带笑容。

万象位于万象平原南端，处于湄公河中游的左岸，与泰国廊开府隔河相望。城郊农业非常普遍（附照片 1-33），属于精耕细作的小农生产，种有薄荷、苋菜、朝天椒或其他时蔬。耕地种植

附照片 1-32 老挝寺内佛像
（拍摄人：封志明）

有水稻、甘蔗、玉米。耕地（稻田）未耕作程度较高（可能是受灌溉的影响），部分地区水稻正在移栽。例如，由城区去往湄公河（向南）的方向有不少水稻种植。长期以来，在中国，粮食作物都有严格的农时要求，"不违农时，谷不可胜食也"，但在这里，这种影响较少。稻田在旱季完全受到灌溉条件的影响，如果有水源保障，好像都种上了水稻（附照片 1-34）。未来开展农业合作，解决水源灌溉问题，应该是首要考虑的因素。此时正值旱季，部分稻田开始或已经进行秸秆焚烧（附照片 1-35）。这种焚烧现象与山区刀耕火种农业的焚烧现象同样都发生在旱季。在进行遥感监测时，需要叠加地形（海拔、坡度与相对高差）进行区分。但是，两者引起的焚烧现象可能对碳排放造成显著影响，是个值得关注的研究命题。

小学通常预留一片有 1~3 个足球场大的草地，或夹杂有几棵大树，通常有围栏（材质各地有所不同），教学楼通常为两层水泥楼结构。教学楼前面都竖立有老挝国旗。

另外，有个问题也可能值得探讨，老挝尽管目前还相对贫穷，但是首都万象整个城市建设还是有城市的样子（同行老师说大概跟国内一般的省会城市差不多），特别是近年来发展较快（如与泰国边境廊开

附照片1-33 万象郊区农业实地照片（拍摄人：封志明）

附照片1-34 万象平原稻米种植实地照片（拍摄人：李鹏）

附照片1-35 万象平原农田秸秆焚烧现象（拍摄人：李鹏）

府的友谊大桥修建后经贸联系更为密切，目前湄公河上泰老友谊大桥已有四座)，围绕城市空间的扩展其实也是个值得研究的主题。

第七站：万象→北汕→他曲→沙湾拿吉（凯山丰威汉市）

日期：2013 年 3 月 1 日

天气：晴转阵雨

考察主题：湄公河流域老挝一侧橡胶（今天考察的橡胶林在老挝相对集中）、桉树种植及未种植水田及部分稻田等

考察人员：封志明、李鹏、刘立涛及司机王斌等 20 人

当地时间上午 8:10，我们开始了今天的考察活动。万象有点拥堵，街道狭窄。车队行驶约 15min 便路过了万象法国军人公墓（the Vientiane French Military Cemetery①）。从万象到波里坎赛省省会城市北汕，途经 13 号公路。

（1）未种植耕地

未种植耕地是沿线主导自然景观（附照片 1-36）。正值旱季，受排水灌溉条件与能力的制约，沿线耕地（水田）普遍被荒置，利用程度很低。田间杂草整体呈枯黄色，但田间也杂乱分布着灌木（高度 <5m）或阔叶树种。部分田块已进行过焚烧或正在焚烧，稻茬及杂草焚烧过后成片耕地呈黑色，远远望去犹如"黑土"。

附照片 1-36　万象平原稻田（未种植）实地照片（拍摄人：封志明）

从土地利用分类的角度来看，主要为耕地。但基于遥感影像的土地覆被分类，则会有未耕地与种植

---

① 老挝于 1940 年被日本占领。1945～1946 年，在日本战败后，法国再次入侵老挝。事实上，法国从 1862 年就对印度支那进行殖民（或为其保护国），直至 1954 年奠边府（Dien Bien Phu）战败后才从老挝撤军。这个军人公墓就是埋葬这些战争中的死难者（共 552 人）。不久美国取而代之，1962 年签订关于老挝问题的日内瓦协议，并从老挝撤军。老挝成立以富马亲王为首相、苏发努冯亲王为副首相的联合政府。1964 年，美国支持亲美势力破坏联合政府，进攻解放区。1973 年 2 月，老挝各方签署了关于在老挝恢复和平与民族和睦的协定。1974 年 4 月成立了以富马亲王为首相的新联合政府和以苏发努冯亲王为主席的政治联合委员会。1975 年 12 月首届全国人民代表大会在万象召开，1975 年 12 月 2 日宣布废除君主制，成立老挝人民民主共和国，老挝人民革命党执政，老挝历史上 600 余年君主制终结。1991 年 8 月，老挝最高人民议会通过《老挝人民民主共和国宪法》，根据宪法，最高人民议会改名为国会，老挝国徽上原有的红星、斧头和镰刀将被著名古建筑物塔銮图案所取代。

根据老挝近代历史，其真正开始经济发展始于 20 世纪 90 年代，特别是在 1992 年实施大湄公河次区域经济合作区之后。1940～1990 年土地利用变化应该不太明显。

地之分。从土地利用强度看，老挝国内土地（特别是耕地，如万象平原、沙湾拿吉平原等）利用潜力显然还有待于提高。从全球粮食生产与安全来看，将为世界粮食生产贡献一定份额。在中南半岛平原地区，水稻生长所需要的热量是全年可以保证的，制约扩大水稻生产的自然因素为水利设施，而社会经济因素则主要是机械化水平、经济发展水平（如化肥、农药的生产能力）等。目前，中国—东盟合作还处在发展的道路上，但前景是美好的，合作范围及领域也将持续扩展、深入。也许未来可以加强农业领域的合作，类似于中国—泰国之间的"大米换高铁"项目（《中泰关系发展远景规划》，廊开至帕栖高速铁路系统项目建设，2013年10月11日，曼谷），跟老挝、柬埔寨、越南等国也可以开展类似的合作计划。

从生产粮食与粮食安全的角度看，中国面临的粮食问题是刚性的，未来粮食进口是必然的。近期人口将持续增加、耕地仍将持续减少，当前及未来仅仅依靠推广高产杂交品种（单产，所报道的袁隆平院士等研制的杂交水稻亩产可达900~1000kg，相当于目前粮食单产水平的两倍，以长江流域水稻单产水平为例）或提高复种（地尽其用），收效可能不太明显。从单产潜力而言，中国耕地有高中低产田之分，耕地面积总量不少。但像两湖平原、鄱阳湖平原地区的高产田在全国并非普遍，单产能力提高有一定的区域性。然而，更为严峻的是，中高产田多是城镇化发展最常占用的土地类型。故单产和复种水平的提高对粮食产量的贡献水平是有限的。

（2）水稻种植

尽管在湄公河支流南俄河下游附近，偶见有零星种植的水稻（多为分蘖期）。在13号公路与湄公河邻近的地方，也见有水稻种植（多为分蘖期）。这种种植规模远达不到商品化水准，仍是以满足生计为基本目的的。

（3）橡胶种植

临近Phou Khao Khouay自然保护区，在13号公路两侧，主要是坡里坎赛省（Bolikhamxay）境内种植有成片成片的橡胶林（附照片1-37）。从林木长势、外观结构及郁闭度看，可以推断此地的橡胶林种植已有5~7年了，即2006~2008年（最早也就是2005年）可能已种植。未来的研究中，应该加以重视，亦可作为橡胶种植典型样本训练区。

附照片1-37　坡里坎赛省境内成片的橡胶林照片（拍摄人：李鹏）

进入甘蒙省（Khammouane），在Phou Khao Khouay自然保护区以西，在13号公路两侧，同样种植有成片成片的橡胶林，亦可作为橡胶种植典型样本训练区。这应该是今天考察中较主要的景观类型。这是非常明显的。为什么老挝不同区域的橡胶林种植会有如此大的区别？当然可能与调查的路线有关，也有北部集中区我们没有深入到。但也至少说明这种区域差异性是存在的，是值得后续研究的。老挝境内的橡胶林种植和扩展与中国、泰国和越南影响有多大关系？

（4）桉树种植

坡里坎赛省境内西部，13号公路沿线可见有零星种植，但成片种植区较少。临近Nakai-Nam Theun保护区以西，13号公路以东可见有少量成片的桉树林（高10~20m）。进入甘蒙省，同样在Phou Khao Khouay自然保护区以西，在13号公路两侧，种植有成片的桉树林（局部地区，附照片1-38）。

附照片 1-38　桉树林景观照片（拍摄人：李鹏）

（5）中国在老挝坡里坎赛省与甘蒙省投资项目

沿途（13 号公路）经常能注意到用中文、英文及老挝语三种语言打出的广告牌。如 Lao-Indochina Group Public Company（老挝东南亚集团股份公司）下属的 Tapioca factory（树薯粉加工厂）以及甘蒙他曲的老挝开元矿业有限公司（Lao Kaiyuan Mining Co.，LTD）。

应该说，老挝工业落后，近年来大量吸收国外投资及援助。据统计，截至 2011 年 4 月中国已成为老挝的最大投资国，投资资金超过 40 亿美元，投资项目 443 个，投资领域包括矿业、水电站、工业、农业、服务业等。类似地，东亚其他两个国家（日本、韩国）也在老挝占有较大投资比重，美国、欧盟等在老挝也有援建项目及投资。

当时调查发现，橡胶和桉树多为平地种植。其他经济作物还包括烟草、水稻、玉米、木薯等。

正在焚烧的灌草、农田秸秆（附照片 1-39 和附照片 1-40）。

附照片 1-39　傍晚时分路边随处可见的秸秆焚烧 1（车上抢拍，拍摄人：李鹏）

Third Thai-Lao Friendship Bridge，有关泰老友谊大桥的相关介绍在"第二十三站"。

今天的考察中，最明显的莫过于未种植的水稻田和成片的橡胶林。就目前而言，研究后者或许更有意义，因为它对社会经济与生态环境的影响是非常突出的。

晚上 8:30 左右才到沙湾拿吉，夜宿沙湾拿吉（凯山丰威汉市）Tonenam Restaurant。

附照片 1-40　傍晚时分路边随处可见的秸秆焚烧 2（车上抢拍，拍摄人：封志明）

第八站：沙湾拿吉（凯山丰威汉市）→巴色→占巴塞瓦普庙

日期：2013 年 3 月 2 日

天气：晴转阵雨

考察主题：老挝 13 号公路沿线自然景观考察，包括：次生林灌火烧现象；稻田秸秆焚烧；稻田管理（排灌设施、米糠堆肥）；畜牧养殖（牛羊）；基础设施（中小学学校、加油站、医院、路桥、用电照明、用水）；桉树林定位等

考察人员：封志明、李鹏、刘立涛及司机王斌等 20 人

当地时间 8:30 我们离开宾馆（Champasak Grand Hotel. Address：Lao-Nippon Bridge，Mekong Riverside Rd.，Pakse，Lao PDR），开始了今天的考察活动。站在湄公河畔的凯山丰威汉市，隔江相望便是泰国莫拉限府。位于凯山丰威汉市的第二座泰老友谊大桥连接这两个国家。

（1）未种植耕地

正值旱季，水田覆被情况仍然为枯黄的杂草与水稻秸秆。沿线及两侧水田海拔通常在 150m 以下，地势平坦且非常开阔，田间普遍间杂（种）有不同科目的树种，有椰子树、棕榈树、凤凰树、杉科树木等。这些树。或枝繁叶茂（如凤凰树），仿若一面支起的大伞；或侧斜地耸入高空（如椰子树）；或是树干弯曲地伸入半空。颜色与形状不尽相同。让人不免联想到东非草原的情景（虽然本人未曾去过那）。结合实测点（附照片 1-41）及 Google Map 遥感影像（SPOT 或更高分辨率影像，树木、田埂清晰可见），确定了未种植耕地（水田）的成像图。

附照片 1-41　未种植水稻的大片水田（拍摄人：李鹏）

临近雨季，部分水田中的杂草与秸秆已经被焚烧或正在焚烧。焚烧是老挝非常普遍的农业种植方式。先焚烧，然后是用大型拖拉机进行翻耕。考察中注意到，当地农民将大片大片的水田用木栅栏圈起来，里面放养有黄牛或水牛以及山羊。牛、羊、鸡、鸭是当地非常普遍的家养动物，或者在河边放养（附照片 1-42）。

附照片 1-42　黄牛放养（拍摄人：封志明）

在一些地势低洼或临近水源的地方，可以看见非常简单的灌溉渠道，附近的水田已经种植有水稻，普遍处于分蘖中期，亦有部分糯米稻已进入抽穗期。

（2）桉树种植

在凯山丰威汉市沿 9W 公路偶见有成片或呈带状的桉树林。带状种植常见于村落附近的耕地之间（如田埂或公路两旁）。目前有关桉树林的遥感识别与监测研究报道较少。事实上，这种地物识别确实有一定的难度。原因如下：第一，同为人工种植林，其种植结构不像橡胶林那样整齐划一并带有明显空间扩展性[①]，桉树林种植结构相对"随意"，如有的区域有较大片种植或条带状分布，但很少见到有连续分布的桉树林（影像斑块小）。这可能与桉树生长条件有关，在平地（原）地区都可以种植，可能还受到农户个人意愿的影响。第二，由于其分布较散杂，因而容易与周围地物混在一起，增加了区分难度。

（3）水稻种植

结合观测点与 Google Map 初步发现，通常在距离河流 1～2km 以内的耕地（水田）种植有水稻，但并不是绝对的（由于只是根据部分观测点得出的结论）！但这足以佐证水利是限制中南半岛旱季内水稻种植的因素之一。例如，占巴塞的色敦河下游区域（靠近湄公河），水稻种植同时受水源的制约。

（4）其他：道路设施

沙湾拿吉省与沙拉湾省境内的桥梁与道路结合处地面起伏、路基滑移，易造成跳车颠簸。路况很差，部分路段灰尘很大，严重影响行驶。

（5）阴阳树

由于当地稻田秸秆、林灌焚烧现象普遍，而容易形成两棵阴阳树一生一死、一枯一荣。生者枝繁叶茂，傲然挺立；死者高度相当，干大枝壮，枯死而不腐不朽。

---

① 相关研究论文撰写、项目申请可以围绕老挝橡胶种植的空间扩展路径或驱动因素切题。老挝，作为东南亚唯一的内陆国家，疆域狭长，经济落后，其发展必然受到周边国家的影响。橡胶种植也落下这样的印迹。老挝北部多山，纬度更北的中国西双版纳也实现了橡胶的集约种植。区域合作极大地推动了中国橡胶业南下开拓种植、生产市场。老挝中南部，位于安南山脉，东侧越南的橡胶业正同样以较快的速度进入老挝这个区域。两个区域的扩展方式如何？扩展速度如何？是否还受到泰国影响呢？目前这些问题还没有搞明白。近期或未来一段时间内，课题组可以尝试开展这样的研究。

（6）巴塞瓦普庙建筑群

下午 4 点左右，参观了占巴塞瓦普庙建筑群①（附照片 1-43）。瓦普神庙是老挝著名的佛教古刹，与柬埔寨吴哥寺相媲美，为印度支那两大胜迹之一。瓦普神庙建筑群位于海拔 1200m 的普高山山腰，距湄公河东岸城镇占巴塞约 8km，如附图 1-1 所示。瓦普神庙建筑群规模宏大，从山腰向下伸展，长达数百米，全部用雕有各种图案的石块砌成。

附照片 1-43　瓦巴塞瓦普庙建筑群远景（拍摄人：封志明）

附图 1-1　瓦普神庙建筑群位置图

到今天为止，考察已进入到中期阶段，大家会觉得疲惫感很强，加上中午温度较高，感觉经历了考察以来最热的天气。中午好奇记录了温度，见附表 1-1。

附表 1-1　温度记录

北京时间	地面气温/℃
13:30	39
14:30	40
15:40	41
16:00	34
16:30	30

① 据互动百科，瓦普神庙建筑群为占巴塞主要文化景观，是一处保存了 1000 多年的人类文化杰作。占巴塞文化景观，以普高山山顶至湄公河河岸为轴心，在方圆 10km 的地方，整齐而有规划地建造了一系列庙宇、神殿和水利设施，完美表达了古代印度文明中天人关系的文化理念。占巴塞文化景观还包括湄公河两岸的两座文明城市和普高山，体现了公元 5～15 世纪以高棉帝国为代表的老挝文化发展概况。

第九站：巴色→上丁→桔井

日期：2013年3月3日

天气：多云转晴

考察主题：老挝13号、柬埔寨7号公路沿线自然景观考察，包括稻田、柚木林与刀耕火种现象及典型树种（黄檀木、盾柱木、桉树、柚木、芒果、番石榴、雀肾树）（老挝占巴塞省）；占巴塞省瀑布群考察；老柬边界地物对比考察；橡胶林与腰果园、木薯地与刀耕火种现象、水田及典型树种（爪哇木棉）（柬埔寨上丁省省会以东以南至边界）；桔井省民情与景观考察

考察人员：封志明、李鹏、刘立涛及司机王斌等20人

当地时间7点左右，考察团开始了今天的考察。整体上看，老挝南部占巴塞（Champasak）农村很贫穷，农业生产较原始、粗放，房屋建造远比老挝北部要差。旱季耕地（稻田）利用程度很低。

（1）柚木种植

在公路两侧注意到有成片的柚木种植，落叶乔木，尚未长出新叶。可以了解到柚木林在老挝从北到南均有落叶现象。正值旱季，我们无法实地了解其新叶萌生的现象。尽管柚木林种植相对广泛，但目前学术界对其的研究还不是很多。我觉得可能有如下原因：一是柚木林本身是东南亚普遍种植的林木，而橡胶则是一种外来树种；二是种植柚木林可以理解为真正意义上的植树造林，应该具有生态价值和经济价值，而种植橡胶林纯粹是追求其经济利润，对生态环境具有负面影响；三是柚木林种植似乎在人工管理上不如橡胶种植要求高，柚木战略价值低于天然橡胶。

（2）未种植耕地

耕地景观同昨日介绍相同，且相当普遍。除去柚木种植和未种植的大片耕地外，其他见得最多的似乎就是一些未（充分）利用地，生长着一些灌丛（如竹子等，附照片1-44），很原始，整个大地都缺乏生机与活力，犹如午后太阳照射下的老黄牛和小山羊，懒洋洋地在地里吃草或躺在那里。

附照片1-44 老挝南部占巴塞省耕地-灌木林景观（拍摄人：封志明）

孔发风瀑布（Khone Pha Pheng Waterfall，附照片1-45）为东南亚最大的瀑布，位于老挝最南端，介于东德岛（Don Det）与东阔岛（Don Khon）之间。瀑布宽约1km，高达15m，这也是"四千美岛"所在地。众多岛屿、岩石、沙洲及狭窄通道使得湄公河航道在此中断。

至此，前半程在老挝境内的考察活动已结束了。

当日上午11时左右，我们进入了柬埔寨王国境内继续进行考察。

（3）次生林景观

在老挝（占巴塞省）与柬埔寨（上丁省）交界地带，广泛生长有天然次生林，森林茂密。部分区域

附照片 1-45　孔发风瀑布实地照片（拍摄人：封志明）

林木较小，人为干扰程度较大的区域郁闭度较低（open forest，附照片 1-46）。总体而言，老柬边境都保留有人为破坏较少的耕地–灌木林/次生林的景观，只不过在老挝南部以灌木林为主，而在柬埔寨境内（北部）以次生林为主。柬埔寨北部边境内次生林林下烧伐现象较为普遍。听向导介绍说，这里将来会成为越南公司投资种植橡胶林和柚木林（附照片 1-47）的地方，即通过长期（50～99 年）租用土地，先期

附照片 1-46　柬埔寨上丁边境地区次生林景观（拍摄人：李鹏）

附照片 1-47　柚木林景观（拍摄人：封志明）

进行砍伐和焚烧（积肥）处理。这种越南跨国橡胶种植公司长期租用土地的现象在老挝阿速坡省早有报道，而且还造成了不小的社会问题（农民失地、缺粮食）。这是一个值得深入研究的主题。

在人文景观上，如果说老挝南部占巴塞省算贫穷，进入柬埔寨北部边境你就会发现这里可能更荒凉，更加贫穷！汽车行驶出 30min 左右，基本见不到一个像样的村落，偶见零星散落着一两户小屋。有些农户家里竟然没有发现架电线，没有通电！在我们考察的过程中，发现有一户大家庭（或两三个家庭）正在收获木薯（附照片 1-48）。在老挝境内还能看见农村的小孩在"宽敞无边"（因为通常只有一座，两层，没有围墙，没有大门）的学校里上学，追逐打闹。这里大大小小的孩子都在父母亲身旁做点力所能及的劳务活。

附照片 1-48　柬埔寨上丁省一农户全家在收获木薯照片（拍摄人：封志明）

上丁省（Stung Treng）坐落在桑河（San River）和湄公河的岸边，离老挝南部仅 50km，盛产优质木材，是木材贸易中心。上丁省较为贫穷，但历史悠久，目前正在成为柬埔寨、老挝、泰国和越南之间主要的贸易中心。

（4）基础设施建设

1）7 号公路：7 号国道连接柬埔寨桔井省和与老挝接壤的上丁省，总长 186.648km，包括 13 座桥，为双向 4 车道柏油路。经过 3 年多的建设和修复，这条公路于 2008 年 4 月 29 日正式竣工。该路由中国政府援助修建。在柬埔寨政府官员和民众口中，这条公路将为上丁省带来希望和繁荣，使得这个边远的东北部省份不再"与世隔绝"。目前，已有一些本国和外国公司前往上丁省投资，如发展橡胶种植业等。

7 号国道由中国政府提供无息贷款，并由上海建工集团承建。7 号国道上规模最大的西公河大桥，全长 1057m，被命名为柬中友谊大桥。

2）机场：为了促进上丁省经济和旅游业的发展，柬埔寨政府于 2012 年 5 月已同意由省政府拨出 560hm² 土地，在上丁省建设一个国际机场。由于缺乏资金，柬埔寨政府欢迎国内外投资商来柬埔寨实地考察。目前，柬埔寨有金边、暹粒、西哈努克港三个国际机场。

3）果园种植：如腰果（附照片 1-49 和附照片 1-50）。

（5）橡胶林种植

进入上丁省后，我们就一直在寻找橡胶林，后来在桔井省发现了大片橡胶林（附照片 1-51 和附照片 1-52）。柬埔寨境内橡胶种植区主要分布于磅湛省、腊塔纳基里省、蒙多基里省的红土区域，但现在中部的磅同省、北部的柏威夏省及西北部的上丁省正在变成新的橡胶发展区。根据实地调查，可推断有些橡胶林种植也就是 3~4 年的光景（2010 年前后），有些则是刚刚种下，当然也有少量进入割胶期了。这是个值得深入研究的主题。例如，如何遥感识别？有什么生态环境影响？

附照片 1-49　柬埔寨上丁省一块腰果园照片（拍摄人：封志明）

附照片 1-50　柬埔寨上丁省腰果树近照（拍摄人：李鹏）

附照片 1-51　柬埔寨桔井省橡胶幼林（2～3 年）实地照片（拍摄人：封志明）

附照片 1-52　柬埔寨桔井省橡胶幼林（4～6 年）实地照片（拍摄人：李鹏）

（6）人文景观

　　柬埔寨东北上丁与桔井两省，尽管相对贫穷，特别是在桔井省的一些区域甚至还没有架设电线，没有通电。但是，当地老百姓看上去非常友善、质朴，当你端起相机给他们拍照时，他们会会心地冲你微笑，那种笑脸让我想起了"高棉的微笑"，让你很放松。除了跟他们简单的交流（口语、手势等），还能感受到他们的纯朴和亲切（附照片 1-53 和附照片 1-54）。由于中国在当地进行了不少的基础设施投资，

附照片 1-53　柬埔寨桔井省农户近照（拍摄人：李鹏）

附照片 1-54　柬埔寨桔井省婚嫁场面照片（拍摄人：封志明）

因此他们对我们很友好。夜色渐浓，但我们能清楚地看见公路两侧的农户在房屋前烧火做饭，因为那堆柴火在黑夜背景下，显得如此突出。

（7）柚木种植①

在我们沿线调查时没有实地看到成片的柚木林，但是在网上查到了相关信息，以脚注形式附上。

第十站：桔井→波萝勉→柴桢→胡志明市

日期：2013 年 3 月 4 日

天气：多云转晴

考察主题：水田自然景观考察（旱季种植作物有玉米、甘蔗；雨季主要作物有水稻）；农田秸秆与林灌杂草焚烧现象并不常见；柚木林考察；将鱼晒成鱼干出卖；腰果树园；橡胶林；柬埔寨桔井省南部公路沿线以桉树、棕榈树、芭蕉（香蕉）为主，人工成片种植的主要有腰果树、橡胶树［种植年限在 1~3 年或 10 年以上，但是已割胶的橡胶树比重较小，说明柬埔寨桔井省南部区域橡胶种植多发生在近 10 年间。这与柬埔寨上丁省南部、东部（也有可能还包括柬埔寨东北部山区省份腊塔纳基里省）近 10 年新种大面积连片分布的橡胶林、腰果树、木薯现象非常相似。然而，在这两个省的北部区域橡胶林、腰果树与木薯种植非常少见，主要以林灌、荒草为主，火烧现象普遍］

考察人员：封志明、李鹏、刘立涛及司机王斌等 20 人

当天 8:40 左右，我们开始了由桔井去越南胡志明市的考察活动。

在中南半岛考察经常能看到中文的标识，可以说明中国逐步走进了这一地区，同时也说明这些地区也在积极了解中国，主要通过举办语言学校等，如看到命名为"中山学校""中华学校"的学校。

（1）水稻种植

2 月底至 3 月初，农田普遍未种植农作物（附照片 1-55）。但是，对于少数邻近保障性水源（如水井）的水田，却生长着不同生育期的水稻。根据实地观测，生育期从分蘖期到灌浆期、（机器）收割期不尽相同，差异特别明显。值得注意的一点是，当地水稻株体矮小（50~60cm 高），分蘖兜数较少，稻穗千粒重较低，齐穗期稻田盖度较差，可推测本区种植的水稻品种应该不是杂交水稻。所考察区地处热带地区，温度已不是水稻生长的制约因素；相比而言，旱季降雨少，蒸发旺盛，有效灌溉是决定水稻种植的第一因素。考察区整体地势平坦，散落在枯黄稻田和稀疏树木的大背景下，已种植水稻的水田仿若一片片绿洲，特别引人注目。

（2）其他

柬埔寨老挝 13 号、柬埔寨 7 号公路沿线自然景观考察，包括稻田、柚木林与刀耕火种现象及典型树种（黄檀木、盾柱木、桉树、柚木、芒果、番石榴、雀肾树）（老挝占巴塞省）；占巴塞省瀑布群考察；老柬边界地物对比考察；橡胶林（附照片 1-56 和附照片 1-57）与腰果园、木薯地（附照片 1-58）与刀耕火种现象、

---

① 柬埔寨富乐生产有限公司（FLOUR MANUFACTURING CO.，LTD）成立于 1998 年，是中柬合资公司，中方占 70% 股份，柬方占 30% 股份。公司主营业务是对拥有 70 年使用权的 7400hm² 土地进行开发，即对土地现有林木进行采伐、加工、销售，并复种柚木。已有木材出口到上海、老挝、泰国等地，已种植柚木 100 多公顷。

项目地点位于柬埔寨上丁省上丁县，属热带季雨林气候。北距柬老边界 2 km，南距上丁省省会 42 km，西临湄公河 5~8 km，东以印度支那 7 号公路为界。南行 400km（水陆皆可）抵金边港，北行 1800km 抵云南省勐腊县磨憨口岸。土地面积 7400km²，现有林木蓄积量约 50 万 m³。树种多为优质热带硬木。最多的树种有木荚豆、毛榄仁、大花紫薇、娑罗双等。还有少量紫檀、酸枝、花梨等珍贵木材。土地平坦肥沃，采伐种植条件好。

项目可分为两部分，第一部分是对现有土地进行清理，对地上树木实施皆伐，原木运回林区工厂，加工后出口或在柬境内销售，为期 5~8 年。第二部分为种植柚木或其他高价值树种，分期种植 8 年，生长期 15~20 年，自种的木材不收木材资源税，柚木加工后出口到中国。

附照片 1-55　旱季未种植水田景观（拍摄人：封志明）

水田及典型树种（附照片 1-59）（柬埔寨上丁省省会以东以南至边界）；桔井省民情与景观考察。

附照片 1-56　柬埔寨波萝勉省内的橡胶幼林景观（拍摄人：封志明）

附照片 1-57　柬埔寨波萝勉省内的橡胶成林景观（拍摄人：封志明）

附照片 1-58　柬埔寨波萝勉省内的木薯种植景观（拍摄人：封志明）

附照片 1-59　柬埔寨波萝勉省内的人工种植椰林景观（拍摄人：李鹏）

（3）总结

在柬埔寨东部的考察过程中，注意到在这片原始的、干扰较小的土地上，外来投资造成了区域土地利用与土地覆被的变化。其中，最为突出的当属橡胶扩展种植。土地利用强度还很低，在区域经济合作机制的影响下，农业合作的潜力是很大的。中国经济发展造成了优质耕地的减少，粮食生产与安全是全国性的问题。未来当加强与中南半岛国家的农业合作，确保中国的稻米进口有保障。目前，中南半岛稻米种植与出口国主要是越南、泰国和缅甸。应该可以看到，老挝与柬埔寨两国稻米生产潜力也是相当可观的（附照片 1-60）。这些主题是可以支持一两个面上项目，进而支持 3 ~ 5 个博士生开展深入研究。特别是在"一带一路"的倡议下，这种境外特别是在中南半岛的合作对国家未来发展具有重要的支撑作用。在国家层面不可不提前谋划。

公路两侧有大量关于柬埔寨执政党、人民党和其他在野党的宣传画与标语。

在柬埔寨–越南边境口岸柬这一侧，建设有好几家大型的赌场。这真是一个不小的"尴尬"，国家很贫穷，边境却在发展这种畸形的产业。然而，很有意思的是，几乎每个赌场都有中文名称，此地无银三百两。

当天下午 4 点左右，我们结束了前半程在柬埔寨的考察（附照片 1-61）（未来我们还会从越南胡志明市沿原路返回到金边），进入越南南部湄公河三角洲进行水稻种植、河口三角洲人文风情考察活动。

进入越南后，由于由我与越方向导联系，因此一路上我没有采集景观照片，且我们乘坐的中型面包车也不利于大家采集。我们车队留在柬埔寨边境口岸。

附照片 1-60　柬埔寨柴桢省内水稻（田）（拍摄人：封志明）

附照片 1-61　柬埔寨–越南边境口岸，柬侧（拍摄人：李鹏）

第十一站：胡志明市

日期：2013 年 3 月 5 日
天气：晴
考察人员：封志明、李鹏、刘立涛等 14 人

上午在胡志明市第一区（District 1）InterContinental Asiana Hotel 参加 Mekong Environmental Symposium。主席台就座有 13 人，参会 300 余人（附照片 1-62）。越南科学技术部、环境部、农业部三位相关领域领导到会出席。下午是机构发言与工作介绍。

下午，考察组人员参加了由"湄公河环境研讨会"主办方组织的 Boat trip to Thao Dien Village and dinner close to the Saigon River（附照片 1-63）。途经南越总统府（但未进入参观）。我因需要联系 3 月 7 日去湄公河河口三角洲的考察相关事宜而没有参加。

附照片 1-66　抽穗期的水稻（拍摄人：李鹏）

附照片 1-67　腊熟期的水稻（拍摄人：李鹏）

附照片 1-68　收割后的水稻（田）（拍摄人：李鹏）

由于水热条件极其优越，且地势平坦，越南南部农业景观具有多样性，主要体现在种植作物多样性，包括西瓜（附照片 1-69）、玉米（附照片 1-70）、甘蔗和花生（附照片 1-71）等。

附照片 1-69　西瓜田（拍摄人：封志明）

附照片 1-70　玉米地（拍摄人：封志明）

附照片 1-71　花生地（拍摄人：李鹏）

第十三站：胡志明市→美萩→茶荣→河口（入海口）

日期：2013年3月7日

天气：晴

考察主题：水田自然景观考察（旱季种植作物有玉米、花生、甘蔗、西瓜；雨季主要作物有水稻）；水稻种植制度及物候期；农田秸秆焚烧现象普遍；道路交叉处与桥面河流验证点采集；少量橡胶树（种植年限1~3年）、椰子树、芒果树、莲雾树、木薯、橡胶、湿地（沼泽地）、湄公河三角洲水面养殖、河口红树林

考察人员：封志明、李鹏、刘立涛等14人

上午9:30开始当天的考察。此行前往湄公河三角洲（又称九龙江三角洲，下高棉）的目的主要是了解该区域的稻米种植、水面养殖、河口考察与样点采集。湄公河三角洲是中南半岛一个单独地形区，包括越南南部的一大部分和柬埔寨东南部，面积为44 000km²（39 000km²属于越南）。在湄公河附近和注入海洋的9条支流形成河网。

胡志明市的郊区像中国南方城市周边一样，也在经历着各种建设，城市空间扩张使得发展中的越南与20世纪80~90年代的中国有点相似，经济高速增长，城市周边有各种工厂，城市越做越大。

向南部方向行驶，离越南第一大城市渐行渐远。进入我们视野的是宽阔的平原，水稻种植最为普遍（附照片1-72）。但是，其他经济类作物（椰树、棕榈树、木薯）种植也很常见，说明土地利用强度非常高，与此前在老挝与柬埔寨看见的大片耕地荒置现象截然不同。这种复杂多样的土地利用方式对水稻遥感监测构成很大难度。同样地，我们再次见识了该区域因水热条件优越而使得同一时期水稻生产可能处于不同的生育期内。这种现象这里就不再重复描述了。另外，稻田秸秆焚烧现象（草木灰）非常普遍。

附照片1-72　越南湄公河三角洲平原的稻米种植照片（拍摄人：李鹏）

进入三角洲地带，自然水面和人工养殖水面同样非常普遍。有报道称，南部盛产各种淡水鱼虾。河流上有渡轮可供通行。临近河口地区，水稻种植相对偏少，而水面养殖、水果种植和季节性经济作物（如西瓜）相对较多。

在越南三角洲地区，偶尔也能见到柬埔寨境内普遍的佛教建筑。这可能与柬埔寨高棉人是湄公河三角洲地区的原住民有一定关系。当然，也可以看见一些中文标识，这说明华人在这里也有较频繁的活动①。

---

① 越南是东南亚国家里受中国传统文化影响最大的国家，尤其是南方客家人的耕读文化。

附照片 1-73　越南湄公河三角洲河口地区的红树林（根部）照片（拍摄人：李鹏）

第十四站：胡志明市→古芝→柴桢→金边

日期：2013 年 3 月 8 日

天气：晴

考察主题：越南水田自然景观考察（旱季种植作物有玉米、花生、甘蔗、西瓜；雨季主要作物有水稻）；农田秸秆焚烧现象普遍；少量橡胶树（种植年限 1～3 年）、椰子树、芒果树、莲雾树、木薯、橡胶；旱季未种植水田、湿地（荷塘）、"绿洲"稻田、含羞木、相思树

考察人员：封志明、李鹏、刘立涛及司机王斌等 20 人

上午 8 点半开始了今天越柬行程，由柴桢返回柬埔寨。返程路上，我们补充采集了若干水稻种植样点照片（附照片 1-74）。部分水稻似有被洪水淹没过的痕迹，如倒伏和整体上沾满泥土。从采集的水稻景观照片看，似乎与我之前在鄱阳湖区采集的水稻种植照片无太大差异，田间稻株郁闭度极高（要看田里是

附照片 1-74　越南南部湄公河三角洲长势良好的水稻（拍摄人：李鹏）

否有水还得扒开看），稻穗弯曲明显，产量①不会低。包括越南、泰国在内的稻米生产与出口，对保障中国粮食安全非常重要，也是未来一个值得系统研究的主题。

上午 11 时，我们抵达边境口岸②（附照片 1-75），顺利返回柬埔寨，继续西行考察。

附照片 1-75　越南–柬埔寨口岸（越侧）照片（拍摄人：李鹏）

回到柬埔寨，相对于上午在越南所看到的长势良好的水稻而言，这里生长的水稻长势差了很多（附照片 1-76）。为对比这种差异，我特意走到田间去观察和比较。成熟的稻株（离我不远有架拖拉机正在收割）高度不及膝盖，而株间距特别大，稻穗较少，单产远低于越南水平。因此，同属同一地貌单元（湄公河平原），边境两侧在土地利用强度、现实生产能力和土地覆被情况等方面相差甚远。这种因为人为划定的边境线而使得边境两侧土地利用与景观差异突出的问题，值得深入研究。它们之间的差异到底有多大？在空间有什么分布特征？其真实驱动因素有哪些？

附照片 1-76　柬埔寨长势一般的水稻（拍摄人：封志明）

水稻长势虽较差，但从柬埔寨来看，也算是利用起来了。再往西行，没有利用起来的水田对于来自中国的考察人员说来显得很浪费。这些描述在前述考察中也有涉及，这里就不再重复了（因为去金边的前半程主要是重复走一次）。

总体而言，湄公河以东平原的柬埔寨部分景观相对单一，耕地是其最重要的土地利用类型（未种植水稻较多）。在渡过湄公河去往金边市的轮渡上，见到当地人在卖一些水产品熟食（如"虫子"，附照片 1-77），看上去很不卫生。另外，不时有三两个衣衫褴褛的小孩趴到我们车窗，用英文吆喝着卖东西，或伸手问我们要点什么。

---

①　越南现在是世界上仅次于泰国的第二大稻米出口国。中国自 2011 年起成为进口越南大米最多的国家。2014 年，中国成为越南大米最大的出口市场，约 210 万 t，占越南大米出口的 33%。这还不包括通过边境出口的未登记的大米数量。

②　1 号公路由金边莫尼旺大桥跨过巴沙河，沿湄公河右岸至乃良渡口，轮渡过湄公河，经过柴桢市，到柬埔寨边境城镇巴韦，与越南境内的公路相接，可通往胡志明市和河内，是柬越之间的重要通道。

附照片 1-77　金边湄公河轮渡上叫卖的熟食（一种虫子）（拍摄人：封志明）

在金边郊区，可以见到瓜果蔬菜种植（附照片 1-78），土地利用类型有些变化。

附照片 1-78　金边郊区的蔬菜种植照片（拍摄人：封志明）

第十五站：金边城区及近郊

日期：2013 年 3 月 9 日

天气：晴

考察主题：王宫、万人坑

考察人员：封志明、李鹏、刘立涛及司机王斌等 20 人

今天的行程活动相对简单。上午参观柬埔寨王宫（诺罗敦国王于 1866～1870 年建造的，坐落在洞里萨河边，附照片 1-79），下午参观了金边万人坑（位于金边南郊，距离市区 15km，曾经是红色高棉的集中营）。（对金边①的描述）（Visitor Information Centre, Funded by the Ministry of Tourism, Kingdom of

---

① 坐落在湄公河与洞里萨河之间的三角洲地带。金边以王宫和波列莫罗科特佛塔为中心。东边的皇城包括王宫、皇家博物馆、皇家花园和国家博物馆等建筑。

Cambodia；Mr. Toilet Public，Funded by the World Toilet Association，Republic of Korea）。

附照片 1-79　柬埔寨王宫外景照片（拍摄人：封志明）

在前往郊区万人坑的途中，有水（稻）田自然景观，如部分区域水稻种植面积较集中，但仍见有未种植的水田。这可能与其优越的地理条件有关。金边位于湄公河与洞里萨河两河交汇的冲积平原，是否与其较好的灌溉条件有关？另见有荷塘。部分已收割的秸秆有焚烧现象。

第十六站：金边→磅同→暹粒→洞里萨湖

日期：2013 年 3 月 10 日

天气：晴

考察主题：水田自然景观考察（旱季种植作物有玉米、花生、甘蔗、西瓜；雨季主要作物有水稻）；农田秸秆焚烧现象普遍；工业（大米加工，如 Men Sarun Rice Milling Factory）、生物能源（bio-energy）

考察人员：封志明、李鹏、刘立涛及司机王斌等 20 人

上午 8:45 由金边出发。行走在金边，感觉这个城市很乱。到处都是外国（日本、韩国、中国等）援建的基础设施，如学校、公路或桥（Cambodia-China Friendship Bridge）。城市建设范围较小，郊区相对贫穷。考察中很少能见到工业设施或者工厂，整体以农业为主。因这个国家盛产大米，碾米厂较多，如 Men Sarun Rice Milling Factory。另外，还了解了一个生物能源的工厂。

考察中，又注意到民居以高脚楼为主，楼上住人，楼下架空层存放家畜和农具。13:00 左右到达磅清扬，吃午餐。

考察区域的水稻已进入成熟收割期，在公路上可以见到正在晾晒的稻子。与此同时，也见到了正处于分蘖期的水稻、抽穗期的水稻。但总体而言，仍是以未种植水稻的耕地占多数，已种植的水稻田很少有成片分布的，更像是"绿洲"农业（附照片 1-80）。概括而言，自然景观以未种植的水田（无水）为主，偶尔也点缀几块水稻田。远远望去，这种反差特别明显。无疑，牛群是值得注意的，新收割的水稻秸秆已焚烧或正在焚烧。这种"黑土"在老挝万象平原、沙湾拿吉平原等平原地区较常见，同样，在柬埔寨也较为常见。我们不禁想了解，这种秸秆焚烧有时间规律性吗？可以监测出来吗？如果能，这将对监测其碳排放有重要意义。

附照片 1-80　神似"绿洲"农业的水稻种植（拍摄人：李鹏）

与老挝相类似的另外一点是，柬埔寨金边郊区也在风风火火地搞基础设施建设（如公路、桥）。汉语学习热也正在兴起，在路边还可以见到"免费学中文"的广告牌（附照片 1-81）。

附照片 1-81　金边"汉语热"（拍摄人：李鹏）

考察期间，我们注意到热带果树（如腰果）（附照片 1-82）和芒果树有大范围的种植。

附照片 1-82　腰果园（拍摄人：封志明）

与在公路或空旷区域晾晒稻谷一样，我们还注意到有大量木薯晾晒的场景。

下午 4～6 时，我们游览了洞里萨湖（附照片 1-83）。

附照片 1-83　夕阳下的洞里萨湖（拍摄人：封志明）

当时夜宿宾馆：Apsara Angkor Resort & Conference. Address：National Route 6，Krous Village，Svay Dangkum Commune，Siem Reap，Kingdom of Combodia。

第十七站：暹粒吴哥古迹

日期：2013 年 3 月 11 日

天气：晴

考察主题：巴肯山、大小吴哥寺

考察人员：封志明、李鹏、刘立涛及司机王斌等 20 人

首先参观了 Phnom Bakheng（巴肯寺）。站在巴肯山①，可以回望吴哥周边，海拔虽然只有 60～70m，但是在平原上显得非常突出。Phnom Bakheng 内寺庙墙壁与神殿都有不同程度的损毁，丛林过度生长。部分石牛、石狮保存完好。接下来参观了大小吴哥寺②、Angkor World Heritage（20 美元/人）、高棉的微笑（附照片 1-84）。吴哥寺周边植被保存完好，到处都有古木参天之感。

今天涉及野外考察的内容很少，只是在穿行大小吴哥的途中随机考察了稻田。同样地，大部分水田未有种植，只有小部分种植了水稻或玉米。奇怪的是，在柬埔寨其他地方通常是因为缺水而导致大批耕地荒置，而在这里有些地方都可以看到积水，但是同样没有种植水稻。大批未种植水稻的耕地上，散养着当地的黄牛。自然景观仍主要为耕地（未耕种）+稀树+民居（村落）。这种民居不像该国其他地方的高脚楼，而基本上是一层楼。

---

① 巴肯山是在吴哥窟西北 1.5km 处的一座小山，高约 70m，是附近唯一的制高点。山的西边是开阔的西池，东南方丛林中是吴哥窟，从巴肯山顶可以居高临下俯瞰吴哥窟。

② 柬埔寨国宝，是世界上最大的庙宇。12 世纪时，吴哥王朝国王苏耶跋摩二世举全国之力，花了大约 35 年建造了一座规模宏伟的石窟寺庙，作为吴哥王朝的国都和国寺。因此，它是吴哥古迹中保存得最完好的建筑，以建筑宏伟与浮雕细致闻名于世。

附照片 1-84　高棉的微笑（拍摄人：李鹏）

第十八站：暹粒→诗梳风（班迭棉吉省）→沙缴→呵叻

日期：2013 年 3 月 12 日

天气：晴

考察主题：柬埔寨水田自然景观考察；泰国呵叻高原旱作景观考察

考察人员：封志明、李鹏、刘立涛及司机王斌等 20 人

当地时间上午 8 点，在柬埔寨暹粒国际机场（Cambodia Siem Reap International Airport）送走张宗科老师后，我们开始了从柬埔寨通往泰国的考察。在全程考察中，每次车停下考察，我和封志明老师经常身入田间地头，实地踏查。后来在跟地导交流中了解到当地农民每年都会因地雷被炸伤，所以每次踏查都小心翼翼。

在暹粒省（Siem Reap），有灌溉水源的地方就种植有水稻（附照片 1-85），甚至还可以见到荷塘。但是，这些水稻植株个体矮小，每株分蘖很少且稻穗数少，以至于株间距较大（附照片 1-86）。与国内的杂交水稻完全不可比，似乎更像是野生稻。另外，根据其长势，可判定水稻种植粗放，机械化水平低，亦可推知其单产水平很低。同样地，放眼望去，大部分水稻种植区域水利设施简单，沟渠等排灌设施简易或较少见，由此可以推断水稻种植灌溉主要靠降雨。也许雨季稻田会是另一番景观。从理论上讲，这种旱季与雨季水稻田显著的景观差异为遥感监测提供了可能性。柬埔寨地多人少，广种薄收的耕作方式致使老百姓粮食不足。与越南的情形相似，柬埔寨境内的田间地头都生长有挺拔的椰子树或棕榈树。在这些高树的衬托下，若非水稻植株鲜绿或金黄，与周围地物反差大，遥远望去更像是草地。

附照片 1-85　旱季未种植水稻的稻田照片（拍摄人：李鹏）

附照片 1-86　已收割和正处于分蘖期的水稻田（拍摄人：李鹏）

自暹粒往西，连片耕地在这个考察季节尚未翻耕，仍旧是休耕期。目前正值旱季，高温缺水，田间上一季留下的稻茬及杂草整体呈现枯黄色。这个季节，在广袤的田野上，除了三五成群的黄牛，似乎很少看见其他动物。

由于地多，柬埔寨境内的中小学校与卫生院（如 Health Center）建筑都占地面积大，平房居多。

当时中午 12 时左右，我们结束了柬埔寨境内的考察，通关进入泰国。总体而言，在柬埔寨对于土地利用与土地覆被的感受是，广阔的耕地，但旱季内大多数未种植水稻。

进入泰国沙缴府①和呵叻府②后，相当于已进入呵叻高原③了，地形同样非常平坦，起伏度很小。同时发觉道路更为宽阔，土地利用强度相应地也提高了。作物种植种类繁多，如工业用甘蔗、木薯（附照片 1-87 和附照片 1-88）、果园（如腰果）、橡胶林、桉树林。对于甘蔗而言，公路上时不时能见到卡车满载一车甘蔗驶过。有正在收割的甘蔗林，也有刚栽种的甘蔗林。

橡胶林以幼林为主，甚至还调查到刚种植的橡胶幼苗（附照片 1-89）。有文献表明，泰国东部（或东北部）与北部正是近年来泰国开辟橡胶种植的新战场。泰国南部马来半岛原本是传统橡胶种植区。然而，近年来泰国境内的油棕种植驱使橡胶种植北移。按常理来看，泰国北部的地理环境远不如马来半岛地区

---

①　泰国中部地区的一个府，土地面积为 7195km²，沙缴府的首府为沙缴（Sa Kaeo）。

②　又称那空叻差是玛府，是东北高原上的大府，也是通往东北地区其他各府的关口。该府历史悠久，高棉文化丰富，府内有众多森林、山岳、瀑布和水库。

③　呵叻高原（Khorat Plateau）是泰国东北部碟形台地，由红色砂岩组成。面积为 15.5 万 km²，海拔在 90～200m，向东南倾斜。主要河流为栖河和蒙河，汇合后向东流注入湄公河，大陆性气候，热带稀树草原景观，年降雨量为 1300mm。开发历史晚，农业主产糯稻、玉米、木薯。畜牧业以水牛为主，数量居泰国第一。北和东以湄公河为界，西为碧差汶山脉和考庞会山，南为帕侬东拉山脉。土层不易渗水，雨季洪水泛滥，旱季龟裂。居民饲养牛、马和猪，种植棉花、水稻、花生等。当地主要城市有廊开、坤敬、那空叻差是玛和乌汶叻差他尼，与首都曼谷均有铁路联系。

优越，但是在更北的地方——西双版纳都有良好产量的橡胶林，这些考虑都不是问题了。此次在泰国境内的考察（先由东向西，再由南往北）路线，将有利于我们沿途实地踏查这种景观上的变化。于是，就有些疑问，泰国橡胶种植是否会向其东北部邻国——老挝发展呢？橡胶种植北移将会造成明显的土地覆被变化，这是值得深入研究的。事实上，由于东南亚橡胶生产在全球具有举足轻重的地位，中南半岛/东南亚的橡胶林扩展研究都是值得系统研究的。目前有基于 MODIS 数据做了一些尝试研究，但是精度可能不够。美国俄克拉荷马大学 Xiangming Xiao 教授课题组尝试用 ALOS PALSAR（空间分辨率 50m）进行研究，这未尝不是一个有益的方向。

附照片 1-87　新栽种的木薯幼苗（拍摄人：李鹏）

附照片 1-88　木薯种植（拍摄人：李鹏）

附照片 1-89　橡胶幼林（拍摄人：李鹏）

桉树①林在泰国呵叻高原是相对普遍的，沿途经常能看见（附照片1-90和附照片1-91）。估计只有像泰国这样的国家，才有足够的土地用来种植桉树。这里土地资源丰富，还有很多土地未被利用起来，只生长着一些次生林。桉树不是一种树，而是桉树全部种类的统称。桉树林是一种速生工业林，桉树木材广泛用于制造浆纸、人造板工业。纸浆在全球需求一直很大。在目前的工业实践中，还没有别的工业原料可替代纸浆用来造纸。然而，近年来有文献报道桉树林种植会对区域水源涵养产生负面影响，被称为"抽水机"；同时由于其快速生长的特征会成为"吸肥器"，导致"地力衰竭"，进而可能抑制其他物种生长。然而，也有研究对此问题持不同看法。真实情况如何，目前还不能轻易下结论，有待相关领域学者深入研究。

附照片1-90　桉树林远景照片（拍摄人：李鹏）

附照片1-91　桉树林近景照片（拍摄人：李鹏）

秸秆焚烧的现象在泰国东部调查的两个府较为普遍，主要表现为旱季作物在雨季来临之前的集中焚烧，以作为雨季作物种植的肥料。

第十九站：呵叻→孔敬→乌它汶水库

日期：2013年3月13日

天气：晴

---

①　原产地主要在澳洲大陆。通过5~7年即可成才利用，它与速丰林树种松树、杨树并列为联合国粮食及农业组织推荐的世界三大速生树种。

考察主题：芦苇、"黑土"、水稻田、披迈历史公园、桉树、乌它汶水库等
考察人员：封志明、李鹏、刘立涛及司机王斌等20人

今天的考察行程较短，沿呵叻北上直奔泰国东北高原重镇——孔敬府。上午8:30到下午2:00主要是沿线考察。在宾馆（Charoen Thani Hotel）短暂休整后，又驱车前往乌它汶水库考察。

（1）上午考察简要

东北高原地势平坦开阔，很可能受灌溉设施的制约，大片的耕地（稻田）在3月中旬尚未种植水稻。与此同时，沿途还注意到低势低洼处有积水，生长有芦苇（芦苇是泰国东北高原广泛种植的），应该算是湿地，且停留有类似白鹭的涉水野禽。田间机割残留的稻茬已完全枯黄，焚烧在泰国东北是非常普遍的，这同时也预示着新一轮的水稻耕作即将开始，结果使得焚烧过后的耕地远观呈黑色。这种田间管理方式在老挝、柬埔寨也较为常见。然而，目前我们对这种管理方式（田间焚烧）还缺乏深入的认识。看来，焚烧（burning）也成为中南半岛人民改造、适应自然的主要方式之一，既包括边远山区的刀耕火种，也包括平原作物耕作区的秸秆/稻茬焚烧。我们注意到，山区的刀耕火种现象具有明显的时间节律性，如某一时段内可能集中人为砍伐、曝晒或焚烧。而平原区的焚烧增肥现象，在目前看来，还未发现具有明显的时间规律。这里我们有几个问题。第一，是否所有或者绝大部分稻田在开始新一季的水稻种植之前都会通过稻茬焚烧以提高土地肥力？第二，不同区域稻茬焚烧积肥是否有其他特征？第三，农民一般提前（新一轮播种期）多长时间进行焚烧？第四，如果前三个问题有明确依据，是否有可能基于遥感手段监测出其空间分布特征？

非常有意思的是，东北高原广袤耕地由于干旱而绝大部分尚未耕种，田间稻茬及杂草都呈现枯黄色，在星罗棋布的树木的映衬下，让人仿佛置身于非洲萨瓦那草原中。

披迈历史公园①（Phimai Historical Park, Nakhon Ratchasima. Prasat Phimai, the Mahayana Buddhism sanctuary, located in middle of Phimai ancient city. The sanctuary was constructed in 11th century AD，附照片1-92）与吴哥、占巴塞古城是同一时代的产物。10点到达披迈古城，参访50min。城市安静，游人较少。古城布局合理，古木参天，保存完好。

附照片1-92 披迈历史公园远景照片（拍摄人：封志明）

---

① 位于泰国的东北部，是呵叻府的披迈县里的佛教建筑群，建于公元968～1001年，被喻为"泰国的吴哥窟"。在法国政府的帮助下，在1979年4月才对外开放。2009年1月已被申报为世界遗产。

泰国东北高原广袤耕地上的另一自然景观是桉树。这种速生树木，正在泰国各地种植。桉树以平原耕地种植居多，与果园（如芒果、腰果）种植区地理环境相似，但与橡胶、柚木种植有差异，后两者多分布在海拔为300～1000m的山腰上。

泰国因其地多人少，东北高原的孔敬府有大片的土地架起了太阳能发电。类似地，有厂房（水泥厂、Thai Beverage Logistics Co.，Ltd.）等人为景观。

13:00左右到达孔敬，在超市吃中餐，便宜又实惠。

（2）下午考察简要

下午与上午所考察景观大抵相近，但是，也采集到了其他地物景观信息。受乌它汶水库（Ubolratana Power Plant）的惠赠（附照片1-93），其下游便有水稻的种植。这种现象在泰国东北非常普遍。非常幸运的是，还见到了橡胶的种植。

附照片1-93　Ubolratana Power Plant近照（拍摄人：李鹏）

其他：孔敬大学、泰国大型能源公司，如PTT Public Company Limited（石油天然气公司）、ExxonMobil Exploration and Production KhoRat Inc.，Central Gas Processing Unit、Nam Phong Power Plant。

当晚在Charoen Thani Hotel（260 Srichan Road，Amphur Muang，Khon Kaen，40000，Thailand）住宿。

第二十站：孔敬→彭世洛

日期：2013年3月14日
天气：晴
考察主题：芒果果园、耕地（稻米未种植）、甘蔗地、芦苇
考察人员：封志明、李鹏、刘立涛及司机王斌等20人

上午8:30从孔敬出发。从孔敬到彭世洛，主要途径泰国12号公路，是从越南顺化—岘港到老挝沙湾拿吉，再从彭世洛到缅甸毛淡棉东西横轴的重要路段。除去一小部分为单行线外（考察时正在拓宽），都是双向双车道。

该路线相当于从泰国东北高原往西驶向中部平原，除横穿两座山脉（同时也是泰国象保护区）外，其他自然景观比较单一。地势平坦，以耕地为主。然而，大片耕地尚未种植水稻，还处于闲置状态，说明旱季大部分区域可能因灌溉等原因而未能种植水稻（附照片1-94）。有水源、水利灌溉的地方就有水稻种植（附照片1-95）。进入彭世洛府，水稻种植区域陆续多了起来。

附照片 1-94　菜地照片（拍摄人：李鹏）

附照片 1-95　水稻田（拍摄人：李鹏）

沿线偶尔也能见到种植果园（包括腰果树园与芒果树园），但考察中也发现有大片的甘蔗地与自然生的芦苇地，甘蔗地有已经成熟收获的，也有刚刚种植的幼苗。还有桉树与竹林和木薯，其中竹林较少，而桉树与木薯相对较多。部分耕地有刚焚烧的现象，沿途呈现"黑土"，同时也能见部分耕地已被翻耕。耕地里能见到种植的甘蔗苗、玉米。

自然林沿途分布较为普遍，植被覆盖度较高，保护程度较好。随着工业用林（如橡胶林、桉树林）的推广种植，未来可能需要关注自然林的退化问题。

当日考察任务相对轻松，下午不到 3 点半就提前结束了考察，这可能跟大家前些日子考察过于辛苦有关吧。

第二十一站：彭世洛府→素可泰府→达府→南邦府→ 南奔府→清迈府（素贴山国家公园）

日期：2013 年 3 月 15 日
天气：晴
考察主题：水稻田、耕地（未种植稻米）、桉树、木薯、玉米、人工次生林
考察人员：封志明、李鹏、刘立涛及司机王斌等 20 人

彭世洛是彭世洛府首府，位于泰国北部和中部交界要冲，东北与老挝接壤。彭世洛是泰国古都之一，于600多年前建城。16世纪，在纳黎萱王领导下彭世洛脱离缅甸统治。楠河（Nan River）自北向南穿过。彭世洛是素可泰的姊妹市，从彭世洛到邻近世界遗迹素可泰历史公园（Sukhothai Historical Park）（附照片1-96）约30min车程（约20km）。

附照片1-96　素可泰历史公园远景照片（拍摄人：封志明）

泰国中部得益于成熟的运河与水系，土地肥沃，水利设施良好，是泰国稻米种植基地。从彭世洛到素可泰，区间（东西向）稻米种植非常普遍，且处于不同的生长期，从土地翻耕、稻米播种育秧（附照片1-97）、移栽返青、分蘖拔节、孕穗抽穗到收割收晒都有。这正好印证了这里是泰国稻米主产区，没有农时之别，一年四季都可以种植水稻。孟子提出的"不误农时"的观点在泰国中部看来是不合适的。这种现象非常奇特。无疑，这对基于时间窗口的水稻多熟种植方法构成了较大的挑战。然而，试图应用时间序列影像数据进行识别，又面临云层覆盖的影响。也许，只有雷达数据是合理的选择。这也正是雷达数据在中南半岛及东南亚应用广泛的原因之一。

附照片1-97　彭世洛育秧中的水稻田照片（拍摄人：封志明）

从素可泰到达府，沿 12 号公路开始有成片的桉树（*Eucalyptus*）（附照片 1-98）①、木薯（*Cassava*）② 种植。沿线此时耕地里稻米尚未种植，这与泰国北部清迈清莱两府有较大差异。人工次生林较普遍。旱地多种植木薯、玉米。在次生林附近，也能见到火烧现象。相对而言，柚木林相对较少，在一些区域也能发现但规模不大。从达府继续往北，沿线能见到腰果树果园，但是仍以次生林为主。

附照片 1-98　桉树林照片（拍摄人：李鹏）

其他信息：楠河上有水上房屋。

当晚宿地宾馆：Centara Duangtawan Hotel，Chiang Mai（132 Loykroh Road，Chang Klan，Amphur Muang，Chiang Mai 50100，Thailand）。

泰国考察总结如下。

泰国印象：国王与王后画像、黄旗（代表国王）、蓝旗（代表王后）、泰国国旗（三色旗，由红—白—蓝—白—红五条横带组成，蓝带比红白带宽一倍）、开阔的耕地、皮卡车。

从地形上，泰国划分为四个自然区域：北部山区的丛林、中部平原的广阔稻田、东北部高原的半干旱农田，以及南部半岛的热带岛屿和较长的海岸线。

从行政区划上，泰国全国共有 76 个一级行政区，在府底下，又有更小的次级行政区划，称为"区"（amphoe）与"次区"（king amphoe）。其中包括 75 个"府"（changwat）与直辖市的首都——曼谷，每个府都以其首府（mueang）作为该府的名。这 76 个行政区一般被划分为 5 个主要地区，包括北部、东北部、东部、中部与南部地区。

北部地区：包括清迈府（Chiang Mai）、清莱府（Chiang Rai）、甘烹碧府（Kamphaeng Phet）、南邦府（Lampang）、南奔府（Lamphen）、湄宏顺府（Mae Hong Son）、北榄坡府（Nakhon Sawan）、楠府（Nan）、拍天府（Phayao）、碧差汶府（Phetchabun）、披集府（Phichit）、彭世洛府（Phitsanulok）、帕府（Phrae）、素可泰府（Sukhothai）、达府（Tak）、乌泰他尼府（Uthai Thani）与程逸府（Uttaradit）等。

东北地区：包括安纳乍能府（Amnat Charoen）、武里喃府（Buriram）、猜也贲府（Chaiyaphum）、加

---

① 桉树：常绿植物，一年内有周期性的老叶脱落现象。世界著名的三大速生树种（桉树、杨树、松树）之一（生长旺季，1 天可以长高 3cm，一年最高可长 10m），其适应性强，轮伐期极短，材种多样，用途广泛，经济价值高，是十分难得的短周期工业用材树种，一般 5~8 年可采伐利用。

大多数树种是高大乔木，少数是小乔木，呈灌木状的很少。树冠形状有尖塔形、多枝形和垂枝形等。可长至 100~110m，最高达 156m，是世界上最高的树。喜光、喜湿、耐旱、耐热、畏寒，对低温很敏感。有些树种起源于热带，不耐 0℃以下低温；有些树种原生于温暖气候地带，能耐 -10℃低温。大多数要求年平均温度在 15℃以上，最冷月不低于 7℃。能够生长在各种土壤里，多数树种既能适应酸性土，也能适应碱性土，而最适宜的土壤为肥沃的冲积土。

② 又称树薯，是一种大戟科植物，原产于南美洲。世界三大薯类（木薯、甘薯、马铃薯）之一，在热带地区广为栽培。在亚热带也开始有引种，如在我国南亚热带地区，木薯是仅次于水稻、甘薯、甘蔗和玉米的第五大作物。其主要用途是食用、饲料和工业上的开发利用。

拉信府（Kalasin）、孔敬府（Khon Kaen）、黎府（Loei）、吗哈沙拉堪府（Maha Sarakham）、莫拉限府（Mukdahan）、那空拍依府（Nakhon Phanom）、呵叻府（Nakhon Ratchasima）、廊磨喃蒲府（Nong Bua Lamphu）、廊开府（Nong Khai）、横逸府（Roi Et）、色军府（Sakon Nakhon）、四色菊府（Si Sa Ket）、素辇府（Surin）、乌汶府（Ubon Ratchathani）、莫肯府（Udon Thani）、益梭通府（Yasothon）等。

东部地区：包括北柳府（Chachoengsao）、尖竹汶府（Chanthaburi）、春武里府（Chon Buri）、巴真府（Prachin Buri）、罗勇府（Rayong）、沙缴府（Sa Kaeo）、桐艾府（Trat）等。

此次考察，我们先是自东向西、再由南向北穿过东北部高原，再由东往西横穿中部平原，最后由南往北进入北部山区。

第二十二站：清迈→清莱→清盛→清孔

日期：2013 年 3 月 16 日
天气：晴
考察主题：水稻田、原始次生林、柚木林、腰果树园、玉米、橡胶、大豆；白庙
考察人员：封志明、李鹏、刘立涛及司机王斌等 20 人

当地时间上午 10 点（北京时间上午 11 点），考察组一行从清迈① Centara Duangtawan Hotel 出发后，沿 118 公路开往清莱府。离开清迈城，在城郊发现有大面积水稻，普遍处于分蘖期（其实，在之后一路考察中，都能见到类似的水稻景观。清迈至清莱沿途水稻种植非常普遍与集中，是此次考察中见到除湄公河三角洲外水稻种植较多的地方）。受排灌条件影响（沿途发现，泰国水利设施远优于柬埔寨与老挝两国），当下清迈以北区域内水田种植比重较大，有时甚至可以看到成片的水稻种植区，这在老、柬两国诸如万象平原、沙湾拿吉平原抑或洞里萨平原等地都是很少见的。这一自然现象确实值得深入研究。类似的粮食作物还包括玉米、木薯。总而言之，泰国较老挝、柬埔寨在土地利用程度方面高。

随着海拔逐渐上升，进入山区后，以原始次生林（附照片 1-99）占主导，且保护较好（远观层林尽染），仅偶尔能见到人为砍伐的现象，还有人工种植的经济林（包括柚木、桉树）、橡胶树、腰果树园。总体而言，沿途景观以栽种的水稻（部分尚未耕种，附照片 1-100）与原始次生林（primaryforest）为主，其次较常见的有腰果树园、柚木林、橡胶林。

附照片 1-99　自然次生林远景照片（拍摄人：李鹏）

---

① 清迈（Chiang Mai）为泰国第二大城市，距曼谷约 750km，坐落在泰国北部群山环抱的小平原之上，海拔约 300m，湄滨河从旁流过。市内风景优美，气候宜人，有 13 世纪的庙宇和多样的时令水果，有"泰北玫瑰"之称。因处于中国、老挝和缅甸交汇之处，三国文化在此互鉴交融，曾是兰纳王国的故都，历史遗址丰富。

附照片1-100　泰国北部水稻田远景照片（拍摄人：李鹏）

12点左右到达白庙（附照片1-101），吃中餐。逗留一个小时。

附照片1-101　白庙（拍摄人：封志明）

16:40进入清莱府边界后，同行的一辆车出现轮胎故障，因此停留半个小时。该车前往附近修理，车上考察队员乘其他车辆继续行驶。在这个过程中，我们考察了周边的土地覆被类型，同样发现有处于分蘖期的水稻栽种，也有橡胶种植与腰果树园、柚木林、湿地（含蓁树）。

传说中的金三角地带（泰国清盛县，附照片1-102），途径中国船员金三角遇害河段。湄公河右侧，即泰国一侧有大面积连片的耕地（附照片1-103），部分种植有玉米（附照片1-104）、大豆。

附照片1-102　泰缅老"金三角"湄公河畔照片（拍摄人：封志明）

附照片 1-103　水稻田（拍摄人：封志明）

附照片 1-104　玉米地照片（拍摄人：李鹏）

清盛至清孔县，我们发现还存在刀耕火种现象（附照片 1-105），有些山坡（腰）是刚经过人为砍伐，有些山坡（腰）则是近 2 年刀耕火种，种植有橡胶林，而有些地方则生长有成片的橡胶林、柚木林（这同时也说明刀耕火种现象在这些区域一直没有停止过）。

附照片 1-105　泰国清孔的刀耕火种农业远景（拍摄人：封志明）

第二十三站：清孔→会晒→南塔→磨丁→磨憨→勐腊→景洪

日期：2013 年 3 月 17 日

天气：晴

考察主题：橡胶林、火烧迹地（刀耕火种）、未种植水田、农田（西瓜田）、柚木林、居民点、竹林

考察人员：封志明、李鹏、刘立涛及司机王斌等 20 人

当地时间 7：30（北京时间 8：30），考察组一行 20 人在泰国北部清迈府（Chiang Rai）清孔区（Chiang Khong）NamKhong Riverside Hotel 河边餐厅吃过早餐后，开始了我们在境外的最后一天野外考察活动。清孔区与老挝博乔省（Bokeo）首府会晒市（Ban Houayxay）相邻，中间相隔湄公河。Nam Khong Riverside Hotel 位于湄公河畔（附照片 1-106）。

附照片 1-106　朝霞中的湄公河（拍摄人：李鹏）

今天的考察路线将通过三个国家共四个口岸，分别是泰国的清孔口岸、老挝的会晒口岸和磨丁口岸、中国的磨憨口岸。相对而言，清孔口岸基础建设等方面明显气派，而过河之后进入会晒口岸，其设施较为简单，很难让人想象这就是一个国家的口岸。例如，车辆进入老挝后，老挝口岸人员只是用非常简易的消毒设施（皮管枪）对入境车辆进行消毒。从自然景观上看，则有较大反差，老挝一方河岸自然植被的人为干扰（建设）程度要弱于泰方。

在我们等待张总办理签证时，我注意到泰老两国人民穿梭于湄公河进行货物买卖，如老挝向泰国进口日用百货。似乎口岸更多的是向我们这些来往于两国的旅客开设的，因为两国人民交往特别容易且频繁。

我们 9 点从宾馆出发，10min 后到达湄公河码头。办理通关手续约耗了一个小时。但实际上，大约 20min 后，我们通过轮渡来到了老挝会晒（附照片 1-107）。此时正值旱季，湄公河河床礁石时有出露，给轮渡通行造成了一定限制。到 2013 年年底，来往于两国还主要是以轮渡为主。在不久的将来，在离渡船

不远的地方（偏南，下游），一座由中泰两国出资、中国援建的跨湄公河大桥（泰国老挝第 4 座友谊大桥）① 将更好地连通老（会晒）泰（清孔）两国。（我非常有幸地采集了大桥施工现场的两张 GPS 照片。2009 年 10 月，昆曼公路跨湄公河大桥项目融资协议签署。协议规定，在 2008 年 3 月在已贯通的中国昆明至泰国曼谷高等级公路上建设一座老泰跨湄公河大桥，它东起老挝波乔省会晒县，西至泰国清莱府清孔县，桥长 480m，宽 14.7m，外加两侧人行通道各 3.5m。根据协议该项目由老泰两国各承担 50% 的建设资金，其中老方资金将由中国政府提供 2000 万美元来解决。）

附照片 1-107　在渡轮上拍摄到的湄公河（拍摄人：李鹏）

　　进入会晒后，考察路线主要为昆（明）曼（谷）国际公路老挝段（会晒→磨丁），全长约为 250km。沿途将经过泰国清孔、老挝会晒、琅南塔与磨丁（老挝国家一级口岸）等城镇，途经中国磨憨口岸、勐腊返回景洪市。对于这段路程的考察，我非常期待。记得当时在设置路线时，我和封志明老师一样特别想沿昆曼公路老挝段进行考察。封志明老师一直想围绕昆曼公路老挝段道路建设对其景观格局的影响做篇文章。

　　考察一开始，封志明老师便提醒我注意沿途橡胶林种植与刀耕火种农业（附照片 1-108）（在我看来，揭示中南半岛山区刀耕火种农业方式是分析橡胶林空间扩展及其动力机制的前提条件）。考察至今已历时两旬，我们都好奇橡胶树都有什么样的变化。20 天前，即 2 月 23～25 日，我们先从昆明飞往西双版纳机场。由于飞行时间约 1h，因而大部分时间我们能从高空（中低空，4000～5000m）俯瞰地面景观。结果发现，西双版纳傣族自治州橡胶林种植区呈现出明显的等高带状分布（这也间接反映了当时的橡胶树整体叶片稀少，处于落叶期或新叶刚开始吐芽。至于区域内特别是纬向橡胶生育期的特征还需要查阅相关资料，未来也是产生论文的角度）。而之后两天从景洪市到勐腊县，从勐腊县由磨憨出中国国境的实地考

　　① 泰国老挝第 4 座友谊大桥（清莱清孔—老挝会晒）于 2010 年 5 月 14 日签署了泰国老挝合作建设第 4 座（清孔至会晒）友谊大桥备忘录，同年 6 月正式开工，于 2012 年 12 月 12 日 12 时正式合拢。这座桥梁包括引桥和连接公路，全长 11.6km，为两车道型大桥，总造价 16 亿泰铢，由中国、泰国双方政府各负责一半的费用。由中国铁路第五工程局与泰国 KRUNG THON 工程公司共同建设，已于 2013 年 12 月全部建成通车。

　　另外：

　　泰–老友谊大桥 1 号桥——连接泰国廊开市与老挝万象。由澳大利亚出资（0.3 亿美元），于 1994 年建造成功。桥长 1170m，宽 3.5m，双线对开。

　　泰–老友谊大桥 2 号桥——连接泰国莫拉限府与老挝第二大城市凯山丰威汉市（旧称沙湾拿吉市，2005 年该市改名，以纪念老挝人民共和国第二任国家主席凯山丰威汉）。由亚洲开发银行（主要是日本）出资（0.6 亿美元），于 2007 年建造成功。桥长 1600m，宽 12m，双线对开。

　　泰–老友谊大桥 3 号桥（Third Thai–Lao Friendship Bridge，2013 年 3 月 1 日）——连接泰国那空帕侬府（Nakhonphanom）与老挝甘蒙省（Khammouane）他曲。由泰国出资 1723 万泰铢聘请意大利泰公司为承办商并且全权负责。这条作为承载着泰–老–越–中国南部的商业运输路线和旅游业的重要桥梁已于 2011 年 8 月建成通车。

　　泰–老友谊大桥 4 号桥——连接泰国清孔与老挝会晒。由中国、泰国共同出资，已于 2013 年年底通车。

察再次见证了中老边境地带橡胶树的生长特征。即2月底，橡胶树已普遍落叶，但同时冠层又生长有新的叶片。橡胶林垂直结构非常简单。受人为管理影响，成年橡胶林（已割胶）林下无灌木层、草本植物层，只有枯枝败叶层。而幼年橡胶林林下也无灌木层，其中1~2年生橡胶林林下主要为草本植物层，3~5年生橡胶林（未割胶）林下或者种植有菠萝或者仅仅为枯枝落叶层或者裸露有红色土壤。时隔三旬，今日发现从会晒开始，沿线橡胶林都已长齐树叶。

附照片1-108　昆曼公路老挝段两侧广泛分布的刀耕火种农业（拍摄人：李鹏）

季相的差异：一路上，我们注意到了橡胶林与柚木林及原始次森林之间的景观差别。三旬前，中老边境橡胶林普遍为落叶期，与此同时，柚木林（主要是老挝境内）同为落叶期，从远处看这两种人工种植林均呈枯黄色，而原始次生林（通常为针阔混杂林，很难说明群种）则仍保持着雨林的墨绿色（？），有些地方甚至还可以用"层林尽染"来形容。因而，我们都认为2月底是容易区分人工种植林与原始次生林的最好时间窗口之一。而3月中下旬，即现在，我们沿途发现人工种植林与原始次生林之间有明显的变化。具体为：柚木林仍然处于落叶期，远观呈枯黄色；原始次生混杂林绿度整体变化不大；而橡胶林则已长齐树叶，远观其与柚木、原始次生林差别非常明显，绿度明显比其他林木要高。

根据昆曼公路老挝段沿途的考察发现，回来后结合2013年3~4月Landsat-7/8遥感影像对比发现，橡胶种植（刀耕火种）无疑是最为显著的土地利用/土地覆被变化方式。这也正好验证了封志明老师的想法。目前我们已结合该区域近十年的遥感影像进行了对比分析。这种想法也可以根据沿途一系列的橡胶厂得到证实。相关的橡胶厂名录如下（不完全统计）：

1）云锰新兴橡胶有限公司——普卡制胶厂；
2）云南辉祥宏生物科技工程有限公司——老中诚信橡胶厂；
3）云橡投资有限公司——南塔制胶厂；
4）南塔老–中农业科技示范园（主管：中华人民共和国中央人民政府；实施单位：老挝南塔农业种植办公室、西双版纳精谷边贸有限责任公司）。

综观当日沿线考察，老挝博乔省与琅南塔省山区农田、橡胶林（附照片1-109）、刀耕火种农业垂直分布结构为：山间盆地（谷地）地势平坦多为农田，山腰山坡为连片的橡胶林（以幼林为主），在未受人为破坏的原始次生林中杂布着大小不等的刀耕火种农业用地。大部分刀耕火种用地都用来种植橡胶，其显著特征就是这些地块业已打上了"等高线"烙印。反过来看，沿线成片分布的橡胶林地在5~10年前同样经历了刀耕火种这一传统的土地利用方式。

刀耕火种农业（附照片1-110）：考察期间（2月底至3月中旬），经过人为砍伐的林灌木正值暴晒期，火烧现象也有出现但并不普遍，预计到4月将大范围焚烧（这种预计已通过研究得到了证实）。结合此次考察，我们推测这可能与种植作物的时令有一定关系。中南半岛农作物种植主要在雨季来临之际。焚烧后的草木灰是作物种植重要的养分来源之一。过早的焚烧将造成养分提前流失。

附照片 1-109　昆曼公路老挝段两侧可见的橡胶林（拍摄人：李鹏）

附照片 1-110　老挝琅南塔境内的水稻种植（拍摄人：李鹏）

造成森林破坏或减少的因素除刀耕火种外，还包括各种工矿用地的建设。这种现象主要出现在老挝与中国和泰国接壤的边境地区。这些地区容易受到外部经济的影响。

其他信息：进入会晒后，注意到耕地（农田）尚未耕种，田间有 30～50 头黄牛在吃草。但是沿线也有少量农田已种植了水稻。

老挝印象：

村落：篱笆（庭院）、高脚板楼、老挝国旗、老挝党旗。

林地：橡胶林、火烧迹地。

第二十四站：景洪→昆明→北京

日期：2013 年 3 月 18 日

天气：晴

考察主题：橡胶林、火烧迹地（刀耕火种）、未种植水田、农田（西瓜田）、柚木林、居民点、竹林

考察人员：封志明、李鹏、刘立涛及司机王斌等 20 人

此次考察活动圆满、安全结束了。各位考察队员返回北京或成都，司乘人员驱车回昆明。

在从西双版纳→昆明的飞行途中，利用 GPS 相机分时段采集了航班的飞行高度，结果发现航行高度

在 7000m 以下（晴朗天气下）可以肉眼观察到橡胶林。

附表 1-2　航摄高度的划分

航高划分	飞行高度/m
高空	15 000 ~ 20 000
中高空	7 000 ~ 12 000
中空	3 000 ~ 5 000
低空	1 000 上下

资料来源：http://www.caefs.zju.edu.cn/profs/hy/pa/3/webtutorial4-4-1.htm

考察总结：未来若干重要研究命题

根据此次考察所见所闻所感，结合本研究小组现有研究基础及相关研究进展，总结梳理出以下主要研究命题，以便未来课题组开展项目申请及论文撰写。具体如下。

（1）加大农业基础设施投资，提高耕地利用强度，增加世界稻米产量

中南半岛地处热带地区，光照充足且热量条件好，为农业生产特别是稻米种植提供了良好的条件。该区域年内具有明显的干湿（雨）季之分，即每年 3~4 月为干热季，5~10 月为雨季，11~12 月为雾凉季。雨季高温且降雨充沛，往往是水稻集中种植期；而干季降水偏少，在很大程度上制约了稻米规模种植。此次考察中，我们注意到老挝、柬埔寨及泰国有大片耕地未种植水稻或其他作物，耕地荒置现象非常普遍，利用程度很低。究其原因，是由于季节性干旱缺水及水利基础设施条件落后等因素造成的。往往仅有稳定水源（如河流或水库等）保障的耕地，才有零星的稻米种植。灌溉水空间分布特征决定了干季水稻种植分布范围。然而，有一个物候现象值得注意，即在同一区域往往会同时生长有不同生育期的水稻，从播种到成熟。这与中国亚热带、温带地区水稻种植具有鲜明的节令性特征截然不同。

从土地利用分类的角度来看，主要为耕地。但基于遥感影像的土地覆被分类，则有未耕地与种植地之分。从土地利用强度看，中南半岛如老挝的万象平原与沙湾拿吉平原、柬埔寨的洞里萨平原等区域内大片耕地的利用潜力还有很大的提升空间。从全球粮食生产与安全来看，若能改善水利条件增加稻米种植面积将为世界粮食生产贡献一定份额。在中南半岛平原地区，水稻生长所需的热量条件是全年可以保证的，制约扩大水稻生产的自然因素为水利设施，而社会经济因素则主要是机械化水平、经济发展水平（如化肥、农药的生产能力）较低等。目前，中国-东盟合作还处在发展的道路上，前景是美好的，合作范围及领域将持续扩展和深入。未来中国-东盟可以在农业领域内加强广泛合作，目前有正在酝酿中的中国—泰国两国的"大米换高铁"项目（《中泰关系发展远景规划》，廊开至帕栖高速铁路系统项目建设，2013 年 10 月 11 日，曼谷）。

粮食生产与安全是全球性问题，但对中国当前乃至未来相当长时期内这一问题还将持续存在。人口持续增加，耕地持续减少，中国面临的粮食问题是刚性的，未来粮食进口也是必然的。当前及未来仅仅依靠推广高产杂交品种（据报道，袁隆平院士等研制的杂交水稻亩产可达 900~1000kg，相当于目前粮食单产水平的两倍，以长江流域水稻单产水平为例）或提高复种（地尽其用），收效可能不太明显。从单产潜力而言，中国耕地有高中低产田之分，耕地面积总量不少。但像两湖平原、鄱阳湖平原地区的高产田在全国并非普遍，单产能力提高有一定的区域性。然而，更为严峻的是，中高产田多是城镇化发展最常占用的土地类型。故单产和复种水平的提高对粮食产量的贡献水平是有限的。

未种植耕地是沿线主导自然景观。正值旱季，受排水灌溉条件与能力、水利基础设施、农资的制约，沿线耕地（水田）普遍被荒置。田间杂草整体呈枯黄色，但田间也杂乱分布着灌木（$h<5m$）或阔叶树种。部分田块已进行过焚烧或正在焚烧，稻茬及杂草焚烧过后成片耕地呈黑色，远远望去犹如"黑土"。

（2）刀耕火种等焚烧现象（烧芭、黑土地）的社会与生态环境影响

刀耕火种农业系统演变引起的热带地区土地利用（耕地和林地）和森林覆被变化已成为常态，未来随着人口增长这种变化趋势仍将持续下去。刀耕火种农业系统演变（特别是焚烧和森林砍伐等）将对区域社会经济和生态环境造成一系列影响。中南半岛山区刀耕火种农业系统演变的驱动因素主要有哪些？其作用机制有什么特征？对农户生计、粮食安全、民族认同和文化传承会产生哪些影响？影响程度如何？对森林碳储量产生积极还是负面影响？其空间分布格局有哪些特征？这些都是亟须探讨和解决的问题。

（3）国家地缘战略和边境土地覆被与土地利用变化互动研究

在经济全球化、区域一体化、贸易便利化等的推动下，地缘上毗邻或临近各国通过制定区域组织化合作机制，优先在其边境地区发展资源开发、产业互补的经贸合作。据不完全统计，20世纪90年代以来，中南半岛及其毗邻国家已先后建立了30余个地缘政治经济合作机制。地缘经济一体化主导的区域经济合作势必会造成土地覆被和土地利用变化。根据现有研究文献，中南半岛边境地区的土地覆被与土地利用变化研究还较少。土地覆被与土地利用变化研究是地理学的传统研究主题，而地缘政治与地缘经济关系又是经济学特别是国际关系学的主要研究领域，能否将二者结合起来开展交叉性研究？这样，一方面可以拓展传统土地覆被与土地利用变化研究的内容；另一方面也可以研究地缘关系相关研究的理论与方法。未来值得开展这方面的研究。

（4）森林覆被变化监测研究

该主题与其他主题关联性较大。然而，森林面积减少与林地退化除受到刀耕火种农业影响外，橡胶林、柚木林、桉树林等人工林种植、木材砍伐、香蕉等经济作物以及罂粟种植等均会造成不同程度的森林覆被变化。鉴于中南半岛位于热带地区，传统的光学卫星遥感在数据源与技术上显然不能满足研究要求。未来研究应该借助免费使用的雷达数据，如目前国际同行较常使用 ALOS PALSAR 数据。从全球气候变化角度来看，加强中南半岛及东南亚自然林与人工林的监测是非常有必要的，无论是从社会经济层面，抑或是从生态环境方面。

（5）橡胶种植监测算法与格局变化研究

中南半岛位于中国以南、印度以东，具有推广橡胶种植的自然生长条件（热量与降水）优越、土地资源和劳动力丰富及邻近市场等优势，发展潜力大。作为当前全球经济发展最有活力和潜力的地区，其橡胶种植空间扩展趋势势在必行且有增无减。目前，中国是全球最大的天然橡胶产品进口国与消费国。中南半岛橡胶种植变化表现在两方面：第一，区内各主要橡胶生产国不断调整、扩大本国橡胶种植区域，种植区域由传统种植区向非传统种植区过渡，扩展趋势呈现出高纬度、高海拔特征。第二，随着区域经济一体化逐渐深入，区内主要生产国通过合约、合作或承包转让土地等方式逐步在其邻国扩大橡胶再生产。这种变化往往是无序的，而且到目前为止学术界对于其时空格局与动态变化是缺乏必要认识的。因此，非常有必要开展分类算法、信息提取与动态监测方面的深入研究。

目前橡胶林遥感监测方法可以概括为两大类：即基于像元光谱特征的分类方法和面向对象的分类方法。基于像元光谱特征分类方法的实质是通过增强同期影像内橡胶树（林）与其他地物之间的光谱特征差异进行识别与分类。该方法主要是利用不同波段波谱属性重新构建一系列线性或非线性指数或参数，以橡胶树（林）关键生育期为特征时间窗口或基于橡胶树（林）生育期内的物候特征构建时间序列进行分析。面向对象的分类方法的实质是利用高分辨率、多光谱影像的空间、纹理和光谱信息等，通过影像分割技术集合邻近像元达到分类的目的。该方法对于识别和提取橡胶幼林特别有帮助。未来可以综合利用橡胶林种植相关参数进行橡胶林提取算法上的监测。

（6）基础设施（交通）对沿线土地利用与土地覆被的影响

在地缘经济合作机制推动下，互联互通是国家间合作的最重要与优先领域之一。而中南半岛与其毗邻国家（特别是中国、印度两个新兴经济大国）之间的通道建设（公路、铁路与航空）与口岸建设又是互联互通的重要合作内容。目前，昆曼高速公路、中老泰铁路和中缅铁路等已相继进入运营、开工建设等阶段。可以预料，未来随着域外大国（美国、日本）的介入，更多交通等基础设施（东西通道、南北通道等，如中南半岛通道、中缅陆水联运通道、孟中印缅国际大通道①）将被陆续变成现实。中南半岛这片正处于快速经济通道上的区域，将迎来不同等级且复杂的交通联系网络。一个问题是，这些交通建设将对区域沿线国家的土地覆被和土地利用造成何种程度的影响？鉴于中南半岛国家政治、经济与文化上的差异，土地覆被和土地利用变化有什么空间特征与国别差异？到目前为止，这些问题学术界了解甚少。交通建设对区域经济发展和沿线土地覆被和土地利用变化具有时间上的滞后性，或许未来 5~10 年后可以再系统性地开展相关研究。

后　记

　　本日志主要是记录了李鹏本人于 2013 年 2 月 23 日~3 月 18 日在中国云南西双版纳、老挝、柬埔寨、越南湄公河三角洲、泰国的所见、所听和所思。每日日志一般于考察当晚在宾馆整理。然而，限于考察行程紧，加之本人在全程考察中还负责了后勤、财务和联络等工作，部分日志是在我回到北京后，根据 GPS 相机采集的景观照片陆续整理的。日志所思部分有较大部分的想法和灵感，是在考察过程中根据自己与封志明老师反复交流、讨论形成的。此次考察我们总共有五辆车，封志明老师与我同在一辆车上进行考察。其他队员还开展了水资源调查与水文监测、植物标本采集、能源与水泥行业发展等工作。

　　在日志整理过程中，我力求做到客观准确。但是，限于考察行程很紧凑，走马观花式的考察可能会造成对区域的认识不够深入，限于个人学科背景与知识水平，本稿可能存在不足之处，敬请读者理解。读者在阅读本日志过程中，如有任何疑问、思考，欢迎来信（lip@ igsnrr. ac. cn）共同探讨。

李　鹏

北京·安宁里小区

2016 年 1 月 24 日

---

　　① 《国务院关于支持沿边重点地区开发开放若干政策措施的意见》（国发〔2015〕72 号，2016 年 1 月 7 日）。

附录 2 澜沧江流域与大香格里拉地区 1：10 万土地利用与土地覆被制图规范

第 1 节 总 则

第 1 条 规范目的：为统一和规范澜沧江流域与大香格里拉地区土地利用与土地覆被系列制图，满足项目总体要求，在总结以往土地利用与土地覆被制图经验的基础上，经课题组成员共同讨论、制定了《澜沧江流域土地利用与土地覆被制图规范》。

第 2 条 规范依据：制定本规范的主要依据是：①《国家基本比例尺地图编绘规范第 1 部分：1：25000 1：50000 1：100000 地形图编绘规范》（GB/T 12343.1—2008）；②《国家基本比例尺地形图分幅和编号》（GB/T 13989）；③《国家基本比例尺地图图式第 3 部分：1：25000 1：50000 1：100000 地形图图式》（GB/T 20257.3）；④《土地利用现状分类》（GB/T 21010—2007）；⑤《第二次全国土地调查技术规程》（TD/T 1014—2007）；⑥《技术制图通用术语》（GB/T 13361—1992）；⑦《技术制图标题栏》（GB/T 10609.1—1989）；⑧国土资源部办公厅关于印发《市县乡级土地利用总体规划编制指导意见》的通知（国土资厅发〔2009〕51 号）。

第 3 条 规范范围：本规范共包括 10 节 50 条，项目成员应遵循本规范的各项规定。

第 2 节 项目来源与研究目标

第 4 条 项目来源："澜沧江流域土地利用/土地覆被变化综合考察与制图"是国家科技基础性工作专项"澜沧江中下游与大香格里拉地区科学考察"课题之一，项目编号是 2008FY110300。课题主持单位为中国科学院地理科学与资源研究所。

第 5 条 课题任务：开展土地利用与土地覆被变化综合科学考察与制图，从全流域、典型地区和典型地段三个层面系统考察和科学认识澜沧江流域中下游与大香格里拉地区土地利用/土地覆被变化规律及其驱动因素。

第 6 条 研究目标：完成澜沧江-湄公河干流地区 1：10 万土地利用/土地覆被现状图，摸清土地利用现状与土地覆被格局；完成典型地区 1：5 万、典型地段 1：1 万土地利用/土地覆被系列制图，认识不同地区土地利用/土地覆被变化规律。

第 3 节 研究内容与制图任务

第 7 条 研究内容：主要包括：①澜沧江中下游与大香格里拉地区土地利用/土地覆被现状考察与制图；②典型地区近 20 年来的土地利用/土地覆被变化及驱动因素考察；③典型地段近 50 年来人类活动与土地利用变化互动关系调查。

第 8 条 任务之一：以 2010 年为节点，利用多时相遥感影像解译全区土地利用/土地覆被状况，编制澜沧江-湄公河干流地区（横向 50～100km）1：10 万土地利用/土地覆被现状图，基本摸清全区土地利用现状与土地覆被格局。

第 9 条 任务之二：以 20 世纪 90 年代初期（1990 年）和 21 世纪初期（2010 年）为节点，利用高分辨率遥感数据延伸时间序列，编制典型地区 1990 年和 2010 年两个时段 1：5 万土地利用/土地覆被图，系统考察近 20 年来土地利用/土地覆被变化及其驱动因素。

第 10 条　任务之三：择 3 ~ 4 个典型地段，利用高分辨率遥感数据进一步延伸时间序列，编制 1990 年、2010 年两个时段 1：1 万土地利用/土地覆被图；运用参与式评估方法实地调查或其他历史地理方法回溯 20 世纪中期以前情况，编制 1：1 万土地利用/土地覆被图，开展近 50 年来人类活动与土地利用变化互动关系调查。

第 4 节　土地利用/覆被制图一般规定

第 11 条　土地利用/覆被制图一般规定：主要涉及制图基础、地理要素、符号与注记和图幅配置等。

第 12 条　制图基础：包括空间参照系统、基本比例尺、分幅标准与图形数据库等。

1）空间参照系统：平面坐标系统采用"1954 年北京坐标系"；高程系统采用"1985 国家高程基准"；投影系统采用高斯–克吕格投影；宜按 6°分带。

2）基本比例尺：澜沧江流域与大香格里拉地区图件比例尺一般为 1：10 万；典型地区图件比例尺一般为 1：5 万；典型地段图件比例尺一般为 1：1 万；典型地区和典型地段若出现完整行政单元被小部分切割现象，图件比例尺可适当调整。

3）分幅标准：分幅编号按 GB/T 13989 规定执行，1：10 万土地利用/覆被现状图按经差 30′00″、纬差 20′00″分幅。图名采用 GB/T 12343.1—2008 中 1：10 地形图分幅图名，一般选用图幅内主要居民点来命名图幅，无居民点图幅可采用其他地理名称或图内最高高程点注记作为图名。图幅理论面积为 1800km²。

4）合幅图及破图廓图：国境线附近的图幅，当图内在靠近邻图处仅有部分领土、陆地，并且该图又不作连接其他图幅用时，可将其并入邻图，采取合幅编绘成图。

——合幅图的内图廓长一般为：东西不超过 700mm，南北不超过 485mm。并入部分的图廓线仍以经纬线构成，不应采用凸形或其他折线形。并入图幅若为邻投影带图，应进行换带处理。

——合幅图图号采用复合形式注出：整幅图图号在前，并入图图号在后，中间用顿号分开，如 K51E005002、005001。当合幅图位于两个百万分之一地图之间时，其图号应分别注记完整。若并入的要素仅在内外图廓间时，则破内图廓绘出，不注邻图图号。

5）图形数据库：制图以土地利用/土地覆被现状数据库为基础，实行分层管理，数据库中要把地类、图斑线、居民点、各类注记、道路、水系等分别分层管理，图形数据在数据分层、属性结构等方面符合数据建库要求，基本满足基础数据库和管理信息系统建设要求。

第 13 条　基础地理要素：主要包括行政界线、政府驻地、高程特征点和道路网等。

1）行政界线：制图区域内行政界线，表达到县（区）界。制图区域行政界线外围标注相邻行政单位名称。

2）政府驻地：制图区域内政府驻地，表达到乡级政府驻地。

3）高程特征点：包括制图区域内山脉、山峰、山梁、高地、山隘等，标注名称和高程值。

4）道路网：制图区域内的道路网，表达到乡村路，国道标注名称。

5）其他地物：根据区域情况可选择表达其他重要地物，图式可参考地形图相关规范等予以表达。

第 14 条　符号与注记：主要涉及注记内容、字体、字向、排列和字隔等。

1）主要注记内容：包括市（地）、县（区）政府驻地名称；公路、铁路、民用机场与港口码头名称；水利设施名称；河流、湖泊与水库名称；自然保护区、风景名胜区名称；高程特征点名称；其他重要地物名称等。

2）注记字体：同一图形文件内注记字体种类以不超过四种为宜。注记汉字应使用简化字，按国务院颁布的有关标准执行。

——汉字：宋体、等线体（黑体）、楷体、仿宋、隶书，优先考虑采用宋体。

——西文：Times New Roman、Arial Black，优先考虑 Times New Roman。

3）注记字向：居民点名称、自然地理要素名称、说明注记及字母、数字注记，字向一般为正向，字头朝北图廓。

4）注记排列：可按实际情况分别采用水平字列、垂直字列、雁行字列和屈曲字列。

——水平字列：由左至右，各字中心的连线成一直线，且平行于南图廓。

——垂直字列：由上至下，各字中心的连线成一直线，且垂直于南图廓。

——雁行字列：各字中心的连线成一直线，且斜交于南图廓。当与南图廓成45°和45°以下倾斜时，由左至右注记；成45°以上倾斜时，由上至下注记。

——屈曲字列：各字侧边垂直或平行于线状地物，依线状的弯曲排成字列。

5）注记字隔：注记的字隔是一列注记各字之间的距离，分三种：

——接近字符：字隔 0 ~ 0.5mm。

——普通字符：字隔 1.0 ~ 3.0mm。

——隔离字符：字隔为字大的 1 ~ 5 倍。

第 15 条 图幅配置：主要包括图名、图廓、接图表、比例尺、图例、署名和图幅幅面等。

1）图名：图名是图件的标题，书写应规范。

——图名的内容包括：图幅名称、图幅编号、涉及县名称。

——图名的字体与大小：图幅名称采用宋体 12 号字，每字间空 2 格，加粗。

——图幅编号：采用 Times New Roman 10 号字，加粗；涉及县名称采用宋体 9 号字。

——图名：位于图廓外正上方。

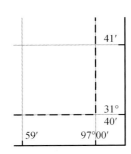

附图 2-1　图廓示意图

2）图廓：图廓由外图廓和内图廓构成（附图 2-1）。外图廓用粗实线绘制，内图廓用细实线绘制；外图廓和内图廓之间可填充简洁花纹，添加经纬网，注明经纬度的分；内图廓四角点标注经纬度，经纬度为度（°）、分（′）格式。1：10 万土地利用/土地覆被现状图的经纬网间隔均为 1′，对于大于或小于 1：1 万比例尺的乡（镇）土地利用总体规划图件，方里网间隔可作调整。

3）接图表：接图表说明本图幅与相邻图幅的关系，一般位于图幅内左上方，也可根据图幅情况进行调整。

4）比例尺：采用数字比例尺+直线比例尺的形式；比例尺绘于图廓外图幅正下方。

5）图例：图件配置图例。

——图例由图形（线条、色块或符号）与文字组成。

——图例绘制在图幅内右上角。

6）署名和制图日期：图件应署制图单位的正式名称和制图日期。

——制图日期为全套成果的完成日期。

——制图单位和日期注于图廓外左下方，制图单位注于图廓外右下方。

7）图纸幅面：幅面大小选择应根据制图区域范围确定，以内容完整表达为准。1：10 万标准分幅图纸宽度为 65cm，高度为 44cm，正式图件图纸大小幅面以不超过一张零号图纸面积为宜。

8）打印要求：打印图纸宜采用重磅防水涂料纸（125g/m²）。零号图纸建议采用宽 0.914m 的筒纸。采用 8 色墨盒（粗面黑、照片黑、浅灰色、青色、品红色、黄色、浅青色、浅品红色）打印。

第 5 节 土地利用/覆被制图过程

第 16 条 土地利用/覆被制图过程：主要包括准备阶段、编图阶段和整饰阶段等若干过程（附图 2-2）。

第 17 条 准备阶段：主要包括资料准备、技术准备、仪器和工具准备等。

1）资料准备：包括收集整理地图资料、影像资料、统计资料和文字资料等土地利用/覆被制图必备

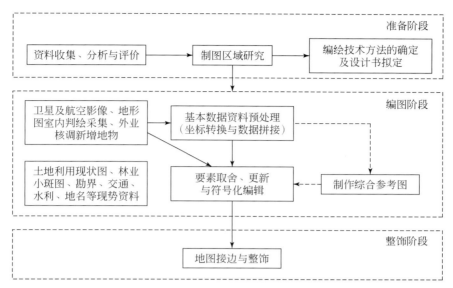

附图 2-2 地图编绘流程

资料。

——地图资料包括澜沧江流域与大香格里拉地区 1：10 万地形图、典型地区 1：5 万地形图以及典型地段 1：1 万地形图；澜沧江流域与大香格里拉地区各级土地利用现状图、县乡级林业小斑图；澜沧江流域与大香格里拉地区土壤图、水系图、地质图、交通图等专题地图。

——影像资料包括澜沧江流域及大香格里拉地区 Landsat TM 遥感影像；典型地区和地段的 SPOT5 遥感影像或航片；野外考察拍摄相片。

——统计资料包括澜沧江流域与大香格里拉地区各级行政部分的统计年鉴数据、自然保护区资料、天然林保护工程资料、林业小斑统计数据以及其他与土地利用相关的统计数据。

——文字资料包括澜沧江流域与大香格里拉地区综合科学考察日志、土地利用/覆被采样点数据；澜沧江流域与大香格里拉地区内各级农业区划、林业区划、交通区划、地貌区划等资料；澜沧江流域与大香格里拉地区最新发布的行政区划简册，表明制图物体位置、等级、特征变化的如报刊发布的有关新建铁路、水利工程、行政区划变动的消息，我国同邻国签订的边界条约，中国政府对相邻国家发生的重大事件的立场等信息；以及各种地理学文献。

2）技术准备：包括确立土地利用/覆被分类体系、建立土地利用/覆被遥感解译标志库、制作土地利用/覆被遥感分类基础底图和编写地图设计书。

3）仪器和工具准备：主要是根据图件编绘的需要，准备相应操作仪器和调绘、标绘工具等。

第 18 条 编图阶段：主要包括建立数学基础、地图要素编绘、图幅接边和地图符号化等。

1）建立数学基础：数学基础是用来控制和指证地图要素与地面事物相互关系的，是地图编绘的基础。首先应确定比例尺、坐标网、控制点和指向标志等。

2）地图要素编绘：是将各种异构原始地图数据统一到新编图中，并定位在图上要求的位置上的制图数据融合过程。

——地图要素编绘应按有利于要素关系协调原则和重要要素在先、次要要素在后的顺序进行。

——地图要素编绘的核心内容是制图综合。在编绘时，根据地图设计书的要求，进行地图内容的取舍、概括和各要素之间的关系协调。

——地图要素编绘的一般顺序为：内图廓线、控制点、高程点、独立地物、水系、铁路、主要居民点、公路及附属设施、次要居民点、一般道路、管线、地貌、境界、注记、坐标网、图幅接边、图廓整饰。

3）图幅接边：相邻图幅遥感分类数据应进行接边处理，包括跨投影带相邻图幅的接边。

——接边内容包括要素的几何图形、属性和名称注记等，原则上本图幅负责西、北图廓边与相邻图廓边的接边工作，但当相邻的东、南图幅已验收完成，后期生产的图幅也应负责与前期图幅接边。

——相邻图幅之间的接边要素不应重复、遗漏，在图上相差 0.3mm 以内的，可只移动一边要素直接接边；相差 0.6mm 以内的，应图幅两边要素平均移位进行接边；超过 0.6mm 的要素应检查和分析原因，由技术负责人根据实际情况决定是否进行接边，并需记录在元数据中。

——接边处因综合取舍而产生的差异应进行协调处理。经过接边处理后的要素应保持相对位置的正确性，属性一致、线划光滑流畅、关系协调合理。

4）地图符号化：是指将地图上的各种要素按地图设计书的规定，用各种符号表现出来。

5）图面配置及整饰：主图、附图、图表或其他文字说明在整个图面的配置，图名、图廓、辅助要素等的装饰和美化。

第 19 条 整饰阶段：对符号化后的地图数据应进行相邻图幅图形的再接边，经过接边处理后的要素应保持图形弧度自然、形状特征和相对位置正确。按 GB/T 20257.3 的规定对地图数据进行图廓整饰，并正确注出图廓间的名称注记。

1）图廓间的道路注记：道路通过内外图廓间复又进入本图幅时，应在图廓间将道路图形连续表示出，不注通达注记。

2）界端注记：境界出图廓时应按 GB/T 20257.3 规定加界端注记，但当境界穿过内外图廓间复又进入本图幅时，可在图廓间连续表示出境界符号，不注界端注记。

3）图廓间的居民点、湖泊、水库名称注记：居民点、湖泊、水库，其面积跨两幅图时，面积较大的注在本图幅内，面积较小的应将名称注在该图幅的图廓间。

第 5 节　确立土地利用/覆被分类系统

第 20 条 土地利用/覆被分类系统：澜沧江流域与大香格里拉地区土地利用/覆被分类系统主要参考 GB/T 21010—2007 全国土地利用现状分类国家标准，建立二级分类体系，其中包括耕地、园地、林地、草地、建设用地、水域、其他土地 7 个一级类型；水田、旱地、茶园、橡胶林、其他园地、有林地、灌木林地、其他林地、高覆盖度草地、中覆盖度草地、低覆盖度草地、城镇用地、农村居民点、其他建设用地、河流、湖泊、水库、冰川及永久积雪、滩地、裸岩、裸地 21 个二级类型。

第 21 条 耕地：种植农作物的土地，包括熟地，新开发、复垦、整理地，休闲地（含轮歇地、轮作地）；以种植农作物（含蔬菜）为主，间有零星果树、桑树或其他树木的土地；平均每年能保证收获一季的已垦滩地和海涂。耕地中包括南方宽度<1.0m、北方宽度<2.0m 固定的沟、渠、路和地坎（埂）；临时种植药材、草皮、花卉、苗木等的耕地，以及其他临时改变用途的耕地。

1）水田：有水源保证和灌溉设施，在一般年景能正常灌溉，用以种植水稻、莲藕等水生农作物的耕地，包括实行水稻和旱地作物轮种的耕地。

2）旱地：无灌溉水源及设施，靠天然降水生长作物的耕地；有水源和浇灌设施，在一般年景下能正常灌溉的旱作物耕地；以种菜为主的耕地，正常轮作的休闲地和轮歇地。

第 22 条 园地：种植以采集果、叶、根、茎、汁等为主的集约经营的多年生木本和草本作物，覆盖度大于50%或每亩株数大于合理株数70%的土地。包括用于育苗的土地。

1）茶园：种植茶树的园地。

2）橡胶园地：种植橡胶树的园地。

3）其他园地：种植果树、桑树、可可、咖啡、油棕、胡椒、药材等其他多年生作物的园地。

第 23 条 林地：生长乔木、竹类、灌木的土地，以及沿海生长红树林的土地。包括迹地，不包括居民点内部的绿化林木用地，铁路、公路征地范围内的林木，以及河流、沟渠的护堤林。

1）有林地：树木郁闭度≥0.2 的乔木林地，包括红树林地和竹林地。

2）灌木林地：灌木覆盖度≥40% 的林地。

3）其他林地：包括疏林地（指 0.1≤树木郁闭度<0.2 的林地）、未成林地、迹地、苗圃等林地。

第 24 条　草地：生长草本植物为主的土地。

1）高覆盖度草地：覆盖度在>50% 的天然草地、改良草地和割草地。此类草地一般水分条件较好，草被生长茂密。

2）中覆盖度草地：覆盖度在 20%～50% 的天然草地和改良草地，此类草地一般水分不足，草被较稀疏。

3）低覆盖度草地：覆盖度在 5%～20% 的天然草地。此类草地水分缺乏，草被稀疏，牧业利用条件差。

第 25 条　建设用地：建造建筑物、构筑物的土地。包括商业、工矿、仓储、公用设施、公共建筑、住宅、交通、水利设施、特殊用地等。

1）城镇用地：大、中、小城市及县镇以上建成区用地。

2）农村居民点：农村居民点用地。

3）其他建设用地：独立于城镇以外的厂矿、大型工业区、油田、盐场、采石场等用地，以及交通道路、机场及特殊用地。

第 26 条　水域：天然陆地水域和水利设施用地。

1）河流：天然形成或人工开挖河流常水位岸线之间的水面，不包括被堤坝拦截后形成的水库水面。

2）湖泊：天然形成的积水区常水位岸线所围成的水面。

3）水库：人工拦截汇集而成的总库容≥10 万 m^3 的水库正常蓄水位岸线所围成的水面。

4）冰川及永久积雪：表层被冰雪常年覆盖的土地。

5）滩地：河、湖水域平水期水位与洪水期水位之间的土地。

第 27 条　其他土地：上述地类以外的其他类型的土地。

1）裸岩：地表为岩石或石砾，植被覆盖度在 5% 以下的土地。

2）裸地：地表土质覆盖，植被覆盖度在 5% 以下的土地。

第 6 节　建立土地利用/覆被解译标志数据库

第 28 条　建立土地利用/覆被解译标志数据库：根据多种数据与影像组合建立标志数据库见附表 2-1。

第 29 条　TM 影像：Landsat TM 遥感影像由 7 个波段组成，空间分辨率为 30m×30m。第 1 波段，0.45～0.52μm（蓝绿）；第 2 波段，0.52～0.60μm（绿）；第 3 波段，0.63～0.69μm（红）；第 4 波段，0.76～0.90μm（近红外）；第 5 波段，1.55～1.75μm（短波红外）；第 6 波段，10.4～12.5μm（热红外）；第 7 波段，2.08～2.35μm（中红外）。

1）波段组合：不同波段的组合可以提高信息丰富程度和目视判读精度，将第 5 波段对应红色、第 4 波段对应绿色、第 3 波段对应蓝色，得到近真彩色影像。

2）影像增强：采用标准差拉伸 2 倍算法对近真彩色影像进行拉伸，增强影像目视精度。

第 30 条　Google Earth 影像：真彩色影像，放大至能看清地类边界。

第 31 条　图片采集：通过实地考察与拍摄，可以获得基于 GPS 定位的实地相片。

2009 年 8 月 17 日～9 月 9 日，完成澜沧江中游与大香格里拉地区实地考察与拍摄；

2010 年 11 月 3～22 日，完成澜沧江下游实地考察与拍摄；

2011 年 9 月 11～27 日，完成澜沧江上游实地考察与拍摄。

附表 2-1 土地利用/覆被解译标志库

地类	TM 影像	Google Earth 影像	对应照片	备注
水田				蓝色，形状较为规整，一般位于坝子、河流两侧、水库周围，呈规则网格形状
旱地（有植被）				有植被覆盖，亮绿色，色泽均匀，生长期不同，绿色亮度会略有不同。一般为香蕉、甘蔗、烟叶等作物
旱地（无植被）				无植被覆盖，粉红色或亮红色，色泽均匀，纹理简单，同质性较强
茶园				黄绿色间有粉红色，具有较低的植被覆盖度，主要分布于海拔较高的山区
橡胶幼林				均质粉红色，或间杂有黄绿色，纹理粗糙，一般靠近橡胶成林
橡胶成林				均质亮绿色，边界清晰，具有极高的植被覆盖度，主要分布在西双版纳景洪市、勐腊县
其他园地				黄绿色或淡绿色，面积较小，排列较为规整的颗粒状，大多分布在建设用地周边
有林地				深绿色，纹理较均质，具有较高的 NDVI 值

续表

地类	TM 影像	Google Earth 影像	对应照片	备注
灌木林地				浅绿色，具有较低的植被覆盖度，一般位于山脊两侧
其他林地				紫色或紫红色，较均质，成片分布
高覆盖度草地				粉色或黄绿色，纹理较为均质，一般位于山脚下，与裸地相接
中覆盖度草地				土黄色并多有青绿色间杂
低覆盖度草地				土黄色，间有零星青绿色，主要分布在高山地带，海拔在4000m以上
城镇用地				紫红色，夹杂其他颜色图斑，纹理较复杂，面积较大，集中分布于坝区
农村居民点				紫红色，但较城镇用地颜色稍暗淡，面积较小，分散分布，一般比较靠近农田
其他建设用地				飞机场具有明显的形状特征；工矿用地表现出较高的亮度，白色中夹杂斑点

地类	TM 影像	Google Earth 影像	对应照片	备注
河流				深蓝色或黑色，具有明显的线状形状特征
湖泊				深蓝色或黑色，具有明显的不规则面状形状特征
水库				深蓝色或黑色，具有比较规整的形状特征
滩地				白色或粉红色，均质，一般位于河流两侧
裸岩				白色较亮或灰色，无植被覆盖，可能有积雪覆盖，一般分布在海拔4000m以上地区
裸地				土黄色或者橙色，无植被覆盖，纹理简单，较均质

第7节　制作土地利用/覆被分类底图

第32条　地面分辨率与成图比例尺：遥感影像是把地物以像元组合的形式再现到平面上的影像。像元表示相应实地范围的大小，称为影像的地面分辨率。当影像地面分辨率接近地图比例尺精度时，就可以减少地图的定位误差。

1）目视解译成图的主要过程，就是编图者通过分析、辨认不同像元的组合，根据判读标志把具有相同特点的像元集合作为同一类别，依据像元变化的界线确定不同地类分界的过程。因此，地面分辨率直接影响着地类界线的定位精度。

2）正常人眼可以分辨的最小线划宽度为0.1mm，以此为据计算出的地图比例尺精度，是制图过程中不可避免的误差限度（附表 2-2）。因此，应根据成图比例尺精度选择合适的卫星影像制图，以便达到较高的精度要求。

附表 2-2　几种常见地图比例尺的比例尺精度

地图比例尺	1：100 万	1：50 万	1：25 万	1：10 万	1：5 万	1：2.5 万	1：1 万
比例尺精度/m	100	50	25	10	5	2.5	1

3）选择与成图比例尺相同的地理底图和影像进行编图，易于定位和进行地图概括，可以减少工作程序，提高成图的速度和精度。因此，编制澜沧江流域与大香格里拉地区 1：10 万土地利用/覆被现状图时，选用 Landsat TM 影像作为主要信息源编图是合适的。一般要求最小图上单元面积为 4mm²，相当于 1：10 万图上 40 000m²，约相当于 45 个像元。

第 33 条　确立地类最小图斑。

从影像的分辨率考虑，在 TM 影像上 0.1mm×0.1mm 大小的范围内包含近 3 个像元，可以认为是能够辨别的。但是，由于地表的复杂性和各类要素的相互干扰，在实际解译过程中，判别个别像元的性质相当困难，甚至不可能。因此，根据制图区域的特点和影像的判读标志，并考虑地图的负载量，确定地类最小图斑的大小（附表 2-3），具有重要意义。

附表 2-3　地类最小上图面积

地类	面积/mm²	面积分解/mm²	地类	面积/mm²	面积分解/mm²
耕地	6	2×3	居民地	4	2×2
园地	6	2×3	河渠	4	2×2（线：0.5mm）
草地	15	3×5	其他水域	4	2×2
林地	15	3×5	未利用地	6	2×3

第 34 条　遥感信息源选取：主要包括 TM 影像和 SPOT5 影像。

1）TM 影像：TM 影像是指 Landsat-4～5 号专题制图仪（thematic mapper）所获取的多波段扫描影像，卫星重访周期为 16 天，幅宽为 185km×185km。TM 影像具有较高的空间分辨率、波谱分辨率、极为丰富的信息量和较高的定位精度，成为 20 世纪 80 年代以来世界各国广泛应用的重要的地球资源与环境遥感数据源。TM 影像共有 7 个波段，除第 6 热红外波段影像空间分辨率为 120 m 外，其余 6 个波段均为 30m，各波段具体介绍见附表 2-4。

附表 2-4　Landsat-5 TM 影像简介

波段序号	波段名称	波长/μm	分辨率/m	主要应用领域
1	蓝-绿	0.45～0.52	30	用于水体穿透，分辨土壤植被
2	绿	0.52～0.60	30	分辨植被
3	红	0.63～0.69	30	处于叶绿素吸收区域，用于观测道路/裸露土壤/植被种类效果很好
4	近红外	0.76～0.90	30	用于估算生物量，尽管这个波段可以从植被中区分出水体，分辨潮湿土壤，但对道路辨认效果不如 TM3
5	中红外	1.55～1.75	30	用于分辨道路/裸露土壤/水，它在不同植被之间有好的对比度，并且有较好的穿透大气、云雾的能力
6	热红外	10.40～12.50	120	感应发出热辐射的目标
7	中红外	2.08～2.35	30	对于岩石/矿物的分辨很有用，也可用于辨识植被覆盖和湿润土壤

2）SPOT5 影像：SPOT5 卫星是法国空间研究中心（CNES）设计制造可用于耕地调查、森林调查、城市发展变化、预测和管理水资源、监测城市化效应、矿产资源辅助调查、研究土地利用和评价环境等的高分辨率卫星。SPOT5 影像共有 5 个波段，各波段具体介绍见附表 2-5。

附表 2-5　SPOT5 影像简介

波段序号	波段名称	波长/μm	分辨率/m	主要应用领域
1	近红外	0.78~0.89	10	检测作物长势，区分植被类型，绘制水体边界，探测土壤含水量
2	红	0.61~0.68	10	测量植物叶绿素的吸收率，识别农作物类型，可区分人造地物类型
3	绿	0.50~0.59	10	探测健康植物的绿色反射率，区分植被类型和评估作物长势，对水体具有一定穿透力
4	短波红外	1.58~1.75	20	探测植物含水量及土壤湿度，区别云与雪
5	全色	0.48~0.71	2.5	常用于农林调查和规划、城市规划以及大尺度专题制图

第 35 条　遥感影像预处理：主要包括遥感影像校正与遥感影像增强。

1）影像校正：是指从具有畸变的图像中消除畸变的过程，包括辐射校正和几何校正两方面。项目组获取的遥感影像均为经辐射处理后的产品，因此仅需对影像进行几何校正。几何校正是指消除由于遥感平台运动状态变化、传感器振动、地球自转、地面起伏等造成遥感影像上几何位置的畸变。在精确几何校正中，基本是以地形图为基准，将遥感影像纠正到地形图的数学基础上。本项目中采用地形图与已经过精校正影像相结合的方法。具体如下：

——TM 影像：以经过精校正的流域 2000 年 TM 遥感影像为基准，在每对遥感影像上选取 50~100 个同名地物点，应用多项式校正模型和最近邻点重采样的方法校正流域 2010 年 TM 遥感影像，校正精度控制在 0.5 个像元之内。

——SPOT5 影像：借助 30m×30m DEM 数据、1∶5 万或 1∶1 万地形图数据，以及野外采样控制点，对遥感影像进行正射纠正、配准，保证图像的均方根误差小于 0.5 个像元。

2）影像增强：是为改善遥感影像的视觉效果，便于分析者能更容易和准确地识别影像内容，提高影像的可判读性。影像增强需按照解译的目的进行加工处理，典型的影像增强包括对比度增强、彩色合成、空间滤波、信息融合等。

第 36 条　遥感影像解译：主要涉及 TM 影像和 SPOT5 影像。

1）TM 影像：利用野外采集的大量 GPS 点（附图 2-3）及点位对应照片建立解译标志，结合高程、坡度、坡向、NDVI 时间变化序列等辅助信息，以及所收集的土地利用现状图、林业小斑图、地形图等地理信息，基于 ENVI、ERDAS 遥感软件平台，采用基于训练集的决策树分类和目视解译相结合的方法，得到 2010 年澜沧江流域与大香格里拉地区土地利用/覆被分类图。

2）SPOT5 影像：采用面向对象分类方法，基于 eCognition 软件平台，结合影像覆盖区的土地利用现状图、林业小斑图、地形图等信息，获得典型地区、典型地段的土地利用/覆被分类图。

第 37 条　精度检验：主要涉及 TM 影像和 SPOT5 影像。

1）TM 影像：一是利用野外采样点数据，结合目视解译结果，获得真实数据，建立训练集，从而进行精度评价；二是利用已有的高分辨率的 SPOT5 数据，选择训练样本，进行精度评价。

2）SPOT5 影像：利用野外采样点数据，结合目视解译结果，获得真实数据，建立训练集，进行精度评价。

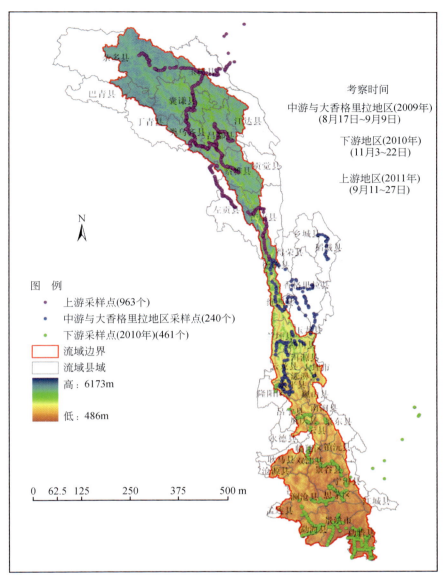

附图 2-3 野外采样点（2009～2011 年）

第 8 节 土地利用/覆被制图设计

第 38 条 地图分幅：我国基本比例尺地形图分幅与编号（附图 2-4），均以 1：100 万地形图为基础图，按相应比例尺地形图的经纬差逐次加密划分图幅，以横为行，纵为列。以 1：100 万地形图为基础，延伸出 1：50 万、1：25 万、1：10 万三种比例尺，再以 1：10 万为基础，延伸出 1：5 万、1：2.5 万及 1：1 万三种比例尺。

澜沧江流域与大香格里拉地区 1：10 万的图幅分幅及编号按 GB/T 13989 规定执行，其图幅范围见附表 2-6。由经纬线构成的图廓线，其东西两边的图廓线以直线表示；南北两边的图廓线以折线表示，每经差 3′45″点为折点。每幅图的图名，应注意不与其他图幅图名重名，这里图名主要采用国家基本比例尺 1：10 万标准分幅的图名，由于图幅命名一般选用图幅内的主要居民地名称，因此针对图幅内主要居民点易名情况，按照最新的行政区划分命名图幅。澜沧江流域共有 143 个标准分幅，澜沧江流域与大香格里拉地区共有 163 个标准分幅。

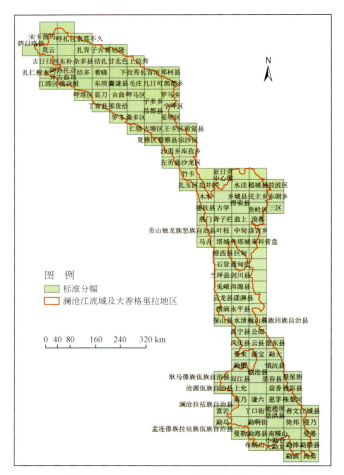

附图 2-4　1∶10 万标准分幅

附表 2-6　比例尺经纬差

比例尺		1∶100 万	1∶50 万	1∶25 万	1∶10 万	1∶5 万	1∶2.5 万	1∶1 万	1∶5000
图幅范围	经差	6°	3°	1°30′	30′	15′	7′30″	3′45″	1′52.5″
	纬差	4°	2°	1°	20′	10′	5′	2′30″	1′15″
行列数量关系	行数	1	2	4	12	24	48	96	192
	列数	1	2	4	12	24	48	96	192
图幅数量关系		1	4	16	144	576	2 304	9 216	36 864

第 39 条　要素编绘：水域，要正确表示水系类型、主次关系、附属设施及名称，合理反映水系要素的分布特点和不同地区的密度对比，充分表示水利设施；处理好水系与其他要素的关系。

1）河流：选取河流时，应按从大到小、由主及次的顺序进行。界河、独流河、连通湖泊及荒漠缺水地区的小河应选取。长度大于 1cm 的河流一般均应表示。遥感影像能解译的河流以解译河流为准，未解译出的河流，采用国家基础地理信息数据库 1∶25 万河流数据，进行适当取舍。河流名称注记一般均应注出。较长的河流每隔 15～20cm 重复注出。注记应按河流上下游、主支流关系并保持一定的极差。当河名很多时，可舍去次要的小河名。

2）湖泊、水库：图上面积大于 1mm² 的湖泊、水库应表示，不足此面积但有重要意义的小湖，如位于国界附近、作为河源及缺水地区的小湖应放大到 1mm² 表示。湖泊密集成群时，应保持其分布范围和特点。湖泊、水库一般应注出名称，群集的湖泊可选取其主要的注出名称。名称注记应按湖泊、水库面积大小或库容量大小保持一定的级差。

3）冰川及永久积雪：参考国际级差地理信息数据库 1：400 万冰川分布数据，结合遥感解译结果，表示所有现存的冰川及永久积雪数据。所有冰川及永久积雪地均应注记名称，包括冰川名称和雪山名称。

4）滩地：根据遥感解译结果，河流两侧的滩地均应表示，不用注记名称。

第 40 条 要素编绘：建设用地，应正确表示居民地及其他建设用地的位置、轮廓图形、基本结构、通行情况、行政意义及名称，反映居民地及其他建设用地的类型、分布特征以及与其他要素的关系。

1）居民地：乡、镇以上各级行政中心及集、街、场、坝和主要村庄应全部表示，其他以普通房屋为主体的居民地的选取原则为：由主到次、逐渐加密；应优先选取位于道路交叉口、交通线旁、河流交汇处、山隘、渡口、制高点、国境线、重要矿产资源地、文物古迹等处的有政治、经济、历史和文化意义的居民地；居民地选取时，密集区可多舍，稀疏区可少舍，但应能正确反映其居民地的疏密对比。一般的选取指标为：人烟稀少区全取，其他地区选取 60%～70%。

凡选取的居民地一般均应注记名称，并正确表示其行政等级。乡、镇级以上居民地按行政名称注出，"乡"字可省略，但民族乡、自治乡应全名注出。当一居民地是两个以上政府驻地时，只注高一级名称。村庄按自然名称注出。当居民地密集时，应选注其中较大村庄的名称，个别较小居民地名称可适当省注。

居民地名称应配置适当，指标明确，并避免注记压盖居民地出入口、道路交叉口及其他重要地物。

2）其他建设用地：工矿、农业、公共服务、名胜古迹、宗教设施、科学测站和其他独立地物应视不同的地物密度和地形情况进行取舍：在城镇用地内部一般仅表示高大明显、有一定方位意义的突出地区，或有一定历史、文化意义的文物古迹以及能反映现代科学技术和经济建设水平发展水平的地物，如飞机场、体育馆、各类科学测站等；在城镇用地外围及居民地密集区，应选取有方位意义和有重要意义的地物，如发电厂、水厂、各类科学测站等；在居民地及地物稀少地区，独立地物一般均应表示，矮小不突出的地物酌情选取表示，如采石场等。

有定位点的独立地物应保持位置的准确，与居民地、水系、道路等地物相重时，可间断街区、水系、道路边线，将独立地物符号完整表示。

露天采掘场图上面积大于 10mm² 的应表示，小于此面积但有方位意义的可适当放大到 10mm² 表示。采掘场应加注开采品种说明，如"沙""石"等。

盐田图上面积大于 2mm² 的应表示，面积在 2～5mm² 的盐田用不依比例尺的符号表示，面积大于 5mm² 的依比例尺表示。有名称的加注名称，无名称的加注"盐田"。

第 41 条 要素编绘：公路，正确表示道路的类别、等级、位置，反映道路网的结构特征、通行状况和分布密度，正确反映交通与其他要素的关系。

1）城际公路：高速、国、省、县、乡等城际间的各等级公路均应选取。在城市近郊公路过密地区，图上长度不足 1cm 且平行间距不足 3mm 的短小岔线可酌情舍去。高速公路、国道应标注名称或编号，每隔 15～20cm 重复注出，长度不足 5cm 的可不注出。具有两个以上公路代码的路段其道路编号按管理等级高的注出公路代码，管理等级相同的按道路编号小的注出公路代码。

2）乡村道路：选取道路时，应按由重要到次要、由高级到低级的原则进行，并注意保持道路网的密度差别和形状特征。优先选取连接乡、镇、大村庄之间的道路，通往高等级道路、车站、码头、矿山的道路，作为行政界限的道路，穿越国境线的道路以及连接水源的道路。一般应使居民地之间、居民地和主要地物之间均有道路连接。两居民地之间有数条道路相连接时，应优先选取等级较高、距离较短的道路。人烟稀少地区的道路一般全部选取。

第 42 条 要素编绘：耕地，主要包括水田和旱地。

1）水田：图上面积大于 50mm² 的应表示，沿沟谷狭长分布的水田宽度窄于 2mm，但长度大于 1cm 的应表示。

2）旱地：图上面积大于 50mm² 的应表示。分布在草地、稻田、林地中有方位作用的小块旱地应表示。

第 43 条 要素编绘：园地，图上面积大于 10mm² 的经济林、经济作物用地分别用相应的符号表示，小于此面积的一般不表示，仅在植被稀少地区或者小面积分布成片地区适当选取，并分别用其小面积符号表示。图上面积大于 50mm² 的应加注相应的产品名称。

第 44 条 要素编绘：林地，主要包括有林地、灌木林地和其他林地。

1）成林、幼林、灌木林、竹林、迹地：图上面积大于 10mm² 的分别用相应的符号表示，小于此面积的一般不表示，仅在植被稀少地区或小面积分布成片地区适当选取，并分别用其小面积符号表示。图上宽度不足 1.5mm、长度大于 8mm 的狭长林地可分别用狭长符号选取表示。图上面积大于 25mm² 林中空地应表示。

2）疏林、稀疏灌木林：按实地树木稀密情况在其范围内配置符号。

3）零星树木：杂生在灌木林、竹林、草地中的应选择表示，田间及居民地内、外地零星树木仅在树木稀少地区选择表示。

第 45 条 要素编绘：草地，图上面积大于 50mm² 的高草地、草地，大于 10mm² 的人工绿地以及大于 1cm² 的半荒草地、荒草地应表示。

第 46 条 要素编绘：境界，正确反映境界的等级、位置以及与其他要素的关系。不同等级的境界重合时应表示高等级境界符号，与其他地物不重合的境界线应连续表示；境界的交汇处和转折处应以点或实线表示。境界符号两侧的地物符号及其注记不宜跨越境界线。

1）国界：国界线应根据国家正式签订的边界条约（议定书）及其附图准确表示出（附表 2-7）。表示国界时应注意：

——国界应准确表示，在能表示清楚的情况下一般不应综合。国界的转折点、交叉点应用国界符号的垫布或实线段表示。

——位于国界线上和紧靠国界线的居民地、道路、山峰、山隘、河流、岛屿和沙洲等均应详细表示，并明确其领属关系。

——边界条约上提到的名称应严格按条约附图表示，各种注记不应压盖国界符号。

——以河流及线状地物为界的国界表示方法：①以河流中心线或主航道为界的国界，当河流用双线表示且其间能表示出国界符号时，国界符号应不间断表示出，并正确表示岛屿和沙洲的归属；河流符号内表示不下国界符号时，国界符号应在河流两侧不间断地交错表示出，岛屿、沙洲归属用说明注记括注（国名简注）。②以共有河流或线状地物为界时，国界符号应在其两侧每隔 3~5cm 交错表示 3~4 节符号，岛屿、沙洲归属用说明注记括注（国名简注）。③以河流或线状地物一侧为界时，国界符号在相应的一侧不间断地表示出。

2）国内各级行政境界：各级境界以线状地物为界时，能在其线状地物中心表示出符号的，在其中心每隔 3~5cm 表示 3~4 节符号；不能在其中心表示出符号的，可在线状地物两侧每隔 3~5cm 交错表示 3~4节符号（附表 2-7）。在明显转折点、境界交接点以及出图廓处应表示境界符号。应明确岛屿、沙洲等地隶属关系。

附表 2-7　基础地理要素表达图式

基础地理要素		图式符号	RGB
行政界线	国界		RGB (0, 0, 0)
	未定国界		RGB (0, 0, 0)
	省、自治区、直辖市界		RGB (0, 0, 0)

续表

基础地理要素		图式符号	RGB
行政界线	地区、州、地级市、盟界	3.0 1.0 0.4 ┄┄┄┄┄	RGB (0, 0, 0)
	县、区、县级市、旗界	3.0 2.0 0.3 ┄┄┄┄┄	RGB (0, 0, 0)
政府驻地	省级政府驻地	◎ 7.0	RGB (255, 0, 0)
	市级政府驻地	● 6.0	RGB (0, 0, 0)
	县级政府驻地	◯ 5.0	RGB (0, 0, 0)
	乡级政府驻地	⊙ 4.0	RGB (0, 0, 0)
	村	○ 3.0	RGB (0, 0, 0)
高程特征点		▲ 6.0 324.7	RGB (0, 0, 0)

——县级以上各级境界应用最新编绘出版的地图或最新勘界成果和行政区划变动资料进行校核。两级以上的境界重合时只表示高一级的境界。

——"飞地"界线用其所属的行政单位的境界符号表示，并加隶属说明注记，如"属××省××县"或"属××县"，注记大小根据"飞地"在图上的面积而定。

3）其他界线：行政等级以外的特殊地区、国家及省级自然保护区以及国家森林公园等范围界线分别用相应的符号表示，并在范围内注记名称（附表2-8）。当自然保护区界线无法确定时，可只在中心部分加注名称。若一幅图均位于自然保护区内，则可用附注说明。

附表2-8 注记表达图式

注记	RGB	说明
省、自治区、直辖市	RGB (0, 0, 0)	14 磅宋体，注记在符号右侧或合适的位置
地区、州、地级市、盟	RGB (0, 0, 0)	12 磅宋体，注记在符号右侧或合适的位置
县、区、县级市、旗	RGB (0, 0, 0)	11 磅宋体，注记在符号右侧或合适的位置
乡、镇、街道	RGB (0, 0, 0)	10 磅宋体，注记在符号右侧或合适的位置
村	RGB (0, 0, 0)	9 磅宋体，注记在符号右侧或合适的位置
路名	RGB (0, 0, 0)	9 磅宋体，高速公路、国道必须在图上注记
域外地名	RGB (0, 0, 0)	指相邻行政单位的名称。用于行政单位级别相称的宋体，注记位置在境界邻接制图区域行政单位一侧
水域	RGB (0, 95, 230)	指海、江、河、湖、水库等名称。根据水域大小、宽度，用9~12磅斜宋体
高程特征点	RGB (0, 0, 0)	指山脉、山峰、山梁、高地、山隘等名称，用9磅宋体

第9节　土地利用/覆被制图特别规定

第47条　居民地：澜沧江流域与大香格里拉地区1∶10万土地利用/覆被制图主要采用Landsat TM遥感影像，其地面分辨率为30m，因而许多居民点未被解译出来，致使图幅内居民点较为稀少。为保证分类精度，对乡（镇）级以上及以下单位采用不同方法解译。处理方法如下。

1）农村居民点：采用最新的国家基础地理信息1∶25万的居民点点状数据，将矢量点转为栅格数据，以栅格点来定位居民点，并与最终分类结果融合。

2）城镇用地：县城采用Google Earth勾取县城边界，较大面积乡镇采用Google Earth勾取乡镇边界，面积较小乡镇采用与农村居民点相同的办法，以栅格点定位乡镇数据，处理后结果与分类结果融合。

第48条　耕地与草地：遥感影像季相特征，导致耕地与草地呈现不同程度的误分问题，二者的分类精度整体偏低。处理方法如下：

1）根据地形判定，一般河谷内误分的草地将其改为耕地，有特别明显的河谷草地特征的除外。

2）居民点附近的草地将其改为耕地，有特别明显的草地特征的除外。

3）大片草地基质，且该基质中较少有居民点分布的，则可将其中的耕地改为草地。

4）参照中国基本农田保护区划，对流域内基本农田保护区进行重点关注，保证保护区内全部为耕地的高精度解译。

第49条　冰川及永久积雪与临时性积雪：遥感影像的季相特征显著，冬季存在不同程度的临时性积雪，造成与冰川及永久积雪的误分，从而导致冰川及永久积雪与裸岩或裸地的分类精度较低。处理方法如下：

——选取多季相遥感数据，尽量选用最少积雪影像分类，排除临时性积雪的干扰，同时参考MODIS积雪数据，进一步去除临时性积雪的干扰，并将有临时性积雪地类改为图幅内的基质或相邻的其他地类，主要是草地、裸岩等。

第50条　地图分幅的特别处理。

1）若一图幅内土地利用/覆被分类图占整个图幅的面积不足10%，则将该图幅并入相邻图幅。

2）若一图幅内土地利用/覆被分类图占整个图幅的面积超过50%，则将该图幅满幅处理，但须标注流域界线。

附录 3 公开发表论文

[1] 张景华，封志明，姜鲁光. 土地利用/土地覆被分类系统研究进展. 资源科学，2011，33（6）：1197-1205.

[2] 游珍，杨艳昭，姜鲁光，等. 基于 DEM 数据的澜沧江—湄公河流域地形起伏度研究. 云南大学学报（自然科学版），2012，34（4）：393-400.

[3] 高星，姜鲁光，张蓬涛，等. 澜沧江流域居民点空间分布格局及影响因素研究. 地理空间信息，2012，10（5）：139-142.

[4] 刘晓娜，封志明，姜鲁光，等. 西双版纳橡胶林地的遥感识别与数字制图. 资源科学，2012，34（9）：1769-1780.

[5] 张景华，封志明，姜鲁光，等. 道路干扰对澜沧江流域景观格局的影响. 自然资源学报，2013，28（6）：969-980.

[6] 刘晓娜，封志明，姜鲁光. 中老缅泰"黄金四角"地区土地利用与土地覆被变化研究进展. 地理科学进展，2013，32（2）：191-202.

[7] 刘晓娜，封志明，姜鲁光. 基于决策树分类的橡胶林地信息提取研究. 农业工程学报，2013，29（24）：163-172.

[8] 封志明，刘晓娜，姜鲁光，等. 中老缅交界地区橡胶种植的时空格局及其地形因素分析. 地理学报，2013，68（10）：1432-1446.

[9] 刘晓娜，封志明，姜鲁光，等. 西双版纳土地利用/土地覆被变化时空格局分析. 资源科学，2014，36（2）：233-244.

[10] 姜鲁光，刘晓娜，封志明. 三江并流区高山林线的遥感识别及其空间格局分析. 资源科学，2014，36（2）：259-266.

[11] 廖谌婳，封志明，李鹏，等. 中南半岛森林覆被变化研究进展. 地理科学进展，2014，33（6）：853-864.

[12] 廖谌婳，封志明，李鹏，等. 缅老泰交界地区刀耕火种农业的时空变化格局. 地理研究，2014，33（8）：1529-1541.

[13] 廖谌婳，李鹏，封志明，等. 西双版纳橡胶林面积遥感监测和时空变化. 农业工程学报，2014，30（22）：170-180.

[14] 游珍，封志明，姜鲁光，等. 澜沧江–湄公河流域人口分布及其与地形的关系. 山地学报，2014，32（1）：21-29.

[15] 刘玉杰，封志明，邓福英. 基于草地退化指示植物大狼毒的植被指数研究. 草地学报，2014，22（3）：455-460.

[16] 张景华，封志明，姜鲁光，等. 澜沧江流域植被 NDVI 与气候因子的相关性分析. 自然资源学报，2015，30（9）：1425-1435.

[17] 廖谌婳，封志明，李鹏，等. 老挝北部刀耕火种农业变化及植被恢复效应. 地理学报，2015，70（4）：591-603.

[18] 廖谌婳，封志明，李鹏，等. 中老缅泰交界地区土地利用变化信息挖掘与国别对比. 自然资源学报，2015，30（11）：1785-1797.

[19] Zhang J H, Jiang L G, Feng Z M, et al. Detecting effects of the recent drought on vegetation in South-

western China. Journal of Resources and Ecology, 2012, 3 (1): 43-49.

［20］Liu X N, Feng Z M, Jiang L G, et al. Rubber plantation and its relationship with topographical factors in the border region of China, Laos and Myanmar. Journal of Geographical Sciences, 2013, 23 (6): 1019-1040.

［21］Li P, Feng Z M, Jiang L G, et al. A Review of swidden agriculture in Southeast Asia. Journal of Remote Sensing, 2014, 6: 1654-1683.

［22］Liao C H, Feng Z M, Li P, et al. Monitoring the spatio-temporal dynamics of swidden agriculture and fallow vegetation recovery using Landsat imagery in northern Laos. Journal of Geographical Sciences, 2015, 25 (10): 1218-1234.